Artes do Corpo

Memória afro-brasileira

Dados Internacionais de Catalogação na Publicação (CIP)
(Câmara Brasileira do Livro, SP, Brasil)

Artes do corpo / Vagner Gonçalves da Silva (organizador). – São Paulo: Selo Negro, 2004. - (Memória afro-brasileira ; v. 2)

Vários autores
Bibliografia
ISBN 978-85-87478-24-5

1. Afro-brasileiros nas artes I. Silva, Vagner Gonçalves da.

04-5251 CDD-306.08996081

Índice para catálogo sistemático:

1. Afro-brasileiros : Artes : Cultura : Sociologia 306.08996081

Artes do Corpo

Memória afro-brasileira

Vagner Gonçalves da Silva
(organizador)

SELO NEGRO
EDIÇÕES

Capa: **Tereza Yamashita, com foto de Fernando Chaves**
Editoração eletrônica: **Acqua Estúdio Gráfico**

Selo Negro Edições
Departamento editorial
Rua Itapicuru, 613 - 7º andar
05006-000 - São Paulo - SP
Fone: (11) 3872-3322
http://www.selonegro.com.br
e-mail: selonegro@selonegro.com.br

Atendimento ao consumidor
Summus Editorial
Fone: (11) 3865-9890

Vendas por atacado
Fone: (11) 3873-8638
e-mail: vendas@summus.com.br

Impresso no Brasil

Sumário

Prefácio

Segundo volume da Coleção Memória Afro-Brasileira, este *Artes do corpo* envereda-se, agora, pelo legado estético-artístico dos brasileiros de origem africana.

Em *Caminhos da alma*[1], sondamos o papel fundamental que a religião vem desempenhando na conformação dos laços de solidariedade e identidade presentes nas comunidades afro-brasileiras. Se a experiência de exclusão e discriminação social tem o seu rebatimento no plano mítico, na manifestação do sagrado no corpo dos homens, trata-se agora de trilhar o caminho inverso. Na percepção dessas comunidades, o corpo – e tudo aquilo que se pode fazer com ele ou por meio dele – não se deslinda dos múltiplos planos em que transita; antes, expressa-se na confluência desses planos, em que sagrado e profano, arte e cotidiano, mito e rito, são termos polissêmicos que não possuem valor em si, senão na relação que estabelecem entre si.

Muito já se disse sobre o modo pelo qual as formas sensíveis da percepção adquirem significados particulares nas experiências dos corpos escravizados, estigmatizados, contidos, doutrinados, domesticados, enfim, alvos fáceis da profilaxia da ordem social instituída. Muito já se disse também do caráter libertário ou mesmo herético que a arte

---

[1] São Paulo: Selo Negro, Coleção Memória Afro-Brasileira, v. 1, 2002.

proveniente dos hierarquicamente subjugados pode conter. Aqui, pode-se dizer que a mediação estabelecida pela arte dos pobres, discriminados, doentes e párias, mais do que impor a necessidade de revisão dos critérios de julgamento de valor ou classificação das obras artísticas (popular e erudito, vanguarda e acadêmico, local/étnico e universal), impele-nos a sondar a própria natureza das mediações estabelecidas por essa arte, a fim de propor não uma ruptura entre tais dimensões, mas a sua reintegração, uma fusão singular do sensível e do inteligível. Orar com o corpo, dançar com a alma ou, ainda, "ancorar navios no espaço" – citando Ana Cristina César –, eis algumas coisas que o ofício dessa arte parece querer nos dizer na sua premência.

Os ensaios que compõem *Artes do corpo*, cada um a seu modo e sob abordagens muitas vezes distintas, porém complementares, buscam retratar a trajetória de artistas negros que, atuando em diferentes áreas (literatura, festa popular, futebol, carnaval, samba, capoeira e artes plásticas), tornaram-se singulares pelo impacto e papel que sua obra e *performances* tiveram, seja nos espaços locais de atuação e repercussão, seja nos circuitos mais amplos, nacionais ou internacionais.

O primeiro retrato, escrito por José Carlos Sebe Bom Meihy, coloca-nos o desafio de compreender a trajetória controversa e polêmica de Carolina Maria de Jesus (c. 1914-1977). Como diz o autor, "escritora negra, semi-analfabeta, migrante, mãe solteira, cabeça de família, exemplo de figura emergida nos 'anos dourados', detratada nos 'anos de chumbo' e progressivamente reabilitada na 'abertura política'", Carolina de Jesus tornou-se conhecida com a publicação de *Quarto de despejo*. Esse livro, em que narra o cotidiano de privação e sofrimento dos moradores da favela em que vivia, foi um sucesso editorial. Descoberta pelo jornalista Audálio Dantas, que se encarregou de apresentá-la ao grande público, a escritora logo foi enaltecida pelo caráter denunciatório de sua escrita e por sua condição de sexo, raça e classe social. Suas três obras seguintes, *Casa de alvenaria* (em que relata sua saída da favela), *Provérbios* e *Pedaços da fome*, anunciaram progressivamente o declínio de sua carreira. Somente depois de morta, seus escritos inéditos foram reunidos e publicados, inicialmente no exterior, com grande sucesso, depois no Brasil, já com pouco alarde, mas reacendendo a polêmica sobre o valor literário de sua obra. Aqui vemos quanto a moldura diz do retrato.

No artigo de Roberto Benjamin, visitamos o Recife dos maracatus – cortejo originário da coroação dos reis negros na Festa de Nossa Senhora do Rosário – acompanhando a vida de Maria Júlia do Nascimento (c. 1877-1962), conhecida como Dona Santa, e de Luiz de França dos Santos (1900-1997), dirigentes de dois dos mais famosos maracatus de Pernambuco: Elefante e Leão Coroado, respectivamente. Dona Santa encarnou como poucas a figura de rainha de maracatu, função que ocupou até o fim da vida. Após sua morte, conforme recomendação deixada, o maracatu que dirigia foi extinto, sendo seu acervo recolhido pela Prefeitura do Recife. Atualmente, encontra-se exposto no Museu do Homem do Nordeste, no Recife. Posteriormente, o maracatu Elefante foi refundado, dando continuidade à divulgação de sua lendária rainha. Seu Luiz de França foi o mais importante presidente do maracatu Leão Coroado, fundado no século XIX, e um dos mais ardorosos defensores desse folguedo perante os órgãos públicos de incentivo à cultura. Tanto ele como Dona Santa eram membros de prestigiadas irmandades católicas, além de sacerdotes no culto aos orixás, o que evidencia as relações de proximidade existentes entre a religiosidade e o cortejo do maracatu. Na verdade, a realeza que desfila sob o pálio real, tendo à frente as calungas (bonecas consagradas aos orixás), juntamente com outros elementos que formam o cortejo, marca no espaço das ruas, sobretudo no período do carnaval, a extensão e o poder, no plano terreno, dos valores sagrados ali representados.

Com Luiz Henrique Toledo, abrem-se as cortinas para mais um lance na tentativa de compreender o movimento contraditório entre a aceitação e a rejeição da presença do negro em um esporte-espetáculo transformado em "paixão nacional": o futebol. O ponto de partida é a trajetória do ídolo Valdir Pereira (1928-2001), o Didi, um dos principais jogadores da seleção brasileira que ganharam pela primeira vez uma copa mundial, em 1958, na Suécia. Carioca, apelidado de "príncipe etíope" (ou ainda "artesão", "Napoleão negro", "bruxo", "feiticeiro", "rei africano", "*el negro* Didi", "pérola negra", "malabarista"), Didi transita do sucesso e do reconhecimento obtidos nos gramados ao preconceito de que é vítima fora dele. Mas não sem se rebelar por meio de gestos simples e altamente significativos, como o de entrar e sair pela porta principal da sede do Fluminense, onde jogou, evitando as portas laterais, geralmente utilizadas pelos jogadores negros. Nesse jogo, irrompem do campo esportivo as inúmeras representações que marcam a trajetória dos corpos negros diante da bola, com seus jogos de cintura, drible de pernas, artimanhas e gingas. O próprio Didi ficaria conhecido por um tipo especial de chute, batizado de "folha-seca", devido à trajetória inusitada que imprimia à bola, que flanava como folha seca ao vento até atingir o alvo. Por um lado, há nesse "futebol-arte" a positivação e essencialização de atributos, supostamente próprios à "raça negra", construídos como dons inatos, os quais não se domesticam e aos quais não se impõem regras. Por outro lado, há as constantes pressões provenientes de uma visão racional e profissionalizante que vê nessa "espontaneidade" uma insurreição silenciosa contra técnicas necessárias de treinamento sistemático do corpo dos atletas. Dilemas que refletem no campo esportivo os impasses presentes nas relações raciais e sociais do "país do futebol".

No capítulo escrito por Rachel Rua Baptista, Clara Azevedo, Arthur Bueno e por mim, abordamos a contribuição das comunidades afro-brasileiras na constituição de uma das festas mais populares do Brasil, o carnaval, e do ritmo que a acompanha, o samba. Como se sabe, o carnaval, o samba e o futebol formam o enaltecido tripé de ícones da "identidade brasileira", tanto no Brasil como no exterior. Escolhemos, entretanto, a cidade de São Paulo como campo de observação empírica dessas manifestações, justamente para enaltecer suas dinâmicas particulares em contraste com o carnaval carioca, que se tornou modelo dessa festividade para o resto do país. As trajetórias escolhidas foram as de Madrinha Eunice (1909-1995) e Geraldo Filme (1927-1995). A primeira fundou a mais antiga agremiação carnavalesca ainda em atividade na cidade paulistana, a escola de samba Lavapés. Foi uma das grandes incentivadoras dessa modalidade de associação num período em que predominavam os cordões como modelo hegemônico de grupo carnavalesco. Geraldo Filme, sambista da Barra Funda – reduto paulistano de bambas que não resistiu ao tempo, em comparação com o Bexiga imortalizado nas músicas de Adoniran Barbosa –, foi um dos mais significativos compositores de samba de influência rural e samba-enredo. Criado ao som dos ritmos tocados principalmente pelas comunidades negras do interior do estado, mas trazidos à capital nas primeiras décadas do século XX, produziu uma obra de inegável valor artístico, embora pouco conhecida e pouco divulgada pela indústria fonográfica comercial. Madrinha Eunice e Geraldo Filme tiveram papel importante também na organização das entidades representativas das agremiações carnavalescas em São Paulo e no reconhecimento da importância delas pelos órgãos públicos.

No ensaio de Letícia Vidor de Sousa Reis, as artes do corpo nos levam ao mundo da capoeira, no qual a linguagem gestual ocupa papel central na transmissão de valores simbólicos fundamentais na experiência social afro-brasileira. Considerada a princípio luta de negros e malandros, a capoeira foi duramente perseguida antes de se tornar, paradoxalmente, um dos emblemas de nossa "brasilidade". Entre os inúmeros praticantes dessa arte, ao longo do tempo e em diversos pontos do Brasil, destacam-se as figuras de dois líderes: os baianos Manuel dos Reis Machado (1899-1974), apelidado de mestre Bimba, e Vicente Ferreira Pastinha (1889-1981), conhecido como mestre Pastinha. Os dois, ainda que de modo diferente, foram protagonistas do processo de legitimação e divulgação da capoeira. Mestre Bimba procurou abri-la ao diálogo com outras técnicas de lutas marciais, inclusive as orientais. Chegou a sistematizar uma pedagogia formalizada dessa prática, batizada de capoeira regional, indicando a sua dimensão esportiva. Chegou a demonstrá-la ao presidente Getúlio Vargas, num período crucial para a sua adoção como "ginástica nacional". Mestre Pastinha, menos afeito ao projeto de abertura da capoeira às influências distantes de sua suposta origem africana ou afro-brasileira, procurou imprimir em sua prática um controle mais rigoroso dos procedimentos gestuais, amparado por um discurso preservacionista, de manutenção das tradições herdadas dos mais antigos. Nessa modalidade de capoeira, denominada angola, a relação ensino–aprendizagem derivava das formas costumeiras de transmissão de conhecimentos. Rejeitava, assim, certo caráter burocratizador e formal dessa relação que julgava haver na modalidade de capoeira regional. De qualquer modo, ambos, por suas ações em diferentes planos, tornaram-se espécies de "heróis culturais" e exemplos de virtuosismo para as várias gerações de praticantes que lhes seguiram os passos.

O último retrato, feito por Luciana Hidalgo, aborda a vida de Arthur Bispo do Rosario (1909-1989), ex-marinheiro sergipano, negro, pobre e "esquizofrênico-paranóico" que viveu grande parte da vida como interno na Colônia Juliano Moreira – manicômio do Rio de Janeiro fundado na fase áurea da psiquiatria sanitarista. Nas primeiras décadas do século XX, higiene mental e manutenção da ordem social e política misturavam-se no tratamento dispensado pela medicina psiquiátrica aos excluídos da sociedade, leia-se "não-brancos", na maioria. Bispo acreditava-se incumbido por Deus e seus séqüitos de anjos ("Eu trago um deus comigo. Deus está peneirando aqui em cima, está querendo falar comigo") de reconstruir o mundo por meio de sua arte. Com as linhas obtidas dos uniformes desfiados, o artista, no retiro de sua cela, bordava pedaços de cobertores e lençóis da Colônia, transformando os materiais em magníficos estandartes e outras obras. O *Manto da Apresentação,* sua obra-prima, é um dos exemplos mais contundentes dessa "estética do êxtase". Vestindo o manto, Bispo, depois de sua "transformação", queria se apresentar diante de Deus. De restos e sucatas construiu, ainda, os mais diversos objetos-ícones, que, ao serem revelados ao mundo, tornaram-se exemplos de uma arte de vanguarda, exposta em importantes galerias do Brasil e da Europa.

Imbuído também de uma missão parecida com a desse manto, a da apresentação, finda aqui este prefácio, na forma de convite à leitura dos capítulos que se seguem. Por meio dos nomes cerzidos em cada um deles, procurou-se deslindar os principais fios que compõem vida e obra dos retratados, amarrando-os sempre que possível aos seus contextos sociais. Como o leitor verá, em *Artes do corpo,* vidas e obras se comunicam reciprocamente, seja revelando a importância das estratégias de permanência dos valores difundidos no âmbito das comunidades afro-brasileiras, seja mostrando que pela via das formas sensíveis de expressão foi possível construir, sobretudo na experiência cotidiana, canais importantes de mediação e aproximação entre grupos sociais e étnicos, situados em posições desiguais no interior de uma sociedade de pouca mobilidade e justiça sociais.

Vagner Gonçalves da Silva

Os fios dos desafios: o retrato de Carolina Maria de Jesus no tempo presente*

José Carlos Sebe Bom Meihy**

Eu disse [...] fiquei triste do desprêso do povo pelo poeta.[1]
Carolina Maria de Jesus

Cansado de ouvir que a inteligência brasileira é pouco afeita às biografias e à beira do tédio de tanto arquitetar comparações sobre essa diferença em face de outras culturas nacionais, decidi arrolar alguns pontos que pudessem fermentar a discussão, de modo criativo, implicando ângulos para a consideração do historiador social e do crítico de literatura. Em primeiro lugar, questionei o significado numérico das nossas obras nessa seara e a responsabilidade de tanto na *inclusão historiográfica* nos territórios da produção cultural. Basicamente, preocupei-me com os critérios de organização dos textos biográficos em si – base documental, tradição laudatória, abrangência da obra no cenário público e inscrição na memória nacional – e também inquiri a validade dos documentos pessoais como nutrientes para a formulação de biografias menos pessoais ou psicologicamente predispostas e mais pertencentes ao complexo tecido coletivo e, por isso, histórico-social e crítico-literário. Questões decorrentes da tradição das memórias como gênero textual emendaram-

* Este artigo rende homenagem a dois colaboradores: Robert M. Levine, amigo falecido e motivador de meus estudos sobre Carolina Maria de Jesus, e Marisa J. Lajolo, companheira de debates sobre literatura, história e crítica literária.

** Professor do Departamento de História da Faculdade de Filosofia, Letras e Ciências Humanas da Universidade de São Paulo (FFLCH-USP), diretor do Núcleo de Estudos em História Oral – NEHO – USP.

se no elenco da análise das biografias, dilatando a problemática da relação entre os indivíduos, a cultura que os abriga e as possibilidades de referências documentais capazes de dar alguma musculatura ao corpo analítico da memória e da história em dimensão nacional[2].

Munido desses desafios, vislumbrei um cenário amplo onde pudesse dinamizar a experiência de "pessoas comuns", dos tais "*eus vulgares*"; da vida cotidiana e da relação do comportamento ordinário e individual no plano coletivo. Tudo isso sob a ótica da memória e da identidade nacionais implicadas na dimensão do espaço, do tempo da vigência das idéias e de sua resistência como memória cultural[3]. Desdobramento lógico, aspectos da materialização das propostas biográficas e das memórias projetaram temas aproximados da relação entre "emissor", "produtor" e "receptor" e o peso desse processo no conjunto da produção intelectual brasileira. Dizendo de outra forma, valeria pensar o significado dessas publicações, sua fortuna crítica e projeção geometricamente progressiva como tributário da memória cultural brasileira em geral.

Minha primeira operação prática foi estabelecer um conceito genérico capaz de dar conta de preocupações relativas à relação entre a biografia, a memória pessoal – expressa como autobiografia – e a identidade nacional[4]. Leituras variadas levaram-me a alguns autores que permitiram fixar os pressupostos da memorialística, fato que permite aproximar os dois conceitos – de biografia e autobiografia –, que, apesar de diferenciados, têm um denominador comum: a memória expressa por meio de documentos pessoais. A licença para juntar tais gêneros escritos em uma só definição, por sua vez, decorreu das propostas fixadas por George Gusdorf, em particular quando explica que:

> Os escritos de "memórias" são expressões do eu, redigidos em primeira pessoa, como a autobiografia, por exemplo. A diferença se dá mais no conteúdo do que na forma. A origem comum dos dois gêneros ocorre em nível da consciência individual que se realiza no devir histórico[5].

Aliás, os dois volumes da obra de Gusdorf – dedicados à relação entre a memória e a identidade – se fizeram caminho para os "escritos do eu" inscritos no ambiente da cultura[6].

O retrato e a moldura

Desdobramentos de outras pesquisas, fermentava em minha pressuposição a vontade de ferir mais um aspecto adequado ao tema do "eu" e do "coletivo" nacional brasileiro: as variações entre os escritos masculinos e os femininos[7]. Nessa senda, a segunda operação constou de uma consulta aos títulos encontrados na Biblioteca Nacional do Rio de Janeiro sobre o que estamos chamando de "memorialística feminina"[8]. Optei por considerar o cruzamento de duas alternativas como eixo sobre o qual girariam os argumentos centrais do trabalho: os escritos do eu feminino no Brasil, que são, por excelência, diferenciados do masculino genérico e dominante com relação a aspectos decorrentes do espaço privado sobre o público – em particular de vivência em família, educação e papel social. Tais escritos, ainda que habitualmente não contemplados em conjunto, já formulam um corpo documental expressivo, suficientemente forte para discutir a polêmica premissa de que a produção feminina brasileira se define pelo "não", ou seja, "pelo que a mulher não é". Talvez o volume de textos sobre esse viés ajude a responder por isso. Estranho também o fato de a história não estar prestando a devida atenção a tal possibilidade, e é igualmente complexa a consciência de que a crítica literária tem assumido tais funções como ramo da literatura[9].

Realizado o levantamento geral, parti para a decisão metodológica, tendo de definir como operar, e, com esse fim, se fez imperiosa a pergunta cabível tanto ao historiador como ao crítico de literatura: como fazer uma biografia que proponha o uso diferenciado das fontes derivadas do "eu"? Pensando no olhar do pesquisador, perguntei-me: em que medida a memória ou a autobiografia se adequariam aos critérios desse ofício? Conseqüência natural, como selecionar documentos capazes de instruir reconstruções que, a partir do "eu narrador", deixem de ser apenas páginas mistificadoras, de caráter exótico ou introspectivo para, em lugar deles, inscrever o sentido social e coletivo de uma "vida" que só ganha razão de ser enquanto histórica?

Confesso que não me foi difícil achar o motivo analítico; aliás, surgiu quase que naturalmente como resultado de alguns anos de preocupação com a mesma personagem. Em face do vínculo mecânico fiquei sem saber – parafraseando a velha máxima de Gaston Bachelard – se foi o objeto que me atraiu ou eu quem o formulei[10]. Carolina Maria de Jesus se me apresentou como uma possibilidade plural e instigante para tangenciar alguns desses temas. Afinal, ela, em sua obra e nos escritos que a envolvem, mostra-se como pólo centrífugo de muitos pontos interessantes: escritora negra, semi-analfabeta, migrante, mãe solteira, cabeça de família, exemplo de figura emergida nos "anos dourados", detratada nos "anos de chumbo"[11] e progressivamente reabilitada na "abertura política". Seja pelo complexo desenho de sua composição social, inscrição (e exclusão) na cultura nacional, procedimento religioso, definição política e principalmente pela visão racial, seja pela originalidade de sua produção e, até, por ter deixado enorme bagagem de escritos a respeito de sua vida pessoal e mesmo pelo fato de que sobre ela permanece uma polêmica que mistura a estética de sua produção com o caráter documental de sua obra, Carolina se me afigurou como possibilidade de entendimento do "tempo presente" brasileiro[12].

Carolina tendo ao fundo a favela do Canindé.

Todavia, como agir com uma pessoa biografada segundo pressupostos ambíguos, apressados e, mais que nada, incompletos? Como agir diante da imponderabilidade do perverso efeito cumulativo e espiralado dos escritos "biográficos" sedimentados na memória cultural de um contexto que não se ocupa da análise dos critérios de estabelecimento dos textos? E o que dizer quando os escritos pessoais contradizem, flagrantemente, os resultados fixados na consideração nacional? Vez mais, Carolina se mostrava personagem talhada para o investimento. E com vantagens, pois, além do significado dos textos sobre ela, os seus, pessoais, juntavam-se a uma dimensão nacional brasileira filtrada por conceitos de "certo", "bom", "bonito", "belo", "correto", estabelecidos de acordo com normas aristotélicas plasmadas no gosto do público consumidor de literatura no Brasil. Por via paralela, corria outra definição dela como personagem "exótica" ao padrão da norma culta nacional brasileira, mas consagrada fora do nosso espaço, internacionalmente.

O conjunto desses itens – amalgamando uma quantidade exemplar de novos textos inéditos dessa escritora e uma série de entrevistas com pessoas de seu convívio – possibilitou ver a força de um mercado de consumo cultural que fabricou uma personagem à sua imagem e semelhança e jamais permitiu a autonomia de uma escritora que teria um talhe diverso do esperado pelos seus artífices. Nessa medida, as biografias ou notas biográficas publicadas sobre Carolina Maria de Jesus permitem uma oficialização de sua história pessoal e dela na cultura nacional. A releitura de seus textos publicados, somada aos escritos memorialísticos inéditos, contudo, força revisões ou, pelo menos, a reinvenção de outras Carolinas. Outros tempos, outras Carolinas?

Com o arrolamento desses princípios, posso dizer, tinha os fios para tecer uma proposta que se comportaria no molde de um *work in progress*. Os desafios propostos remetem à necessidade de responder a algumas questões centrais: a "memorialística" demanda leituras diferenciadas ao historiador e aos críticos literários? Literatura e/ou história? Documento ou ficção? Daí o inevitável questionamento: qual o significado de Carolina para a história cultural brasileira?

A produção de Carolina Maria de Jesus é desconhecida. Apenas quatro obras suas apareceram em vida (1914-1977) e assim mesmo com brilho de intensidade declinante. Logicamente, *Quarto de despejo*, lançado em 1960, irrompeu como cometa radiante riscando o céu tisnado de figuras populares como escritoras. Depois, no mesmo rastro, *Casa de alvenaria* tentou, em 1961, longe daquele fulgor, dar sentido a uma obra de impacto que desdobrava a mesma problemática. O terceiro texto, *Provérbios*, editado por ela própria em 1963, se fez seguir, nesse mesmo ano, de outro também obscuro, *Pedaços da fome*. Ambos, sem praticamente nenhuma sonoridade, representaram uma espécie de agonia literária[13].

Morta a escritora, veio à luz por trajetos inusitados o *Journal de Bitita*, que, antes de freqüentar nossas livrarias, foi lançado em Paris[14]. Esse material – que originalmente, claro, fora escrito em nossa língua – foi novamente traduzido do francês para o português e aqui publicado como *Diário de Bitita*, em 1986. Ironicamente, esse livro fez mais sucesso lá do que aqui. Além desse material, até recentemente poucos outros textos compunham tão polêmica obra e o retrato da personagem: contos, poemas, algumas canções gravadas em um desconhecido LP e muitas entrevistas. Entre os textos de caráter informativo e biográfico, sobretudo, destacam-se a discussão sobre a qualidade literária de sua pena e as circunstâncias que a fizeram conhecida. Um paternalismo editorial – machista, sem dúvida – cuidou de assumir Carolina como se ela não tivesse expressado suas posições pessoais além dos limites permitidos pelo sucesso editorial. A história do "esquecimento" de sua obra e do silêncio em torno dessa vasta massa documental é também a história de um tempo e de um espaço de memória a ser avaliado.

Afinal, de que matéria é feita a memória cultural dessa figura? Qual o sentido de se manter uma personagem tão pobremente conhecida como uma espécie de ícone da cultura de um tempo? Bastaria o estrondoso sucesso editorial de *Quarto de despejo* para "imortalizá-la"? Ou teria sido o flamejante debate a respeito da aceitação crítica dessa mulher o fator decisivo para que seu nome se mantivesse através dos tempos? Seriam apenas seus escritos publicados em vida razão para tanto? Ou a incompatibilidade com um modelo que, por exceção, fez sentido em um momento único de nossa história, nos tais "anos dourados"? Seria Carolina mais uma mercadoria de época? Para o historiador, a verticalização desse debate impõe aceitar alguns termos que permitam analisar um tempo, democrático por certo, no qual a exaltação de figuras populares e a cultura de massas ganhavam contornos fundamentais. Sem um enquadramento dessa personagem na trama histórica de um tempo não seria possível estabelecer critérios para qualificar sua obra como atestado de época[15]. Nem seu "esquecimento".

O tempo do retrato

Impõe-se, então, caracterizar os "anos dourados" para neles compreender e explicar Carolina. Os critérios definidores das etapas da trajetória política recente do Brasil têm apresentado, preferencialmente, tendências para o julgamento. Ainda que, em face da periodização histórica contemporânea, despontem alguns esquemas sóbrios e historiograficamente tradicionais, do tipo "ditadura"; "Nova República", "neoliberalismo", o gosto emocional tem acentuado a preferência de historiadores, jornalistas e cientistas sociais que formulam outros postulados.

Menos por didatismos e mais por tradução de escolhas pessoais e políticas, a periodização de eventos conseqüentes revela, sobretudo, paixões, ressentimentos e mágoas. Inevitavelmente, fala-se de julgamentos, pois revelam tensões entre a retórica historiográfica convencional e o desabafo generalizado pela oposição ao último regime militar[16]. Por uma ou outra alternativa, contudo, o que se destaca é a gênese e transição de um governo democrático para um autoritário e deste para uma democracia possível[17].

Longe de ser meramente uma curiosidade lingüística, a nomenclatura sobre essas fases merece cuidados, posto traduzir formas de ver o mundo que encobrem processos seletivos da memória. Tendo sido dramaticamente afetada pelas instituições do regime militar, a trajetória das escolhas e da retenção dos valores da cultura nacional foi crivada pela censura, que tanto se valia dos controles objetivos ditados pelos órgãos oficiais como pela subjetiva autocensura absorvida direta ou sutilmente por todos[18]. Tudo em nome da segurança nacional vertida em lei, diga-se. O que se consagrou e o que foi esquecido, de regra, não são elementos arrolados nos panoramas da crítica nacional brasileira, que apenas recentemente se tem habilitado a exames de reconhecimento das rupturas e das continuidades de processos recentes. Assim, mais do que a constatação de elementos caracterizadores de cada fase, as relações entre o que "era" e o que "se tornou" integram a força dos argumentos pretendidos neste texto. Em outras palavras, pretende-se contemplar as abordagens dadas às manifestações sociais e aos movimentos da cultura brasileira nas dimensões de dois tempos imediatamente subseqüentes à presença militar instalada em 1964 e principalmente depois do recrudescimento do regime, em 1968.

O contexto brasileiro dos "anos dourados", sobretudo na fase JK, alargou nosso território cultural, implicando a inclusão de nomes que antes, graças à dominação de um critério e conceito de cultura, não permitiam o aparecimento de personagens "novas". Mantendo uma tradição firmada em valores da elite e na ortodoxia apoiada no pressuposto da *norma culta*, a permanência das regras costumeiras funcionava como obstáculo para a inclusão de novas linguagens, temas malditos e tipos sociais estranhos a elas. Na contramão, a experiência democrática funcionava como ameaça cultural, visto que a antiga ordem se colocava sob o juízo do elitismo, que não era apenas político. Fermentando esse contexto, na nascente dos anos de 1960, nomes cujo sucesso seria até então impensável despontaram e surgiram outros com oportunidades. A par da ebulição cultural em escala ampla, na qual apareciam figuras populares, emergiram gêneros textuais pouco prezados, criando um atrativo diferente para o público em geral: os diários e as autobiografias. Esse foi por excelência o momento em que os "escritos do eu" afloraram, conformando um país socialmente mais plural, racialmente mais colorido e economicamente mais pujante.

Até essa época no Brasil, tais gêneros – os diários e as autobiografias – eram praticamente atributos da elite, quase sempre masculina, de pessoas bem situadas socialmente que apresentavam a própria vida como norma de conduta ilibada. Mitificações e heroicidades cultivadas, esses textos representavam modelos fiéis da velha tradição letrada e bacharelesca. Os artistas que foram biografados ou deixaram documentos sobre si eram pessoas que exibiam certo exotismo, mas perfeitamente tolerável dentro dos padrões do comportamento esperado. Sempre despontava algo de positivo nos diários e nas autobiografias então publicados, como feministas de vanguarda, empresários avançados na relação com os trabalhadores ou políticos libertários. O "povo" não aparecia em tais círculos: no máximo, era motivo das crônicas policiais, personagens assumidas – ou inventadas pela ficção ou meramente tratadas como "marginais" ou "folclóricas".

Contudo, o registro de tais figuras das grandes cidades, vistas através dos diários e de seus depoimentos, revela hoje um caminho interessante para a retomada de um tempo que depois foi, como esses autores, relegado. Fala-se de cidadãos que emblemavam uma proposta de nação menos hierarquizada socialmente e mais flexível culturalmente – pensa-se que tais pessoas simbolizaram um ensaio de nação que poderia incorporar brasileiros moradores de favelas, hospícios, cidades fora do eixo Rio–São Paulo. Esses "lugares" metaforizariam uma cultura que se desenhava de modo diferente, porque mais aberta e capaz de aceitar tipos sociais que antes não caberiam na cena nacional restrita aos bem situados e probos.

Curiosamente, considerando o universo feminino, dois aspectos clamam por atenção especial: 1) o fato de terem aflorado autobiografias e diários de mulheres comuns e, principalmente, 2) de ter surgido um número proporcionalmente expressivo de obras relativas ao Estado de Minas Gerais (assinaladas com *; das treze obras citadas, sete são daquele estado). Eis a relação dessas autoras, segundo a ordem cronológica de aparecimento:

Dinorah Renault Junqueira, *Lembrança do meu tempo**; Maria da Gloria d'Avila Arreguy, *Memórias de uma professora**; Adelaide Carraro, *Eu e o governador*; Carolina Maria de Jesus, *Quarto de despejo* e *Casa de alvenaria**; Maria Izabel Silveira, *Izabel quis Valdomiro*; Adélia Pinto, *Um livro sem título;* Edésia Correia Rabello, *Lá em casa era assim...**; Vera Tereza de Jesus, *O condenado poderia ser você*; Maura Lopes Cançado, *Hospício é Deus: diário I**; Adelaide Carraro, *Eu mataria o presidente*; Selene Espínola Correia Reginato, *Minhas memórias*; Maria Helena Cardoso, *Por onde andou meu coração**.

Marisa Lajolo chama a atenção para um fenômeno curioso na composição cultural dos anos de 1960. Nota-se que, por essa época, havia um grupo de mulheres com "idéias na cabeça e caneta na mão". Lajolo refere-se às autoras que então assumiam posição de relevo na cena intelectual brasileira[19]. Bem-nascidas e educadas, personalidades como Clarice Lispector e Nélida Piñon compunham-se com algumas autoras que já haviam marcado época, como Cecília Meireles, Rachel de Queiroz, Lígia Fagundes Telles. Consagradas, essas escritoras tiveram seus livros – contos, romances, poesias (jamais diários) – aceitos sem grandes dificuldades. Não foram, porém, as únicas, ainda que as demais ficassem em planos afastados depois do advento da ditadura. Por que umas e outras não? Curiosamente, ficaram as que conseguiram um papel no panorama da cultura oficial, restaurada com a depuração da crítica, que jamais levou em conta critérios que não os próprios, também oficiais.

A (in)visibilidade da retratada

Aos olhos do leitor atento, não há mais como negar a invenção de Carolina Maria de Jesus como fruto mercadológico. Faca de gumes fatais, ela não existiria sem uma produção adequada a um tempo nem poderia escapar do realismo jornalístico daqueles dias. Desdobrar os pressupostos desse momento histórico implica ponderar sobre três pontos assaz interessantes para o historiador do "tempo presente": 1) o ano de 1958 como ápice e síntese privilegiada de uma fase da vida brasileira; 2) o elenco de novos tipos sociais do Brasil "pré-ditadura"; e 3) o tratamento crítico dado às personagens emergidas então.

Em primeiro lugar, cabe caracterizar o ano de 1955 como o tempo em que o diário de Carolina começou a ser redigido, o qual ganhou vigor a partir de 1958. Isso posto, é importante integrá-lo ao conjunto de feitos da época.[20] Seria inevitável repetir que, "como corte histórico, parte-se do princípio de que há um 'antes' e um 'depois' daquele ano", pois fatos como a grande seca do Nordeste e o êxodo de milhares de pessoas para o Sul; a edificação da Novacap, Brasília; a construção da Belém–Brasília; as filhas do presidente debutando em Paris; as multinacionais instalando-se no país; a bossa nova fazendo-se sinônimo de um novo tempo; o Cinema Novo; o Brasil campeão do mundo na Suécia... tudo levando a crer que era chegado o apogeu de um "tempo novo", dos "anos dourados", que, aliás, simbolizavam a modernização.

A mitificação de 1958 como um "ano especial" tem um enredo complexo porque intrincado. Logicamente, herda questões que podemos balizar a partir de 1955, passada a morte de Vargas, no ano anterior, e se projeta até o advento da ditadura, em 1964. Para seu entendimento, faz-se necessário propor o diálogo com "outro tempo", o ano de 1968 – este com reputação de "tempo extraordinário" em todo o mundo, no correr do século XX[21], teve no Brasil também um livro expressivo assinado por Zuenir Ventura: *1968, o ano que não terminou*. Frente a este sucesso editorial, a retomada da década anterior também foi marcada por um texto especial intitulado *Feliz 1958: o ano que não devia terminar*, de Joaquim Ferreira dos Santos. É preciso também lembrar que, por aqueles dias, Nelson Rodrigues moldava o jornalismo realista brasileiro com suas picardias e alfinetadas na moral pequeno-burguesa da classe média carioca e Rubem Braga soltava o alerta no denunciador *Ai de ti, Copacabana*. Em São Paulo, também nordestino como Nelson Rodrigues, outro jovem jornalista entraria em cena a fim de dizer para que veio: Audálio Dantas. Ele e Carolina viriam a ser protagonistas de uma história que merece ser retomada, agora à luz de novos critérios. "Criador" e "criatura", ambos ape-

Carolina e Audálio Dantas à época do lançamento do *Quarto de despejo*.

nas se explicam como resultado de um projeto de Brasil que vivenciava o lema do Plano de Metas de JK: "50 anos em 5".

O tal novo tempo implicou o reconhecimento de personagens nacionais até então empalidecidas em suas manifestações do "eu". O ventilado tempo da democracia dos "anos dourados" exibia uma pluralidade artística que consagrava, pelas vias usuais, alguns novos valores – no futebol, Edson Arantes do Nascimento, o Pelé, menino ainda em seus dezessete anos em 1958, brilhava ao lado de Didi e do incrível Garrincha, que, idolatrado por Nelson Rodrigues, passava à crônica de um país que se consagrava como "do futebol"; na música, personagens como Elza Soares e Zé Keti representavam uma nova geração de cantores negros que iniciavam a "cultura da cor", renovando a velha linha de sambistas que estava esquecida, nos morros, afastada do grande público.

A grande novidade, contudo, viria nas páginas escritas por Carolina Maria de Jesus. Apenas naquele momento "clareado", de movimentação social e política tão intensa, seria possível pensar na estréia e consagração de uma escritora negra.[22]

Mas de que matéria foi feito o sucesso dessa semi-analfabeta que "perturba" até hoje? Como ela apareceu e se fixou na memória nacional? Qual o teor cultural que a projetou? O inventário de mistificação se firmou em que valores? Resta ver ainda como foi talhada a imagem de Carolina por Audálio Dantas e como a crítica selecionou e permitiu alguns aspectos dessa biografia.

Conta a lenda que houve um pouco de acaso em tudo, mas na intenção de Audálio Dantas, quando fez uma reportagem jornalística, estava a semente de uma aventura sem caminho de volta na história da pobreza do Brasil. Tudo se passava em São Paulo, em uma área que não mais existe como favela, pois foi substituída pelo estádio de futebol do Clube Atlético Portuguesa de Desportos, que, contudo, manteve o nome Canindé. No prefácio de *Quarto de despejo*, assinado por Audálio, com ares de autoridade e de modo paternalista, ele se assume dizendo:

> Prefácio não é, que prefácio tem regras. E de regras não gosto, digo logo. Tenho de contar uma história, conto. Bem contada, no exato acontecimento, sem inventar nada. Não é no jeito meu, comum de re-

> pórter, mas é uma história exata de verdade – talvez uma reportagem especial. Conto: a história de Carolina Maria de Jesus, irmã nossa, vizinha nossa, ali da favela do Canindé, Rua A, barraco número 9.

Depois de dissertar longamente sobre o conteúdo do diário, para narrar o encontro dos dois, em texto que intitulou "Nossa irmã Carolina: apresentação de Audálio Dantas", o jornalista vale-se das seguintes palavras, retomando a questão da forma:

> Eu disse que não era prefácio, esta história que conto. Repito: é a história de Carolina Maria de Jesus e do "Quarto de despejo". De Carolina e do que diz Carolina ainda falo, na continuação.

E detalha o encontro:

> Quando eu vi Carolina na primeira vez já faz três anos. Foi em 1958, mês de abril. Foi lá na favela do Canindé mesmo, tarde tardezinha. Cheguei lá, repórter, para ver o que disseram uns da favela sobre umas balanças-brinquedo-de-menino que a Prefeitura mandou botar na favela. O que disseram uns da favela era verdade: os brinquedos dos meninos, os grandes tomaram. Homem feito, de barba na cara, era quem gozava do balanço. E tinha deles muito ruins que até batiam em menino que chegasse por perto, de olho grande no balanceio.
> Carolina estava perto da balança dos meninos que os grandes tomaram. E protestava, aonde já se viu uma coisa dessas, uns homens grandes tomando brinquedo de criança!
> Carolina, negra alta, voz forte, protestava. Os homens continuavam no mesmo bem-bom do balanço e ela advertiu:
> – Deixe estar que eu vou botar vocês todos no meu livro!
> Aí eu perguntei?
> – Que livro?
> Então ela respondeu:
> – O livro que eu estou escrevendo as coisas da favela.
> Fui ver o livro.

Renunciando a um nível de tradução daquela realidade, escreveu o jornalista:

Eu vi e senti. Ninguém podia melhor do que a negra Carolina escrever histórias tão negras. Nem escritor transfigurador poderia arrancar tanta beleza triste daquela miséria toda. Nem repórter de exatidão poderia retratar tudo aquilo no seco escrever. Foi por isso que eu disse assim para Carolina Maria de Jesus, lá mesmo, na horinha que lia trechos de seu diário:

– Eu prometo que tudo isto que você escreveu sairá num livro.

De maneira emocionada, a "apresentação" termina com um "RECADO: para Carolina e para a favela", no qual Audálio dizia "a reportagem terminou... agora eu quero falar com Carolina. Todos podem ouvir. Carolina, você gritou tão alto que o grito terminou ferindo ouvidos".

É verdade que, sob todos os pontos de vista, essa "apresentação" se reveste de caráter interessante. A forma invulgar do texto – com mensagens ao público em geral e com um "recado" – propõe um jogo de cena em que os diálogos misturam personagens, emissor, público. O mais intrigante, contudo, é o problema da autoria. Afinal, quem é quem nessa trama? Quem é o criador e quem é a criatura? Retrato de quem: de Audálio, jornalista? De uma favelada, Carolina, ou de uma geração?

A certidão de batismo de Carolina como personagem nacional estava dada. Lançado com promoção retumbante, merecendo inúmeras reedições, até hoje o mesmo texto mantém uma linha de continuidade[23]. Mudados os sentidos de leitura, atualmente *Quarto de despejo* é visto pelos brasileiros mais como um documento de época. Isso, aliás, indica leituras diferentes de quantas gerações de leitores têm-se apropriado do mesmo texto. Convém lembrar que o impacto nacional dessa obra teve sonoridades.

Fora do Brasil, quase simultaneamente, uma série de revistas e jornais dimensionava o feito. Mais que isso, algumas traduções expressivas animavam o mercado que consumia a trama da favelada como uma espécie de denúncia dos abusos do capitalismo. Foi assim que certas traduções mereceram destaque em pelo menos catorze línguas, algumas antecedidas por prefácios ilustres, como na Itália, onde Alberto Moravia celebrava o feito. Dentre tantas, porém, a mais vigorosa projeção desse livro foi a edição norte-americana – estrondoso sucesso até hoje –, na qual David St. Clair exercitou a sensibilidade dos leitores com alentado prefácio.

A moeda corrente que consagrou Carolina e Audálio Dantas apresenta outra face, a crítica que é pendular, sendo, por vezes, polêmica e laudatória, mas sem apagar também uma perversa comparação ou contraste com a elite. Ambos os lados, contudo, cumprem uma estranha missão: projetar no tempo leituras dilatadoras dos efeitos do livro tanto na cultura brasileira como na internacional.

O impacto do consumo da obra de Carolina tem, obrigatoriamente, de passar pelo crivo diferenciado do público local e internacional. Tendo sido consumido de forma variada, o texto de *Quarto de despejo*, bem como o de *Casa de alvenaria*, tanto serviu para fermentar a crítica social feita pela esquerda como pela direita. Especialmente em um momento em que se via Fidel Castro como ameaça ao *status* político nacional brasileiro, as agruras de uma favelada serviam de brado. Concomitantemente, à direita, a liberdade de expressão e, sobretudo, o fato de uma negra ter aceitação ampla eram tomados como sinônimo de mobilidade social. Por óbvio, os problemas da interferência norte-americana no Brasil, em particular os efeitos do programa Aliança para o Progresso, apimentavam o debate sobre a miséria e o desenvolvimento. A conjugação de fatores que desaguou no golpe militar incluía questões apontadas pelo diário de Carolina.

As resenhas imediatas ao lançamento do livro, em agosto de 1960, foram positivas, evidenciando uma nova estrela. Não demorou, porém, para que o livro virasse notícia e assim a personagem ganhasse foros de publicidade. Fatos como a mudança de sua residência da favela para o bairro de Santana, onde comprara uma casa, viraram notícia de destaque em jornais importantes como a *Folha da Manhã*, que, no dia do Natal, avisava: "Carolina mudou de casa sem promover despejo"[24]. Mais contundente, o então jovem jornalista Ignácio de Loyola Brandão dizia, em março de 1961, no título de um artigo, que "Carolina rompe com a literatura e a glória", destacava que "milhões não seduzem escritora da favela" e estampava suas palavras: "Estou cansada de tudo".[25] Isso, aliás, deixava entrever outra polêmica, a interminável briga da autora com Audálio Dantas.

Carolina com um exemplar de *Quarto de despejo* na mão.

Estavam reunidos os ingredientes do processo de mitificação de Carolina: o sucesso – nacional e internacional – até então nunca visto; a aceitação de sua obra como fator político; e a passagem de sua vida pessoal para o noticiário. A simpatia internacional, acolhendo a produção de Carolina de forma tão definitiva, evidentemente negava o caráter problemático relegado ao nosso contexto.

O retrato em outro tempo

É exatamente na imbricação desse problema que se encontra o sentido da retomada de *Quarto de despejo* trinta e sete anos depois. Aliás, pessoalmente, a discussão desse tema iniciou-se nos idos de 1993. Robert M. Levine enviou-me um texto seu para comentários, em uma prática de correspondência freqüente que desenvolvíamos havia mais de vinte anos, até sua morte prematura no início de abril de 2003. Então, passadas mais de três décadas da estréia de *Quarto de despejo*, ficava saliente a diversidade da leitura que ele fazia em comparação com a minha. Comentários e mais comentários se seguiram e, por fim, resolvemos transformar o diálogo epistolar em livro, que saiu em 1994 com o nome de *Cinderela negra: a saga de Carolina Maria de Jesus*. Para tanto, além de nos valermos das críticas, resenhas e comentários surgidos nos dois países, bem como da forma de apreensão da mesma obra em tempos e espaços diferentes, aqui, no Brasil, realizei uma série de entrevistas com auxílio de uma equipe, envolvendo personagens da trama do surgimento do *Quarto de despejo*, como Vera Eunice de Jesus Lima, José Carlos de Jesus, Audálio Dantas, dona Maria Puerta e Marta Teresinha Godinho. O resultado dessa investida teve um efeito surpreendente na família de Carolina. Como que por milagre, a filha, Vera Eunice de Jesus Lima, cedeu-nos trinta e sete cadernos com diversos escritos da mãe. O espanto foi enorme. Os desafios decorrentes também.

Paradoxalmente, os desdobramentos da publicação de *Cinderela negra* motivaram questões capazes de permitir a análise da mitificação de Carolina em tempos históricos e espaços culturais diferentes. Como a primeira edição do livro foi traduzida quase imediatamente para o inglês e tanto nos Estados Unidos como no Brasil ela se esgotou rapidamente, algumas resenhas reacenderam o debate.

Aqui, passada a onda de entusiasmo, a crítica nacional foi ganhando densidade destrutiva em que se colocava o valor estético da obra como causa de juízo detrator. Complemento direto disso, a eventual mão pesada de Audálio teria atingido tal questão. Basicamente, entre tantos outros autores que se manifestaram, vale destacar duas pessoas que sintetizam, em tons negativos, a fermentada querela: Wilson Martins e Marilene Felinto. De outro lado, destaca-se o reconhecimento de Roberto DaMatta e de Wilson Bueno, que saúdam a existência do *Quarto de despejo*.

Vejamos os termos da polêmica. Em resenha publicada em vários jornais brasileiros, diz Wilson Martins[26], de maneira ácida:

> Mitos e equívocos envolvem a vida da autora do livro "Quarto de Despejo".
>
> Se a glória, como já se disse, é o conjunto de mal-entendidos que se acumulam em torno de um nome, nenhuma terá sido mais paradigmática que a de Carolina Maria de Jesus (1914-1977). *Quarto de Despejo* foi recebido e aclamado no Brasil e no exterior, como denúncia social e reivindicação racista, quando a autora repudiava qualquer identificação com os seus companheiros de raça e classe, desejando

apenas ser uma grande escritora... sem saber escrever. Tendo ido à escola até o segundo ano primário, ela teria iniciado um diário sistemático em 1955, conhecendo ocasionalmente Audálio Dantas três anos depois.

A continuação do texto, mais que atacar a escolaridade e a posição da autora, aponta para o pior: a obra teria sido mexida pelo jornalista. Sem pejo, Martins sentencia:

> O livro foi lançado em 1960, praticamente reescrito por Audálio Dantas [...] a "parceria", como é natural – confirmando a autoria efetiva de Audálio Dantas –, estendia-se aos direitos autorais, partilhados entre os dois segundo arranjos e prestações de contas algo litigiosas.

De maneira ainda mais contundente, para mostrar o trabalho como produto editado e por isso inautêntico, Martins ressaltou que "a 'forma definitiva do livro' foi dada por Audálio Dantas, que de resto reivindica o papel de editor: 'era um projeto meu, tanto é que fiquei anos [*sic*: no máximo, ano e meio] trabalhando nesse diário'".

Com pertinência, Martins, usando do depoimento da filha, ainda feria o debate atingindo o jornalista, dizendo que "ele corrigiu 'as partes confusas' e aliviou 'as mais pesadas'. 'Algumas histórias o Audálio tirou por causa do público e da censura, senão a editora não publicava'". Este é, finalmente, o ponto nodal da crítica.

A generosidade de Vera Eunice provocou um novo desafio. O que fazer com a imagem de alguém que foi mitificado com base em apenas parcela – a mais pobre, diga-se – de sua obra? O polêmico conjunto tinha calcificado uma obra e promovido um efeito espiralado que não deu, jamais, espaço para o advento de outras facetas da complexa escritora. Então, emergiu como proposta urgente de trabalho, tanto para Levine como para mim, a publicação do resto dessa produção. O formidável espólio, compreendendo mais de cinco mil páginas, é um material de difícil manuseio, sob todos os pontos de vista: guardados por anos a fio em caixas de papelão, tendo padecido chuva, bichos e desgaste normal de papel mal conservado, os cadernos – que haviam na maioria sido tirados do lixo – apresentavam variações de conteúdo. A letra grande e firme de Carolina tinha repetido a operação de cópia dos textos e a desordem das páginas alternava vários escritos.

Basicamente, os textos encontrados podem ser classificados nos seguintes gêneros: 1) diários; 2) peças de teatro; 3) provérbios; 4) contos; 5) romances; e 6) cartas e bilhetes. Além do trabalho de "descupinização" e limpeza do material – hoje guardado em microfilme na Biblioteca Nacional do Rio de Janeiro, com cópia também microfilmada na Biblioteca do Congresso dos Estados Unidos –, tratei de publicar os poemas da autora e, mais do que isso, os fragmentos de seus diários na forma em que estavam redigidos, sem alterar absolutamente nada.

Os poemas seguiram a ordem deixada por ela em livro, que chamei de *Antologia pessoal*. Os diários, em outra edição, intitulada *Meu estranho diário*. Levine, por sua vez tratou de traduzir para a língua inglesa *Meu estranho diário*, *Casa de alvenaria* e *Diário de Bitita*[27].

Por outra via, longe da autoridade de Wilson Martins e representando uma linha diferente, Marilene Felinto intitulou sua crítica de "Clichês nascidos na favela" e, sem entender absolutamente nada da proposta, afirmou que "academia tenta, mas não consegue dar estatuto literário a Carolina de Jesus". Depois de anunciar o lançamento dos dois inéditos, diz que tais obras trazem de volta "a controvérsia sobre o 'caso verdade' dessa mulher semi-analfabeta, moradora de uma favela de São Paulo, que, em 1960 foi equivocadamente trazida a público como escritora de literatura"[28]. O progresso dos argumentos apela para o inevitável, a separação entre literatura e denúncia, e vê no esforço de revelação das tramas de uma polêmica a tentativa de redenção de uma escritora mal considerada. São suas as palavras:

> [...] da comoção à confusão exagerada de "obra carolinana", foi um passo. Instituía-se ali um debate esgotado – mas que insiste em ecoar até hoje – entre convenções como cultura de elite e cultura popular, norma culta e linguagem do povo, resultado da necessidade de se classificar o caso Carolina.

Rendendo tributo à sua concepção de literatura, a comentarista verifica que:

> [...] é claro (e deveria ter sido na época) que aqueles manuscritos encontrados na favela não têm qualquer valor literário, porque não transcendem sua condição de biografia da catação de papel e de feijão (quando havia) no cotidiano de uma favela. O texto tem no máximo valor documental, de interesse sociológico... antropológico... psicológico.

DaMatta abre seu texto, nomeado "Carolina, Carolina, Carolina de Jesus..." com entusiasmo e, bendizendo tanto a *Antologia pessoal* como *Meu estranho diário*, declara-se premiado como outros "admiradores de Carolina Maria, entre os quais se inclui este modesto e medíocre colunista antropólogo"[29]. Desdobrando suas justificativas, remetendo-se diretamente a Marilene Felinto, coloca o caso nos seguintes termos:

> Para ela, a visão de dentro – a perspectiva do pobre sobre o seu mundo – é coisa banal: apenas sociológica, antropológica, psicológica! Como se todos os dias estudiosos da sociedade e da mente humana encontrassem aos borbotões diários de favelados, de loucos e de nativos de outras culturas. Como se todo o treinamento dos cientistas sociais não fosse precisamente voltado para, no final, obter exatamente isso que Carolina realizou sem saber, apenas porque tinha essa compulsão para a escrita que para a colunista é um estigma.

Inaugurando essa perspectiva, contudo, Wilson Bueno concluiu sua análise do livro de poemas e da nova edição dos diários tocando em um tema relevante:

> [...] fica claro no "caso" Carolina Maria de Jesus: "desmontar" o sujeito inventado, quando em fuga de um sistema de controle, é tarefa que se impõe às elites de qualquer matiz ideológico, mais do que por vingança pela insistência histórica de hegemonia.[30]

A questão que se coloca finalmente é a seguinte: como tratar o espólio dessa polêmica? A sugestão que se segue visa: promover a divulgação dos escritos de Carolina, independentemente dos cacoetes da crítica que insiste em não incluir os novos textos, documentos, deixados por ela; fermentar a discussão em torno da fortuna crítica existente; e dinamizar possibilidades que a contemplem menos como um fenômeno ou exceção e mais como possibilidade de análise de um tempo e de um espaço histórico que constroem memórias e as "desconstroem" sem critérios.

O retrato sem retoques

Carolina, evidentemente, padeceu com as mudanças ocorridas em sua vida depois do lançamento de seu primeiro livro. A súbita alteração de padrões de vida e a popularidade a perturbaram. E muito. Sem saber como se comportar, de repente foi-lhe delegado um papel social que não podia desempenhar: ser escritora famosa, mulher requisitada para pronunciamentos e posturas políticas. De sua solidão no recôndito de seu barraco à vida pública havia um caminho que foi cortado pelo padrão externo, desenhado para pessoas treinadas para o desempenho desejado pela sociedade. E também por seus editores, principalmente pelo "parceiro" Audálio Dantas.

Havia premências editoriais sérias. O mercado exigia continuidade, e seria naquele momento ou nunca mais. Carolina, em outro ritmo, teve de dar prosseguimento aos seus diários. Sem a naturalidade do anterior, suas aventuras na *Casa de alvenaria* equivaliam a uma espécie de segundo capítulo de uma novela folhetinesca. Não resta dúvida de que saiu a toque de caixa, na ânsia de aproveitar a força do *Quarto de despejo*. Deve ter sido mecânica a repetição da fórmula anterior: entradas por dias, apresentação de Audálio, a mesma casa editorial. Variou, contudo, com certeza, o número de leitores. Mudado também estava o teor da "apresentação", agora batizada de "Casa de alvenaria – história de uma ascensão social: apresentação de Audálio Dantas". O texto é aberto com uma retomada da história do projeto e depois passa a dissertar sobre o contexto do livro:

> "Casa de Alvenaria" é, na forma, o mesmo que o diário escrito na favela do Canindé; na essência, é coisa bem diferente; é um depoimento, também, mas sobre outro mundo – o mundo de alvenaria que foi sonho e conquista de Carolina. "Casa de Alvenaria" é depoimento tão

importante quanto "Quarto de Despejo", mesmo sem o tom dramático da miséria favelada. Em certos aspectos, é um livro mais fascinante, porque nele há um pouco de alegria, há o deslumbramento da descoberta, há a felicidade do estômago satisfeito, há a perplexidade diante de pessoas e coisas diferentes e uma amarga constatação: a miséria existe também na alvenaria, em formas as mais diversas.

Não deixa de ser curiosa a distância entre o tom entusiasmado do apresentador e o conteúdo do livro, que, afinal, revela outra realidade, até mais difícil de ser vivida pela agora confusa Carolina. Cabe, contudo, assinalar que o próprio Audálio passou a endossar a noção de "depoimento" em vez de "diário". A visão triunfal do jornalista impunha razões defensivas para demonstrar seu feito. A descrição detalhada da nova casa serve para provar isso:

> Mas entremos na "Casa de Alvenaria" de Carolina, que é bem diferente daquele barraco número 9 da Rua A, favela do Canindé, que tinha sala-quarto-cozinha, num só cômodo nada cômodo. A casa de Carolina, agora, é casa-sobrado, com sala, salinha, quarto, quarto, cozinha, quintal, jardim. E uma escada que, se não me engano, tem dezenove degraus! No jardim de Carolina tem uma roseira que brota muitas rosas, vêm as crianças, colhem as rosas, ela não se incomoda, porque – pensa – Deus faz nascer mais. A roseira é flor-felicidade na Casa de Alvenaria, assim como o menino nu chorando de barriga vazia era tristeza no barraco de Canindé.

Como que dando uma satisfação à sociedade – ou pelo menos aos leitores do *Quarto de despejo* –, Audálio Dantas pretendeu alongar seu feito paternalista indicando que a possibilidade de ascensão social era uma via possível e que por isso valia a pena descrever a mudança da seguinte forma:

> [...] um caminhão partiu da favela, cheio de velhos trastes, na primeira rua de alvenaria alguém perguntou:
> – Isto é despejo?
> – Não. Não é despejo, eu estou saindo do quarto de despejo – foi a resposta feliz e risonha da negra Carolina.

Foi para um quartinho de Osasco, a sua primeira alvenaria, presente de um senhor muito condoído com a pobre favelada, que, então, já tinha ganho 240 mil cruzeiros de direitos autorais. No mesmo dia em que ingressou no mundo da alvenaria, Carolina juntou à felicidade uma dúvida:

Agora eu estou na sala de visita. O lugar que eu ambicionava viver. Vamos ver como é que vai ser minha vida aqui na sala de visita.

"Como é a sua vida aqui na sala de visita é o que ela nos conta agora, neste livro", diz Audálio, que passa a falar de um "deslumbramento diante de coisas novas" e da "vaidade muito natural despertada pelas inúmeras solicitações – as legítimas, úteis, e as destituídas de qualquer significado, feitas por debilóides e safados que viam em Carolina qualquer coisa assim como um bicho estranho". E em julgamento moral arrematava: "preciso dizer que tudo fiz para evitar esse envolvimento, mas não consegui. A própria Carolina, algo inebriada com o sucesso, constituiu obstáculo". E assim dava passagem para uma questão que se abismou com o tempo: a briga entre os dois. Ele próprio confessava: "Diziam-lhe que eu estava querendo ser seu 'dono'. Ela deixa claro, em muitos registros de seu diário, que acreditou nos conselhos desses amigos de última hora. Por exemplo, quando se queixa por eu ser contrário à sua idéia de cantar no rádio". Ele próprio destaca a passagem em que ela pontifica: "Eu queria ir para o rádio, para cantar. Fiquei furiosa com a autoridade de Audálio, reprovando tudo, anulando os meus projetos. Dá impressão de que sou sua escrava".

Asseverando que tratou os dois originais da mesma forma, Audálio mostra-se bastante tirânico e forte a ponto de deixar transparecer sua mão pesada no texto da escritora, que, segundo declarou ele, teve de aceitar, sem direito a veto, toda e qualquer interferência:

> [...] o tratamento dado a "Casa de Alvenaria" foi o mesmo que dei a "Quarto de Despejo". Conservei a linguagem e a ortografia da autora, sem alterar nada. No trabalho de compilação houve cortes de grandes trechos, todos sem maior significação. Ficou o essencial, o importante, funcionando como uma película cinematográfica. O que fiz foi algo semelhante a uma montagem de filme. Os originais estão guardados para possível confronto.

O fato de ele ter guardado até hoje os originais dos diários prova a intenção de evitar maiores investidas no talhe que ele pretendia dar ao retrato. O que talvez ele não soubesse é que Carolina tinha mais uma virtude: copiava os próprios textos – alguns, repetidas vezes. A equiparação do projeto de Audálio Dantas com as intenções de Carolina pode resultar em duas situações: uma, mostrar o cuidado didático e editorial que pode dar condições de publicidade a um amontoado de papéis que seria, certamente, de leitura muito mais penosa e menos comercial; outra, a imagem de escritora negra que ele quis formular para a boa digestão do imaginário da época. Aliás, a matéria que mais interessa é exatamente esta: qual a biografia possível de Carolina se, em escala ampla, for considerado o conjunto de seus "escritos do eu"?

Vejamos as palavras finais, com as quais, sem nenhuma piedade, Audálio Dantas sentenciou o destino de Carolina Maria de Jesus:

> Finalmente, uma palavrinha a Carolina, revolucionária que saiu do monturo e veio para o meio da gente de alvenaria: você contribuiu poderosamente para a gente ver melhor a desarrumação de quarto de despejo. Agora você está na sala de visitas e continua a contribuir com este novo livro, com o qual você pode dar por encerrada a sua missão. Conserve aquela humildade, ou melhor, recupere aquela humildade que você perdeu um pouco – não por sua culpa – no deslumbramento das luzes da cidade. Guarde aquelas "poesias", aqueles "contos" e aqueles "romances" que você escreveu. A verdade que você gritou é muito forte, mais forte do que você imagina, Carolina, ex-favelada do Canindé, minha irmã lá e minha irmã aqui.

Porque Levine e eu renunciamos à aceitação da sentença de morte de Carolina e negamos a autoridade dilatada de Audálio Dantas, valendo-me dos inéditos não usados por ele, escrevi um ensaio sobre o tempo remoto de Carolina, de sua infância até a chegada a São Paulo. Sãos os seus autênticos "escritos do eu".

A idéia desta retomada é mostrar o potencial de uma biografia feita de acordo com os escritos originais, não "trabalhados" por Audálio Dantas, por outras pessoas ou vertidas de traduções. O limite temporal proposto vai do nascimento até a chegada a São Paulo.

A infância como semente

No auge da notoriedade, em 1960, Carolina registrava em seu diário, na data de 30 de dezembro, que, indo para uma tarde de autógrafos de seu famoso livro de estréia, *Quarto de despejo*, fora apresentada a um político e, esfuziante, reproduzia o seguinte diálogo:

> – Quem é este senhor? – perguntei para esclarecer aquela curiosidade ao nosso redor.
> – É o vice-governador Porfírio da Paz.
> – Oh! – exclamei atônita e deslumbrada.
> Num segundo comecei a relembrar a tragetoria da minha vida. Empregada doméstica, lavradoura, catadora de papel e agora escritora e admirada. E beijada pelo vice-governador![31]

A descrição dessa cena, no entanto, não cobre o roteiro de uma vida conturbada, que merece ser revista sob risco de perda de um símbolo exemplar da complexidade da cultura nacional brasileira. Logicamente, não se pensa na (re)construção de um mito caracterizado por uma vida linear, coerente, vencedora, lúcida e vanguardista. Não. O que se valoriza na reconstituição dos caminhos palmilhados pela mais importante escritora negra do Brasil são os dilemas e as incongruências do nosso meio refletidos na singularidade de uma vida. É verdade que por si só a biografia de Carolina Maria de Jesus valeria enquanto retrato de um tipo único, bizarro e exuberante, mas, muito mais do que isso, ela sintetiza a experiência da nossa cultura como um todo, submetida às ambivalências da opinião pública e do juízo histórico. Afinal, trata-se de uma heroína ou de seu reverso?

A vida de Carolina é dessas que se dividem com perfeição em um antes e um depois. Seu livro *Quarto de despejo*, lançado em 1960, serviu como divisor de águas. No "antes" situa-se um vazio de registros, documentos e sinais. Esse tempo, pode-se garantir, apenas foi preenchido por uma memória idílica promovida por ela mesma. No "depois", no entanto, uma legião de polêmicos textos, narrativas, opiniões e testemunhos, dela própria e de outros, dá conta da oportunidade, do estranhamento e do desconforto ocasionados pela saliência que conseguiu ter não apenas no Brasil, mas, muito mais, internacionalmente. Afinal, como explicar aquele enigma: uma quase analfabeta consagrada pela sua produção literária? Uma mulher catadora de papel reconhecida como símbolo nacional? Uma representante da favela entre autores do gabarito de Jorge Amado ou Clarice Lispector? Como?...

No solitário reino do "antes", porém, tudo é inseguro. A data de seu nascimento, por exemplo, é duvidosa. A grande maioria das referências traz o ano de 1914, mas existem variações propondo 1913 ou mesmo 1921.[32] Tais alternativas se explicam mediante a carência de registros minimamente comprobatórios. Isso, aliás, seria comum aos segmentos pobres da população rural e, em particular, à prática de tratamento de lavradores, entre os quais se situava Carolina, que, como tantos, caberia com estranha perfeição na categoria de "sem batistério"[33]. No espaço de tempo do "depois", com obituário estampado em vários jornais importantes, sabia-se de sua morte em 1977.

Sendo a data do natalício incerta, o mesmo não ocorreu com o local que lhe serviu de cenário para os primeiros anos de vida. Sacramento, no Estado de Minas Gerais, com certeza deve ter sido um lugar curioso, ermo e insólito para o florescimento de figuras de destaque nacional. Mesmo minúscula, foi das primeiras cidades a ter iluminação a gás, e existem registros de que tinha um bonde que fazia o transporte do local até a vizinha cidade de Cipó, que, por sua vez, possibilitava o escoamento da produção regional para outras plagas.[34] Mas isso não afetava a vida dos pobres, legados ao abandono e à própria sorte.

Sobre sua origem familiar existem algumas especulações que, apesar de hipotéticas, ajudam a compor um roteiro capaz de iluminar possibilidades: seu núcleo parental compunha-se de agricultores ainda ligados ao cultivo da terra. Eram pessoas sem vínculos institucionais garantidos ou continuados. Vivendo de trabalhos esporádicos, primeiro situaram-se nas cercanias de Sacramento, para depois buscarem guarida em Uberaba, onde, apesar de longe da escola, Carolina Maria desenvolveu fecundas afinidades com a vida rural. Lá permaneceram por quatro anos. Mais tarde, mudaram-se para Franca – exatamente para a Estação de Restinga, na fazenda Santa Cruz – e então passaram a sobreviver do trabalho em áreas que cultivavam o café. Sob a disciplina da grande fazenda monocultora, Carolina registrou os dramas que fizeram diminuir as oportunidades de uma sobrevivência apoiada na liberdade de plantio variado na gleba delegada à família. O novo tipo de relação, exigindo trabalho coerente com o pressuposto racional da grande plantação, gerava uma dependência, pela qual "o que ganhavamos não dava para comprar comida".

De qualquer forma, imagina-se que, pela definição dada por ela mesma referindo-se a si mesma como "preta retinta", seu clã familiar não se tenha cruzado com brancos. Dada a autonomia de vida, pode-se pensar que também não houvesse integrado nenhum grupo que se reuniu e fixou em comunidades negras isoladas. Pelas descrições futuras, todos foram fugindo "de um em um. Deixamos os nossos cacarecos. O primeiro que fugiu foi o meu padrasto... eu e minha mãe fomos para a cidade sem ter onde morar, não recebemos nada e perdemos o pouco que tínhamos".

Um "eu" para a escritora

Basicamente existem dois textos assinados por ela que poderiam ser reconhecidos como memorialísticos. Ambos dão conta de suas peripécias até chegar a São Paulo em 1937. O primeiro, intitulado "Minha vida", e o segundo, referindo-se ao avô, figura trabalhada como fundamental em sua trajetória, "O Sócrates africano"[35]. A soma das informações contidas nesses escritos, além de sugerir visões de mundo, permite obter alguns parcos dados sobre sua família: sabe-se, por exemplo, que teria tido dez primas que se atormentaram com a morte do adorado avô; além de mãe e padrasto, tinha três tios – um chamado Antônio, mais criança, que colocou a vela nas mãos do pai morto; outro, Joaquim, conhecido por "tiobem", preso por motivo desconhecido na penitenciária em São Paulo; e, finalmente, um certo Candinho, que por ser mais falador era reputado como "o relação pública da família". Ainda que vagas e exageradamente dramatizadas, tais informações revelam o tipo de memória cultivada por Carolina e fermentam possibilidades dinamizadoras da memória dessa moça, que, paradoxalmente, se tornou personagem da narrativa mais importante de sua obra, que foi, afinal, a própria epopéia pessoal.

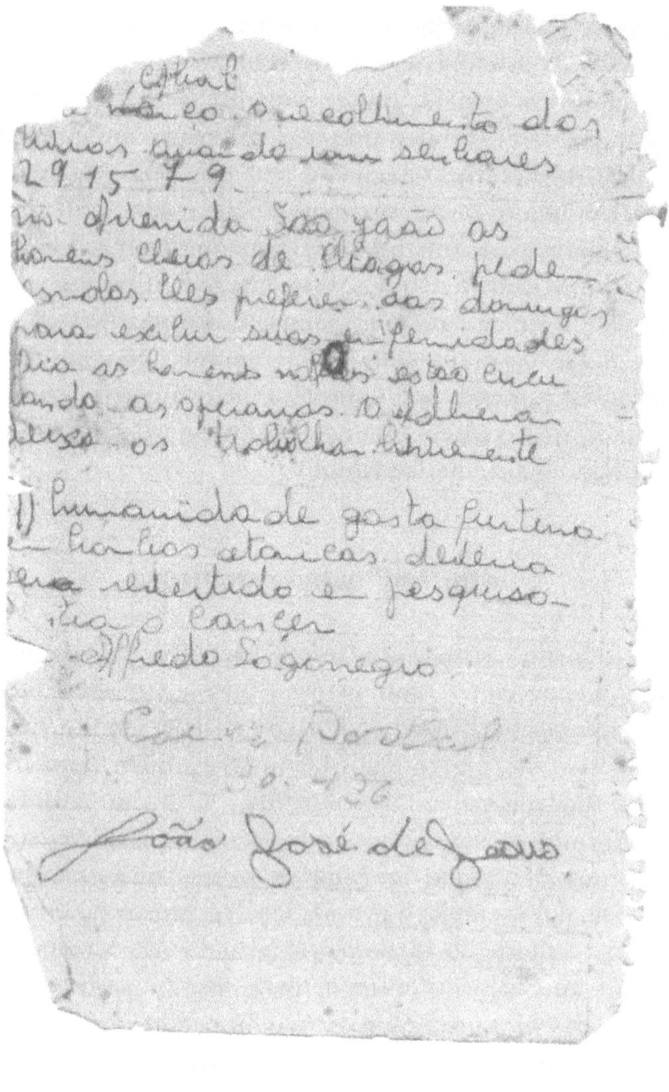

Página de um caderno de Carolina com sua letra original.

Interessa sobremaneira analisar esses dois textos, que são em certa medida complementares. Em primeiro lugar, destaca-se que foram produzidos em outro momento da vida, versando sobre o passado remoto, e com intenção exatamente de prover dados sobre a sua trajetória. Tais escritos, assim, cumprem o papel oficializador de uma memória que corresponderia à intenção mitificadora de Carolina. "Minha vida" foi publicado antes com o nome de "Um Brasil para os brasileiros" e cobre três temas importantes: a relação familiar; a trajetória da família e dela até a chegada a São Paulo; e o impacto da escola e dos livros em sua formação. Sobre esse texto cabe lembrar que foi selecionado e posto a público primeiro na França, para depois, tardiamente, ser estampado no Brasil[36]. A intenção do texto foi justificar aos leitores o motivo de sua decisão pela literatura, mais precisamente pela poesia, que, segundo seu parecer, seria sua vocação primordial. Aliás, são suas as palavras, mantida a grafia de acordo com o original da autora:

> Nesta primeira obra poética que apresento, desejo relatar aos ilustres leitores como foi que percebi minhas aptidões para a poesia. Quando completei sete anos, a minha saudosa mãe enviou-me a escola o colegio Alan Caedec, na minha terra natal. A cidade de Sacramento no estado de Minas Gerais.[37]

Tema obsessivo na vida de Carolina, a alfabetização seria a chave do entendimento do mundo, e os critérios da educação formal cumpriam o dever de mudar a vida das pessoas. Procedendo a um corte radical entre os que sabiam ler e os analfabetos, os primeiros aproximavam-se do ideal humano e os demais eram verdadeiramente animalizados. Contudo, sua narrativa revela a seguir a dificuldade que teve para transitar de uma fase à outra. Sigamos os passos indicados:

> Fui à escola com a curiosidade tão própria da infância. Para averiguar o que era a escola e qual a sua utilidade na nossa vida. Quem insistiu com a minha mãe para enviar-me à escola, foi a utilitaríssima D. Maria Leite, ela era branca, eu pensava: é por causa de sua pele tão branca que ela se chama D. Maria Leite? Mas, ela, era tão carinhosa que deveria chamar D. Maria Santa. Ela residia na estação de chapadão e visitava a cidade de sacramento, uma vês por ano para assistir à sessão espírita em comemoração ao aniversário do falecimento do saudoso médico espírita Dr. Euripedes Barsanulfo, o fundador do colégio Alan Cardec.

A continuação do texto, além de mostrar intenções pessoais, da professora e da mãe de Carolina, revela também um projeto de grupos beneméritos ao prover a educação como forma de neutralizar diferenças sociais. Ainda que não se tratasse de escola pública, por ser confessional, pressupostos ideológicos podem ser notados, principalmente porque Carolina identificava com clareza o fato de a negritude ser equiparada à ignorância. Vejamos:

> A D. Maria Leite dava roupas e os livros para as crianças pobres, as roupas e os livros eram novos para estimular e nos deixar vaidosos se as crianças ricas iam com as roupas novas, as pobres também. E não avia complexos. O que eu admirava era a D. Maria Leite auxiliar somente os pretos e disia: nos que fomos encravocatas, temos os nossos compromissos morais com vocês. Quem sabe se agora que o Rui Barbosa nos aconsêlhou a educa-las vocês se ajustam no país. Passava as mãos nas nossas cabeças dizendo que os nossos cabelos parecem pimenta do reino. E nós dávamos risadas. Que cena maravilhosa. Era a D. Maria Leite, tão branca, com aquela quantidade de negrinhos ao seu redor. Disse que tinha tristeza de ser velha. Se eu fora jovem queria construir escolas profissionais, para auxiliar este povo. Para nos incentivar ela dizia: "Eu gosto dos pretos, sabem, e queria ser preta." Ela pedia para nós lêr-mos e ela ouvia e dava dinheiro para as que sabiam lêr e os negrinhos saiam correndo e gritando: eu vou ao cinema! Vou ver o Buch Jones!

Aspectos bastante criativos, por certo dimensionados para causar efeito, servem para exibir a imaginação de Carolina e, mais do que isso, provar o apreço para com a escola como agente de modificação social. A alfabetização seria, em diferentes dimensões, um fato libertador, como se vê:

> Ouvia a leitura com interesse profundo. Ela, era francesa. A minha mãe era tímida. Dizia que os negros devem obedecer aos brancos. Isto é, quando o branco têm sabedoria justa. Por isso, ela deveria enviar-me à escola em obediência à D. Maria Leite. Ela não desprezava o pré-to. Quando entrei na escola fiquei com medo dos quadros dos esqueletos humanos que estavam expostos nas paredes. O primeiro ano, era no

período de uma as cinco. Eu estava com sete anos e acompanhava a minha mãe por todos os lados. Eu tinha um medo de ficar sozinha. Como se estivesse alguma coisa escondida neste mundo para assustar-me. Eu ainda mamava. Quando senti vontade de mamar comecei a chorar.

"Eu quero ir embora! Eu quero mamar! Eu quero ir embora!"

A minha saudosa professora D. Lanita Salvina perguntou-me:

"Então a senhora ainda mama?"

"Eu gosto de mamar!" As alunas sorriram.

"Então a senhora não têm vergonha de mamar?"

"Não tenho!"

"A senhorita está ficando môcinha e tem que aprender a lêr e escrever, e não vai ter tempo disponível para mamar, porque necessita preparar as lições. Eu gosto de ser obedecida! Estais ouvindo-me D. Carolina Maria de Jesus?"

Fiquei furiosa, e respondo com insolência.

"O meu nome é Bitita, não quero que troque o meu nome."

"O teu nome é Carolina Maria de Jesus."

Era a primeira vez que eu ouvia pronunciar o meu nome. Que tristeza que senti. Eu não quero este nome, vou trocá-lo pôr outro. A professora deu-me umas reguadas nas pernas, parei de chorar. Quando cheguei na minha casa tivi nojo de mamar na minha mãe. Compreendi que eu ainda mamava porque era ignorante, ingênua. E a escola esclareseu-me um pouco. Minha mãe sorria dizendo:

"Graças a Deus! Eu lutei para desmamar esta cadela e não conseguir"

Minha mãe foi beneficiada no meu primeiro dia de aula. Minha tia Oluandimira dizia

"É porque você é boba e deixa esta negrinha te dominar."

Minha mãe sorria dizendo:

"Graças a Deus! Sou livre!"

Eu já estava enjoada de ouvir as negras dizer: "Sou livre!"

Palavras pesadas ("cadela", "negrinha") conjugam-se com fatos improváveis (uma menina de sete anos de idade mamando), mas o que salta aos olhos, mais que nada, é a possibilidade de ela não saber o próprio nome até o momento em que chegou à escola. Entre a forma afetiva e familiar, "Bitita" e "Carolina Maria", havia um universo de regras e formalidades em que se justificariam as "reguadas nas pernas" para ela parar de chorar. É marcante o fato de esse relato falar em "espancamento" e "medo", mas isso acaba por transmitir uma noção de escola que revela muito do que Carolina pensava sobre educação e disciplina. Vejamos a passagem em que a doce professora projetaria a motivação para que ela aprendesse:

> Ela [a professora] percebendo que eu não me interessava pelos estudos desenhou no quadro negro um homem com um tridente nas mãos que trespassava uma criança e disse-me:
> "D. Carolina, este homem é o inspetor, e a criança que não aprender a ler até o fim do ano, ele espeta-a no garfo." No fim do ano, ele vem aqui, e eu vou apresentar-lhe a ele. Aquele desenho, impressionou-me pro-fundamente. Eu olhava o desenho e olhava o meu livro que estava sujo, sem capa e enrolado. Chegando em casa puis brasas de ferro, aqueci-o e passei as folhas do meu livro. A Cartilha Nacional. Sonhava com o desenho e gritava: "mamãe! Olha, o inspetor!: manda o Inspetor ir-se embora eu juro que hei de aprender a lêr. Deus vai me Ajudar." Pensava: "Quando o inspetor me espetar no garfo, as meninas vão dar Risada. Oh! Mamãe! Não deixa o inspetor me espetar no garfo. Eu tenho mêdo!
> "Dorme menina! Você esta delirando." Pôr fim, decidi estudar. Estudava com assiduidade. Três meses depois percebi que já sabia lêr.

O tempo em que esteve fora da escola, apesar de lastimado, deixou outras marcas em Carolina, que celebrava sempre a alegria de produzir o próprio sustento e as delícias de viver no campo, junto à natureza. A identificação da terra como mãe é uma constante nela que convida a pensar no peso da transferência para a cidade. Com nítida divisão entre o sentido de viver no campo e na urbe, Carolina repetia os velhos esquemas de que a cidade era o lócus do mal e o meio rural, o da simplicidade, pureza e vida livre. De qualquer modo, Carolina informa que, ao deixar a escola aos oito anos, permaneceu no campo até os dezesseis, quando então saiu de Uberaba e esteve em Franca, juntamente com a mãe, onde ambas trabalhavam como empregadas domésticas. A busca da cidade era justificada por doença da mãe, que, enfim, faleceu em 1937, no mesmo ano em que seu avô. Presume-se que sua ida a São Paulo tenha ocorrido em 1947.

CAROLINA EM UMA CENA DO COTIDIANO DA FAVELA CANINDÉ.

O inventário da vida de Carolina até a chegada a São Paulo deixa entrever alguns aspectos fundamentais para o seu futuro. O primeiro livro lido foi *Escrava Isaura* e, por intermédio da professora da escola, teve acesso à *Bíblia Sagrada* e à *Vida de Santa Tereza*. O primeiro livro comprado foi *Primaveras*, de Casimiro de Abreu, exatamente porque lhe haviam dito que ela era "um poeta" e resolvera saber o significado disso. A consciência de que sabia ler e, mais do que isso, de que podia escrever garantiu-lhe o ingresso em um novo mundo que comprometia a rigidez do destino dos negros analfabetos; sobre isso, ela mesma escreveu dizendo que "fui ficando vaidosa e com dó dos pretos que não sabem lêr"[38]. Sem parâmetros para se aquilatar o volume de livros que possuía, pode-se imaginar a importância simbólica que teriam, pois, ao se mudar de Sacramento para Uberaba, sua preocupação remetia à lembrança de que "encaixotava os meus livros, a única coisa que realmente eu venerava"[39].

A aventura deste texto representou uma visita aos meus interiores enquanto historiador e cidadão. Confesso que o longo trajeto até a finalização deste ensaio fez-me colocar em questão alguns pressupostos da minha formação e, ao mesmo tempo – ainda que se me afigurasse paradoxal –, reafirmar a crença na história cultural, mas retraçada na linha do compromisso político. Carolina Maria de Jesus, como queria meu amigo querido Robert M. Levine, por meio dos "escritos do eu" ficou a provar a fragilidade da história, a premência de sua revisão e a importância dos movimentos sociais vistos pela ótica da vida pessoal.

Notas

1. Foi mantida a grafia original de Carolina Maria de Jesus a fim de expressar o tipo de conhecimento da língua portuguesa e os sentidos sociais de seu uso.
2. Sobre a relação entre memória e história, veja Alistair Thomson, Michael Frisch e Paula Hamilton, The memory and history debates: some international perspectives. In: *Journal of Oral History*, Aug. 1994, p. 33-43.
3. Endosso as palavras de Marita Surken ao afirmar que "Uso o conceito de 'memória cultural' para definir a memória que se situa fora do discurso formal da história ainda que tangenciando o significado da cultura ampla". *Tangled memories: the Vietnam War, the AIDS epidemic, and the politics of remembering*, University of California Press, Berkeley, 1997, p. 3.
4. A problematização do vínculo entre o "eu narrador" e o público consumidor implica a conjugação dos limites do espaço pessoal com a cultura ampla determinada pela materialidade da obra publicada e sua projeção no consumo mercadológico.
5. Gusdorf, Georges, *Les écritures du moi: lignes de vie 1*, p. 195.
6. Do mesmo autor, leia *Auto-bio-graphie: lignes de vie 2*, Editions Odile Jacob, Paris, 1991.
7. Para tanto, foram expressivas as leituras de M. Perrot, em particular *Práticas da memória feminina*, e ainda o texto de R. Chartier, *Différences entre lês sexes et de domination symbolique*.
8. Coube também inscrever sob a chancela do termo "memorialística" os depoimentos vertidos a livros depois da autorização dos protagonistas.

9. É evidente que se reconhece o esforço de grande número de pessoas dedicadas ao tema "mulher". O que se reclama é a consideração dos documentos produzidos por elas, na condição de protagonistas da própria história.
10. Em *Psicanálise do fogo*, Gaston Bachelard diz: "basta que falemos de um objeto para nos considerarmos objetivos. Porém, mediante a nossa escolha inicial, é o objeto que nos designa, mais do que nós o designamos a ele". Editorial Estúdios Cor, Lisboa, 1972, p. 9.
11. Entende-se por "anos dourados" o tempo metaforizado pelo aparecimento político de Juscelino Kubitscheck, eleito a 3 de outubro de 1955, conhecido simpaticamente como "presidente bossa nova". É usual estender essa fase até o advento da ditadura militar. Em dois momentos, João Goulart foi vice-presidente da República, com JK e depois com Jânio Quadros, sendo que chegou a presidente com a renúncia deste último.
12. Sobre a noção de "história do tempo presente", leia a coletânea organizada por René Rémond, *Penser le temps présent – Écrire l'histoire du temps présent*.
13. Carecendo de repercussão, *Provérbios* e *Pedaços da fome* ficaram praticamente perdidos e nem sequer constam do catálogo da Biblioteca Nacional do Rio de Janeiro. Agradeço o acesso a essas edições a Vera Eunice de Jesus, filha da escritora.
14. Jesus, Carolina Maria de, *Journal de Bitita*, Paris, A. M. Metaille, 1982. Essa edição francesa traz uma longa apresentação assinada por Clélia Pisa.
15. Não se pretende neste espaço um debate a respeito dos critérios metodológicos sobre periodização como fizeram José Honório Rodrigues, Américo J. Lacombe ou J. R. do Amaral Lapa.
16. Alguns trabalhos firmados sob o julgamento da superação da ditadura marcaram o triunfo de métodos de formulação documental (história oral) e a absorção da temática do *tempo presente*. Exemplo disso é a série publicada em 1994 pela Relume Dumará, do Rio de Janeiro, que se abre com o título *Visões do golpe*. Os organizadores, Maria Celina d'Araujo, Gláucio Ary Dillon Soares e Celso Castro, apesar de afirmarem que "este livro não comemora, não condena, não julga" (p. 8), ambiguamente propõem no volume seguinte a reflexão sobre os *Anos de chumbo*, traindo flagrantemente a continuidade da citação anterior, em que mencionavam a neutralidade "segundo uma tradição consagrada nas ciências sociais", pela qual "se evita emitir juízos de valor".
17. Entende-se por democracia possível o processo de mudança política de uma ordem autoritária para uma constitucional. Nesse sentido, re-

conhece-se o ano de 1988 como o tempo de encerramento da fase ditatorial e o início de outra etapa da história recente do Brasil. Logicamente, valorizam-se também, como parte do processo de abertura política, os fatos fundadores da ordem democrática: a anistia (1979) e a fundação dos novos partidos políticos (1980).

18. Especificamente sobre os efeitos da censura na cultura brasileira recente, leia a coletânea organizada por Maria Luiza Tucci Carneiro, *Minorias silenciadas*.
19. Lajolo, Marisa, "A leitora no quarto dos fundos", 1995.
20. Sobre esse fatídico ano e a respeito da presença de Carolina nele, arrolei fatos que podem ser verificados em *Cinderela negra: a saga de Carolina Maria de Jesus*, p. 220-2.
21. Entre tantos, vale citar dois trabalhos que expressam o alcance da geração de 1968 no mundo ocidental: *1968: a student generation in revolt*, de Ronald Frasser, e *Autobiography of a generation, Italy, 1968*, de Luisa Passerini.
22. Antes de Carolina, outra figura popular, Patativa do Assaré, ganhou espaço, mas como personagem remota, isolada no contexto nordestino. Patativa do Assaré publicou *Inspiração nordestina* em 1956 e *Cantos de Patativa* em 1966. Em 1970, Figueiredo Filho lançou seus poemas comentados em *Patativa do Assaré*. Inúmeros dos seus folhetos de cordel e poemas foram publicados em revistas e jornais. Pela editora Vozes, teve uma antologia com cada poema selecionado por ele mesmo, intitulada *Cante lá que eu canto cá* (1978).
23. *Quarto de despejo* é publicado desde 1993 pela Ática, na série Sinal Aberto, e se encontra na oitava edição e sexta impressão.
24. *Folha da Manhã*, São Paulo, 25 dez. 1960, p. 5.
25. Brandão, Ignácio de Loyola, "Estou cansada de tudo", *Última Hora*, Rio de Janeiro, 20 mar. 1961, p. 8.
26. Martins, Wilson. "Lenda Carolina." In: *O Estado de S. Paulo*, São Paulo, 29 de abril de 1995, p. 4.
27. Respectivamente, *The unedited diaries of Carolina Maria de Jesus*; *I'm going to have a little house*; e *Bitita's diary*.
28. *Folha de S.Paulo*, São Paulo, 29 set. 1996, Caderno Mais, p. 5-11.
29. *Jornal da Tarde*, São Paulo, 11 out. 1996, p. 3.
30. *O Estado de S. Paulo*, 8 jun. 1996, Caderno 2, p. D/10.
31. Jesus, Carolina Maria de, *Casa de alvenaria: diário de uma ex-favelada*, Editora Paulo de Azevedo Ltda., Rio de Janeiro, 1961, p. 119.
32. Sobre as datas de nascimento de Carolina, veja os seguintes textos: de Célia Pisa, a introdução à edição francesa do terceiro livro dela, *Diário de Bitita*, traduzido como *Le dépotoir* (Paris: Editions A. Metaillé, 1982,

p. 7), e de Robert Collin, "Elle a écrit un best-seller" (Le Monde, Arq. Globo).

33. "Batistério" equivale a certidão de batismo, documento emitido pela Igreja Católica que durante muitos anos valeu como documento aceitável para atestar a data de nascimento de crianças.
34. Sobre o assunto, leia o artigo "Os bondes caipiras de Sacramento", de Antônio Pereira da Silva. In: *D. O. Leitura*, São Paulo, jan. 1994, 12 (140), p. 2-3.
35. Ambos os textos estão no livro *Cinderela negra*, p. 190-209.
36. *Ibidem*, p. 171.
37. *Ibidem*, p. 170.
38. *Ibidem*, p. 175.
39. *Ibidem*, p. 176.

Bibliografia

ARREGUY, Maria da Gloria d'Avila. *Memórias de uma professora*. Belo Horizonte: Carneiro & Cia., 1958.

BACHELARD, Gaston. *Psicanálise do fogo*. Lisboa: Editorial Estúdios Cor, 1972.

BRAGA, Rubem. *Ai de ti, Copacabana*. Rio de Janeiro: Editora do Autor, 1961.

BUENO, Wilson. "Carolina Maria de Jesus.", *O Estado de S. Paulo*, São Paulo, 8 jun. 1996, Caderno 2, p. D/10.

CANÇADO, Maura Lopes. *Hospício é Deus: diário I*. Rio de Janeiro: José Alvaro, Editor, 1965.

CARDOSO, Maria Helena. *Por onde andou meu coração*. Rio de Janeiro: José Olympio, 1967.

CARNEIRO, Maria Luiza Tucci (org.). *Minorias silenciadas*. São Paulo: Imprensa Oficial do Estado, 2002.

CARRARO, Adelaide. *Eu e o governador*. São Paulo: L. Oren, s/d.

______. *Eu mataria o presidente*. São Paulo: L. Oren, 1966.

CHARTIER, R. "Différences entre lês sexes et de domination symbolique". In: *Annales: economies, societés, civilisations*, Paris, 48ème année, n. 433, Juillet/Août, 1993.

DAMATTA, Roberto. "Carolina, Carolina, Carolina de Jesus...", *Jornal da Tarde*, São Paulo, 11 out. 1996, p. 3.

FELINTO, Marilene. "Clichês nascidos na favela", *Folha de S.Paulo*, São Paulo, 29 set. 1996, Caderno Mais, p. 5-11.

FIGUEIREDO FILHO, J. (ed.). *Patativa do Assaré*. Crato: Editora da Fundação J. Figueiredo Filho, 1970.

FRASSER, Ronald. *1968: a student generation in revolt*. Nova York: Pantheon Books, 1988.

GUSDORF, Georges. *Les écritures du moi: lignes de vie 1*. Paris: Editions Odile Jacob, 1991.

JESUS, Carolina Maria de. *Quarto de despejo: diário de uma favelada*. São Paulo: Livraria Francisco Alves, 1960.

______. *Antologia pessoal*. MEIHY, José Carlos Sebe Bom (ed.). Rio de Janeiro: Editora da Universidade Federal do Rio de Janeiro, 1996.

______. *Bitita's diary*. Trad. de Emanuelle Oliveira e Beth Joan Vinker. LEVINE, Robert M. Levine (ed.). Nova York: M. E. Sharpe, 1998.

______. *Casa de alvenaria: diário de uma ex-favelada*. Rio de Janeiro: Livraria Francisco Alves, 1961.

______. *I'm going to have a little house*. Trad. de Melvin S. Arrington Jr. e Robert M. Levine (ed.). Lincoln, Nebraska: University of Nebraska Press, 1997.

______. *Meu estranho diário*. MEIHY, José Carlos Sebe Bom (ed.). São Paulo: Xamã, 1996.

______. *The unedited diaries of Carolina Maria de Jesus*. LEVINE, Robert M.; MEIHY, José Carlos Sebe Bom (eds.). New Brunswick: Rutgers University Press, 1997.

JESUS, Vera Tereza de. *O condenado poderia ser você*. São Paulo: O Livreiro, 1965.

JUNQUEIRA, Dinorah Renault. *Lembrança do meu tempo*. s.l./s.n., 1957.

LAJOLO, Marisa. "A leitora no quarto dos fundos." In: *Leitura Teoria & Prática*, São Paulo, jun. 1995, ano 14, n. 25.

MEIHY, José Carlos Sebe Bom; LEVINE, Robert M. *Cinderela negra: a saga de Carolina Maria de Jesus*. Rio de Janeiro: Editora da UFRJ, 1994.

PASSERINI, Luisa. *Autobiography of a generation, Italy, 1968*. Hanover: Wesleyan University Press, 1996.

PATATIVA do Assaré. *Cante lá que eu canto cá*. Petrópolis: Vozes, 1978.

______. *Cantos de Patativa*. Rio de Janeiro: Borsoi Editor, 1966.

______. *Inspiração nordestina*. Rio de Janeiro: Borsoi Editor, 1956.

PERROT, M. "Práticas da memória feminina." In: *Revista Brasileira de História*, São Paulo, agosto/setembro, 1990, v. 9, n. 18.

PINTO, Adélia. *Um livro sem título*. Rio de Janeiro: Pongetti, 1962.

RABELLO, Edésia Correia. *Lá em casa era assim...* Belo Horizonte: Siderosiana, 1964.

REGINATO, Selene Espínola Correia. *Minhas memórias*. Rio de Janeiro: Pongetti, 1966.

RÉMOND, René. *Penser le temps présent – écrire l'histoire du temps présent*. Paris: CNRS, 1992.

SANTOS, Joaquim Ferreira dos. *Feliz 1958: o ano que não devia terminar*. Rio de Janeiro: Record, 1987.

SILVEIRA, Maria Izabel. *Izabel quis Valdomiro.* São Paulo: Francisco Alves, 1962.

SURKEN, Marita. *Tangled memories: the Vietnam War, the AIDS epidemic, and the politics of remembering*. Berkeley: University of California Press, 1997.

THOMSON, Alistair; FRISCH, Michael; HAMILTON, Paula. "The memory and history debates: some international perspectives." In: *Journal of Oral History*, Calisle, PA, Aug. 1994, p. 33-43.

VENTURA, Zuenir. *1968, o ano que não terminou*. Rio de Janeiro: Nova Fronteira, 1988.

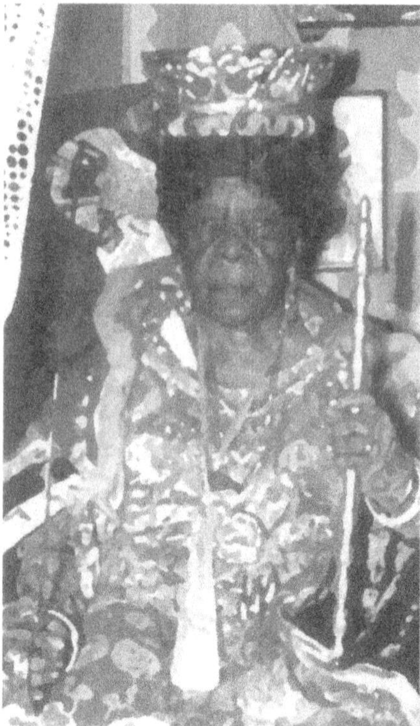

Dona Santa e Luiz de França: gente dos maracatus

ROBERTO BENJAMIN*

Maria Júlia do Nascimento (c. 1877-1962), conhecida como Dona Santa, e Luiz de França dos Santos (1900-1997) foram dois personagens que marcaram a vida da comunidade negra de Pernambuco como dirigentes de maracatus de baque-virado e sacerdotes da religião dos orixás no Recife. Luiz de França não foi nem propriamente parceiro nem sucessor de Dona Santa, no que se refere especificamente a uma casa de culto ou a um maracatu. Todavia, tiveram um período de convivência, e Luiz de França sobreviveu muitos anos a Dona Santa.

Dona Santa foi rainha do Maracatu Leão Coroado antes de se tornar rainha do Maracatu Elefante, posição que ocupou até morrer, quando a agremiação foi extinta. A sua postura matriarcal muito contribuiu para a afirmação do maracatu de baque-virado como importante manifestação da cultura pernambucana. Foi sacerdotisa do culto dos orixás e juremeira de grande prestígio. Sua memória é conservada no Recife como a mais importante das rainhas de maracatu de Pernambuco, tornando-se uma figura lendária.

Luiz de França, sacerdote do culto dos orixás e destacado membro das irmandades de N. S. do Rosário dos Homens Pretos do bair-

* Presidente da Comissão Nacional de Folclore.

ro de Santo Antônio e de São Benedito da Boa Vista, dirigiu por várias décadas o Maracatu Leão Coroado. Nunca assumiu a posição de rei do maracatu, desfilando sempre sem fantasia, como regente da percussão. Foi um intransigente defensor das tradições afro-brasileiras.

Maracatus-nação do Recife

O maracatu é um folguedo criado pelos negros em Pernambuco. A palavra "maracatu", cuja etimologia não foi ainda estabelecida, parece ser uma onomatopéia, criada a partir dos sons dos tambores. Segundo alguns, seria uma "senha" combinada para denunciar a chegada de policiais que vinham reprimir a brincadeira e anunciada pelo toque dos tambores emitindo o som "maracatu/maracatu/maracatu", dando ensejo à debandada dos participantes. A hipótese de que a palavra fosse derivada de "maracá"[1] não tem fundamento.

A origem do folguedo é a festividade católica de reis negros, celebrada na Festa do Rosário, em que eram coroados reis de vários grupos, caracterizados como nações, atribuindo-se as denominações das procedências de regiões africanas (= rei da nação Angola; rei da nação Congo; rei da nação Cambinda). Nos grupos mais tradicionais existe ainda a memória daquela festa, tendo a denominação "nação" se incorporado ao nome das agremiações carnavalescas que ficaram conhecidas como "maracatu-nação" (= Maracatu-Nação Leão Coroado; Maracatu-Nação Elefante). Nos arquivos da Irmandade do Rosário dos Pretos, do bairro de Santo Antônio (Recife), há documentos sobre a celebração da coroação de reis negros desde os tempos coloniais. Nos grupos mais tradicionais existe ainda memória daquela festa. Relatos de negros velhos testemunham a origem católica. Além disso, alguns grupos continuam a realizar reverências com cânticos em honra de Nossa Senhora do Rosário, na porta das suas igrejas (Rosário dos Pretos, Igreja do Terço, Matriz do Pina).

> A cravos e rosas
> flor de laranjeira,
> Virgem do Rosário,
> sua casa cheira.[2]

A marca da cultura africana está na música e na dança, como também na organização social dos grupos e na sua ligação com os cultos afro-brasileiros. Essa ligação é tão forte que se toma o maracatu por uma expressão religiosa. Na verdade, o maracatu tem sido manifestação lúdica dos grupos religiosos de culto jeje-nagô do Recife.

Resplandô coroou
Leão Coroado
na rua.[3]

Como a religião é vivenciada plenamente por seus praticantes, é sempre possível encontrar aspectos religiosos nas manifestações profanas. Nos maracatus são realizadas cerimônias propiciatórias, para a obtenção da proteção dos orixás, visando ao sucesso das apresentações e à realização dos desfiles sem incidentes. Também a boneca recebe reverências de natureza religiosa.

Hoje, o folguedo se resume ao cortejo – o desfile de uma corte real negra[4]. Pode-se afirmar que o maracatu trouxe para o carnaval o modelo processional do cortejo de reis negros que acompanhava os rituais da Festa do Rosário. No Recife, há notícia da coroação de reis de congo em festas de Nossa Senhora do Rosário, nos bairros de Santo Antônio e da Boa Vista, sendo possível admitir que também tenha ocorrido nas igrejas do Rosário dos bairros da Torre e de Tijipió, então arrabaldes distantes do centro.

A organização do cortejo obedece ao estilo das procissões católicas. Os maracatus contam com os lampiões de carbureto (em substituição aos ceroferários ou lampadários); os estandartes, alguns dos quais confeccionados pelos mesmos artesãos que se ocupam em produzir os estandartes das irmandades católicas; o cordão de homens com adereços simbólicos da agremiação (em substituição às fileiras dos irmãos com seus cajados); o carro conduzindo a alegoria da agremiação (em substituição ao andor); as damas dos buquês e das bonecas, bem como a rainha, em trajes que procuram imitar o vestuário do que teria sido a corte portuguesa dos tempos coloniais, de visível inspiração na estatuária barroca das várias invocações de Nossa Senhora; o rei, trajado à semelhança dos reis magos da estatuária barroca; o guarda-chuva (em substituição ao pálio); e a orquestra de batuqueiros (em substituição à banda militar). Essa é uma orquestra exclusivamente de percussão, chamada de "baque-virado", constituída de bombos, tarol, caixa-de-guerra, gonguê e mineiro[5], em número variado, de acordo com a organização do grupo. O canto – denominado "toada" – é tirado por um dos dirigentes do grupo e respondido em coro pelos demais desfilantes.

Dois elementos do cortejo têm sido particularmente objeto de estudo: o símbolo do grupo, representado em uma armação de papel colado ou outros materiais, e a boneca. Ao símbolo do grupo, por ser, às vezes, a figura de um animal – elefante e tigre no Maracatu Elefante, leão no Leão Coroado –, foi atribuído um caráter totêmico pelos estudiosos. Teria relação com as origens africanas de clãs, cujos ancestrais seriam representados pelas figuras daqueles animais. No entanto, como lembra a pesquisadora Katarina Real (1967, p. 76), em nossa sociedade há um grande número de entidades com figuras de animais em seus símbolos, sem que se tenha atribuído qualquer caráter totêmico – como o Estado de Pernambuco e o Lions Club, por

Dona Santa e o grupo do Maracatu Elefante.

exemplo. Há também maracatus que têm por símbolos outras figuras, como estrelas, navios, sereias etc.

> A bandeira é brasileira,
> nosso rei veio de Luanda.
> Ói, viva Dona Emília
> princesa pernambucana.[6]

A boneca, chamada antigamente "calunga", tem merecido a atenção dos estudiosos. Mário de Andrade (1988) chegou a escrever um ensaio exclusivamente sobre a calunga dos maracatus. A boneca seria a representação de uma divindade dos povos do Congo e de Angola ou seria, ela própria, uma divindade ou, ainda, um objeto que dá força e proteção por causa da consagração recebida. Nenhum dos estudiosos nega a existência de um caráter religioso atribuído a ela, o que não ocorre em relação às bonecas de outras variantes do folguedo. Nos grupos tradicionais, a boneca é sempre de madeira; hoje, nos grupos mais novos, aparecem bonecas de pano e mesmo de plástico. Ao ser introduzida no grupo, a boneca era batizada, isto é, passava por uma cerimônia religiosa semelhante aos ritos de iniciação das filhas-de-santo dos cultos jeje-nagô, recebendo também um nome próprio e o tratamento de princesa – Dona Clara, Dona Isabel, Dona Emília, Dona Leopoldina. A única calunga do sexo masculino, tratada como príncipe, foi registrada no Maracatu Elefante e tinha o nome de Dom Luís.

Do ponto de vista da organização social dos grupos, vale ressaltar que a rainha, que é a principal personagem e quase sempre mãe-de-santo, isto é, sacerdotisa dos cultos afro-brasileiros, e os demais integrantes são filiados ao seu terreiro ou a terreiros de seus filhos-de-santo, mantendo-se um vínculo de parentesco religioso.[7]

As notícias mais antigas a respeito do culto aos orixás, no Recife, dão conta da sua ocorrência no bairro de São José, na primeira metade do século XIX. Em fins do século XIX e durante todo o século XX, os sacerdotes se transferiram para áreas periféricas e se situaram nos bairros de Água Fria, Casa Amarela, Beberibe, Afogados e Pina. Aquelas que são consideradas como primeiras informações divulgadas sobre maracatus dão conta da sua existência no bairro do Recife e, especialmente, na velha Boa Vista, tomando por centro o Pátio de Santa Cruz.

> **Provocação** – Comunicam-nos: "No domingo às 3 1/2 da tarde, no beco do Sarapatel n. 10. quando a **Sociedade Carnavalesca Cambinda do Porto**, conhecida por **Leão Coroado**, efetuava a sua eleição para a nova diretoria, compareceram ali 4 indivíduos estranhos à mesma, chamados Augusto Quebra-Pratos, João Antonio Nepomuceno, conhecido por Beraldo, Gabriel Francisco de Souza e um tal de Benedito, armados de facas de ponta, e começaram a provocar os associados proferindo palavras injuriosas que ofendiam as famílias vizinhas. A não ser a prudência dos sócios teria havido cenas deploráveis. Para conter a fúria dos desordeiros foi preciso que alguns vizinhos apitassem, pois que nenhum dos sócios podia sair para avisar a polícia por terem os cujos tomado conta da janela e porta. Depois que ouviram os apitos, saíram, sendo perseguidos pelo povo. Avisado pelo dono da casa do ocorrido, o Sr. Tenente comandante da 1ª estação deu as devidas providências, capturando dois do grupo. Estes indivíduos já são conhecidos quer pelas desordens que costumam praticar, quer por pertencerem à companhia do Olho-Vivo, e principalmente o tal Gabriel, que consta ter um processo por crime de ferimentos". (*Diário de Pernambuco*, 15 mar. 1887, negritos do autor.)

Também os maracatus acabaram se transferindo para os subúrbios na primeira metade do século XX.

Por seu sincretismo europeu-africano e por sua função lúdico-mágico-religiosa, os maracatus sempre exerceram grande fascínio na população de Pernambuco. Ao longo do tempo, têm sido objeto de pesquisas etnomusicais e antropológicas de estudiosos brasileiros e estrangeiros, e vêm tendo a sua música e dança projetadas em manifestações da cultura erudita e da cultura de massas. Hoje se apresentam inúmeros grupos de danças parafolclóricos com motivos dos maracatus, exibindo-se no Brasil e no exterior, sem nenhuma ligação com os cultos afro-brasileiros. Também estão se exibindo "bandas de maracatus", isto é, pequenos grupos orquestrais com a formação e os ritmos típicos da música dos maracatus tradicionais, entre os quais se contam alguns em cidades européias como

Dublin (República da Irlanda) e Berlim (Alemanha). Contudo, tal qual o frevo, o maracatu continua a ser um elemento típico do carnaval de Pernambuco e da identidade cultural pernambucana.

Dona Santa – uma lenda do Recife

DONA SANTA, NO SEU TRONO.

Maria Júlia nasceu nas cercanias do Pátio de Santa Cruz, segundo Guerra Peixe (1980, p. 33), em 25 de março de 1877. Aos 18 anos, foi escolhida rainha do Maracatu Leão Coroado, mas, devido ao seu posterior casamento com o segundo-sargento da Polícia Militar João Vitorino do Nascimento, abandonou o Leão Coroado, passando a desfilar no Maracatu Elefante, ao qual pertencia o marido. Na função de rainha foi consagrada com o nome de "Dona Santa" e reinou até a morte, em 1962. O jornalista Paulo Viana dá outra versão: ela teria nascido em 1897 e sucedido à sua mãe como rainha do Maracatu Elefante:

> Dona Maria Júlia do Nascimento, conhecida como Dona Santa, rainha do Maracatu Elefante, certa vez me confidenciou que aos 18 anos foi coroada rainha do Leão Coroado, cujo trono ficara vago com a morte da rainha, sua parenta colateral. Entretanto, em virtude da morte da mãe, então rainha do Maracatu Elefante, ela abdicou e aceitou o cetro do Elefante, mantendo-o até morrer. (*Diário de Pernambuco*, 23 ago. 1979.)

Foi durante o seu longo reinado que o Maracatu Elefante saiu das proximidades da Ribeira da Boa Vista[8] para a rua Couto de Magalhães[9], no subúrbio denominado Ponto de Parada, localizado entre a avenida Beberibe e a Estrada Velha de Água Fria, conhecida também como Estrada da Boiada, hoje denominada rua Cônego Barata.

Atribui-se a Dona Santa a introdução do caboclo-de-pena (arreiamar), bem como de um personagem trajado como soldado romano. O caboclo representaria as entidades da jurema e o soldado romano seria uma homenagem ao orixá Ogum[10].

Como os demais maracatus, o Maracatu Elefante era constituído por uma comunidade de praticantes da religião dos orixás. O elefante, símbolo do grupo, que aparece em diversos adereços, é um animal que simboliza Orixalá, o qual, segundo alguns, seria o orixá de cabeça (ou orixá protetor) de Dona Santa. Além da escultura do elefante, a rainha introduziu outra alegoria com a figura de um tigre, que, segundo alguns, seria uma resposta à galhofa dos integrantes do Maracatu Leão Coroado, que diziam ser o elefante um animal manso, incapaz de se contrapor à ferocidade do leão.

Na condição de sacerdotisa da religião dos orixás, ela fez a iniciação de numerosos filhos-de-santo, inclusive políticos e intelectuais, segundo Luiz de França[11]. Ele próprio se dizia iniciado pela sacerdotisa, a quem tratava como "madrinha", sendo o babalorixá Eustachio Gomes de Almeida[12] o parceiro de Dona Santa naquela cerimônia. Ela tinha um terreiro próprio, onde cultuava os orixás, o qual funcionava também como sede do maracatu, e mantinha relações de amizade com os babalorixás do Sítio da Estrada Velha de Água Fria, rivais da linhagem religiosa de Eustachio.[13]

Dona Santa foi muito discreta em relação às obrigações que realizava para os orixás e durante a época das perseguições policiais realizava ensaios do maracatu para ocultar a realização das festas dos orixás, o que também era prática comum de outros babalorixás e ialorixás do Recife. Em *Xangôs do Nordeste* (p. 10), o pesquisador Gonçalves Fernandes afirma:

> Da pressão da polícia resultou camouflarem [*sic*] de sociedade carnavalesca e centro espírita os terreiros afro-pernambucanos. Maracatu e centro espírita aparecem de tal maneira que fez desconfiar.

Ao que parece, Dona Santa não foi objeto de pesquisa durante os estudos realizados sob o patrocínio de Ulisses Pernambucano, na década de 1930, nem figura entre os sacerdotes participantes do Congresso Afro-Brasileiro (Recife, 1934). Não foi objeto de estudo nem de Mário de Andrade (na sua visita ao Recife, em 1928) nem da missão de pesquisas folclóricas do Departamento de Cultura de São Paulo (do ano de 1938).

Sua projeção nos meios intelectuais e políticos do Recife é marcada pela publicação da sua foto na capa da revista *Contraponto*[14], editada por Valdemar de Oliveira, parte de um estudo fotográfico realizado pelo artista plástico Lula Cardoso Ayres, que utilizou o material como base da pesquisa que serviu para a decoração carnavalesca do Clube Internacional do Recife no ano de 1947 e de numerosos quadros e painéis que o artista continuou a pintar até a sua morte. Em matéria editorial, Valdemar de Oliveira escreveu:

> Hoje, Dona Santa, cuja voz é ouvida com profundo respeito, está cada vez mais velha e cada vez mais cansada. [...] É a rainha de maracatu mais querida de todo o Recife.

O maestro César Guerra Peixe, ao realizar a sua pesquisa no Recife, no período de 1949 a 1952, dedicou atenção especial ao Maracatu Elefante. Dessa pesquisa resultou o livro *Maracatus do Recife*[15].

Do ponto de vista político, o prestígio dessa rainha de maracatu cresceu durante a administração de Pelópidas da Silveira na Prefeitura do Recife – quando foi criada, em 1945, a Diretoria de Documentação e Cultura[16] – e, posteriormente, na administração de Miguel Arraes – com a criação do Movimento de Cultura Popular[17]. Bastante idosa, continuou a dirigir o grupo e a sair no maracatu, desfilando nos últimos anos com o apoio de uma viatura (um jipe) cedida pela Prefeitura do Recife.

Dona Santa e o poeta Ascenso Ferreira.

Em 1962, Dona Santa falece, causando grande comoção entre seus filhos-de-santo e na população dos morros e alagados da cidade.

O grande prestígio por ela alcançado – como rainha do maracatu e mãe-de-santo – levou alguns estudiosos a considerar que as comunidades religiosas afro-brasileiras do Recife tinham uma organização matriarcal, tal como foi atribuída a algumas casas de culto das cidades de Salvador (BA) e São Luís (MA). Na verdade, em várias linhagens a sucessão de gerações tem-se dado tanto pela linha masculina como pela linha feminina e, às vezes, com alternância de sexo.

Antes de morrer, a ialorixá havia decidido que tanto o seu terreiro como o Maracatu Elefante seriam extintos. O acervo do Maracatu foi recolhido à Prefeitura do Recife e, depois do movimento militar de 1964, transferido para o museu do então Instituto Joaquim Nabuco de Pesquisas Sociais, hoje Museu do Homem do Nordeste.

> No começo da segunda metade de 1964, pouco depois da implantação do regime militarista, tive conhecimento de que grande quantidade de material pertencente ao acervo do recém-extinto Movimento de Cultura Popular [...] estava amontoado desordenadamente numa sucata do bairro de Santo Amaro. No meio deste material, sacudido num recanto [...]: todas as peças do *Maracatu Elefante*, cuja rainha, D. Santa, falecera não fazia muito tempo. Todo este rico material, representante de nossa cultura popular, era, então, considerado subversivo. Ao que tudo indicava, ia ser destruído. [...] Por esta época, dirigia eu o Museu Antropológico, do ainda Instituto Joaquim Nabuco de Pesquisas Sociais. Sem perda de tempo, sonhando com o *Maracatu Elefante* no *Museu do Nabuco*, fui bater no local, onde deveria estar o material que procurava. [...] A transferência das peças do Maracatu de Dona Santa, doadas à Prefeitura do Recife – agora em outras mãos –, para o então Instituto Joaquim Nabuco de Pesquisas Sociais foi possível com a autorização da sobrinha de D. Santa, sua herdeira, com poderes para resolver todos os problemas relacionados com o Maracatu. (Depoimento de Waldemar Valente, 1987, p. 19-20.)

Dentre os objetos recolhidos ao museu encontram-se o estandarte, as calungas, os dois carros com as figuras alegóricas do elefante e do tigre, numerosas fantasias e adereços, além das alfaias.

Alguns anos depois, a ialorixá Maria Madalena dos Santos[18], que havia desfilado como rainha em diversos maracatus de baque-virado, com o apoio de sua neta, Rosinete Santos, e do companheiro desta, Antônio Roberto Nogueira, recriou o Maracatu Elefante, mas, então, a maioria dos antigos integrantes já havia falecido ou se transferira para outros maracatus.

Com o passar dos anos, os fatos da vida de Dona Santa se perderam e se estabeleceu a lenda em torno da sua figura e de alguns outros personagens relativos à sua vida, dentre os membros da comunidade afro-brasileira.

São atribuídos a Dona Santa poderes de adivinhação, premonição e envultamento. Diz-se, por exemplo, que em certa ocasião, antes de iniciar o desfile do carnaval, ela proibiu o jovem que desfilaria como rei de sair do terreiro e teria recomendado que permanecesse recluso no quarto-de-santo. Ela saiu sem a companhia do rei e ninguém teria notado a falta daquele desfilante. O rapaz, porém, fugiu da reclusão e acabou sendo vítima de agressão na rua com golpe de peixeira. Em outra ocasião, Dona Santa conversava na sala de sua casa e, de repente, ouviu-se um estrondo no quarto onde estavam guardados os bombos do maracatu. Ela mandou uma das auxiliares verificar se teria sido o bombo de determinado tocador e, ante a confirmação, acrescentou: "Ele morreu. Isso foi um aviso". Mais tarde, chegou a confirmação do falecimento do músico.

Em determinado mês de julho, durante os festejos em honra de Nossa Senhora do Carmo, padroeira do Recife, o babalorixá Pai Adão[19], segundo informantes seus rivais, fez uma obrigação para provocar a morte de João Vitorino do Nascimento, marido de Dona Santa, tipo de serviço a que o povo chama "ponto-de-passagem". Mantém-se a tradição de que os velhos sacerdotes da religião dos orixás tinham poderes extraordinários, por seus carismas e conhecimentos, que não foram repassados aos seus sucessores.

Luiz de França dos Santos – um professor

> Nagô, nagô, nagô
> Luiz de França
> é nosso professor.[20]

Filho de Laureano Manoel dos Santos e de Philadelpha da Hora, Luiz de França nasceu em 1901 na rua da Guia, no bairro do Recife, e foi batizado na Igreja do Corpo Santo, que seria demolida com a reforma urbana resultante da construção do porto do Recife e da abertura das principais avenidas do bairro portuário. Na velhice, ainda era capaz de identificar os lugares das principais edificações demolidas naquele bairro. Passou a infância no bairro de São José, tendo sido alfabetizado na escola de um professor que lecionava na sacristia da Igreja de São Pedro dos Clérigos.

LUIZ DE FRANÇA NO DESFILE OFICIAL DO CARNAVAL DE 1997, NO RECIFE.

Guardava a memória das negras-da-costa que vendiam acarajé e munguzá pelas ruas da cidade e moravam em pés-de-escada dos velhos sobrados. Conheceu as negras velhas, sacerdotisas, do Pátio do Terço, ancestrais de Badia (Maria de Lourdes da Silva)[21], referindo-se a elas como da seita mussurumine, embora não pudesse explicar a diferença de rito em relação ao culto nagô. Conheceu Dona Ignez[22], fundadora do Sítio da Estrada Velha de Água Fria, a quem se referia como Tia Inês, e dizia que, ainda moleque, havia aprendido com ela coisas da religião e da língua.

Foi jornaleiro, saindo para vender jornais ao longo da linha férrea, que, na época, ia até Palmares, e recordava que conhecera as principais figuras de senhores de engenhos e chefes políticos da região. Mais tarde, foi trabalhador do porto, atividade em que se aposentou. Contava que, nesse período, levava uma boa vida, com ganhos extraordinários, e comprava nos navios produtos estrangeiros para revenda.

Membro da Irmandade do Rosário dos Homens Pretos de Santo Antônio e da Irmandade de São Benedito da Igreja de São Gonçalo da Boa Vista, Luiz de França freqüentou diversos clubes de frevo do Recife, especialmente o Lenhadores, cuja sede estava situada próximo da então sede do Maracatu Leão Coroado, atrás do Pátio de Santa Cruz.

Casou-se com Esmeraldina Severina de Santana e contava que, quando noivou, morava na rua dos Jangadeiros (travessa da rua Imperial, já perto da Cabanga). Levando vida boêmia, começou a preparar a casa para receber a esposa, sem pressa, adiando sempre a data para a realização do casamento. Uma noite, ao chegar em casa, encontrou a noiva já instalada e tendo preparado a sua ceia. Já era tarde e, não podendo devolver a moça à casa da sua família, então consumou a união. No dia seguinte Esmeraldina compareceu à então Chefatura de Polícia e prestou queixa de que havia sido desvirginada pelo noivo, que se recusava a casar. Luiz foi preso e obrigado a oficializar a união. Do casamento, que durou pouco, nasceu uma filha, chamada Maria Filadelfa de Paula. Ele nunca perdoou a esposa pela desfeita de ter sido preso sem culpa e se orgulhava de só ter estado na cadeia uma única vez na vida. Durante a sua longa vida, teve várias companheiras (dentre elas Dona Madalena), as quais obrigava a sair como rainhas do maracatu, sem que jamais as houvesse coroado como tais.

Na infância, Luiz de França freqüentou o Sítio da Estrada Velha de Água Fria, mas não se iniciou na religião naquele tradicional centro religioso. Os seus pais-de-santo viriam a ser Eustachio Gomes de Almeida e Dona Santa. Luiz de França contava muitas histórias a respeito do babalorixá Claudino Gomes de Almeida, a quem chamava de Coroné Colorodino, referindo-se a ele como homem abastado, que comprava boiadas no interior para fornecer gado bovino ao Matadouro de Peixinhos e cuja casa era freqüentada até pelo governador do Estado. Dizia que Claudino separava os melhores touros para ofertá-los em sacrifício ao orixá Xangô. Na maturidade, por uma intriga de mulheres, afastou-se da casa de Eustachio, passando a freqüentar outra casa de culto, e já mais velho aproximou-se de Jerônimo Gomes de Almeida, com quem manteve grande amizade. Luiz de França tinha Xangô como orixá de cabeça e era sacerdote de Ifá, sendo o seu jogo de búzios muito procurado pelos participantes dos cultos afro-brasileiros.

Viveu cerca de quarenta anos, os últimos da sua vida modestamente, em um compartimento do "correr-de-quartos"[23] de sua propriedade, no Córrego do Cotó, nas cercanias do bairro recifense da Bomba do Hemetério. Enquanto manteve a comunidade do terreiro, ocupava o compartimento da frente, onde fazia os toques para os orixás. Depois, passou a morar no terceiro compartimento, constituído por sala, cozinha e dois quartos, um dos quais o peji.

Paralelo ao prédio, havia um pátio, com poço na entrada, um galpão onde guardava os tambores e os trajes do maracatu, e mais adiante o sanitário com banheiro de uso comum. Nos dias em que dava "obrigação", instalava, no pátio, um fogareiro confeccionado de barro, inserto em uma lata de vinte litros, aceso a carvão. No peji, matava os "bichos de quatro pés" e as aves, colocava os animais sacrificados nos "pés dos santos", em louças próprias, arrumando as partes oferecidas com cuidado e preocupação estética. Era auxiliado pelo filho de uma inquilina, um menino de uns 10 anos, que também despachava os ebós. As mulheres moradoras do "correr-de-quartos" o ajudavam na limpeza dos animais, no preparo dos pratos cozinhados, respondiam aos cantos e, depois, participavam da partilha dos alimentos que não integravam as oferendas. Não havia toque de instrumentos nessas obrigações. O início e o final do ritual eram marcados pelo jogo de búzios, no qual o babalorixá consultava os orixás sobre a conveniência e depois sobre a aceitação das oferendas.

Luiz de França vivia dos proventos da sua aposentadoria de trabalhador portuário e, nos últimos anos de vida, recebia também uma pensão especial da municipalidade recifense (em reconhecimento aos serviços prestados à cultura popular da cidade), bem como dos pequenos aluguéis dos compartimentos do "correr-de-quartos". Nada cobrava pelo jogo de búzios, embora solicitasse uma mínima oferta em dinheiro "para o santo". Também não recebia pagamento pelas obrigações que realizava. Os solicitantes do serviço podiam escolher entre providenciar todos os materiais ou encarregar o próprio sacerdote de providenciá-los mediante a antecipação dos valores das compras.

Quase sempre negava ser juremeiro. Todavia, admitiu um dia que cultuava os senhores-mestres e havia adquirido uma taça de cristal para o culto do seu guia (o mestre Canguruçu). Dias depois, voltava a negar essa condição e dizia que conhecera o culto dos senhores-mestres quando viveu na companhia de uma famosa juremeira, da qual se afastara depois de vê-la fazer uma sessão de cura em que sugou a ferida da "bicheira" de um dos seus afilhados.

Luiz de França tornou-se membro do Maracatu Leão Coroado quando a sede da agremiação estava localizada no bairro da Boa Vista, em uma rua que veio a tomar o nome da agremiação[24]. Ele contava que havia recebido a direção do maracatu do seu padrinho, José Luiz, que era também dirigente da Irmandade do Rosário dos Pretos do Bairro de Santo Antônio. A partir daí, ele viveu para o maracatu. Ao que parece, a sua primeira companheira, que saiu como rainha, teria sido Dona Madalena, depois da morte de Dona Martinha, em 1954. Luiz de França tinha grande respeito pela boneca Dona Isabel, que dizia ser de Iansã e para a qual eram tiradas toadas durante o desfile de carnaval.

> Princesa Isabé,
> adonde vai?
> Vou passear.
> Eu vou pra Luanda,
> vou quebrar saramuná.

Da outra boneca, Dona Clara, informava ser dos senhores-mestres e ter vindo de outro maracatu. Embora admitisse que as bonecas recebiam oferendas rituais, nunca permitiu a documentação, sendo provável que tais rituais fizessem parte do culto aos ancestrais celebrado no "balé" (quarto de eguns).

LUIZ DE FRANÇA COM BRINCANTES, ESTANDARTE E AS BONECAS DONA ISABEL E DONA CLARA.

Durante muitos anos manteve o seu terreiro em funcionamento, mas por problemas de relacionamento com os filiados, de cujo comportamento discordava, acabou dispersando-os e transformando a sua casa em um culto de natureza doméstica, realizando apenas as obrigações pessoais e algumas outras para pessoas que expressamente solicitavam ajuda.

Ao contrário de Dona Santa, que, apesar dos seus poderes extraordinários, era muito querida, Luiz de França era temido pelos integrantes da comunidade dos cultos dos orixás e, em geral, malquisto por suas exigências de ortodoxia.

Em relação ao maracatu, também com uma conduta diversa da de Dona Santa e de Eudes[25], Luiz de França nunca assumiu a condição de rei do maracatu e dessacralizou as figuras do rei e da rainha, tornando-os meros figurantes do desfile carnavalesco, enquanto ele próprio, além de cuidar das obrigações de natureza religiosa e da organização do grupo, dirigia a orquestra.

Os ensaios da orquestra do maracatu tinham caráter de escola de percussão afro-brasileira, e grande parte dos atuais percussionistas dos terreiros e dos maracatus iniciou seu aprendizado nos ensaios do Leão Coroado.

Luiz de França tinha plena consciência da importância do Maracatu Leão Coroado como um bem do patrimônio imaterial de Pernambuco, embora não usasse essa expressão. Ele destacava o fato de que o Leão Coroado era o único maracatu que não havia suspendido as atividades em mais de cem anos de existência, tendo as sucessões ocorrido dentro do grupo da comunidade da religião dos orixás, conservando os seus símbolos, estandartes, bonecas, toadas e ritmos tradicionais. Considerava que o recolhimento dos objetos do maracatu a um museu não representava a sua preservação – a preservação somente se daria pela sua continuidade no carnaval – e alimentava a fé de que o maracatu existiria enquanto houvesse carnaval.

O velho babalorixá sonhava em dar ao seu maracatu uma sede, mas nunca bajulou as autoridades. Cobrava o reconhecimento da importância da agremiação. O Maracatu recebeu da Prefeitura do Recife, por duas vezes, a doação de terrenos. Todavia, o sonho da sede continuou frustrado, porque os terrenos haviam sido invadidos e não foi possível retomá-los. Já perto da morte, Luiz de França destinou o valor do prêmio que lhe foi concedido pelo governo de Pernambuco, por sugestão da Comissão Pernambucana de Folclore, à compra do terreno para a construção da sede.

Ele não poupava críticas às políticas culturais da Prefeitura do Recife e do governo do Estado. Quase todos os anos visitava a redação dos jornais, quando não era procurado por repórteres, para criticar a falta de interesse dos órgãos públicos, os poucos recursos destinados aos maracatus, a falta de critério das comissões julgadoras dos concursos de premiação do carnaval. Durante os desfiles, quando recebia os microfones para cantar diante dos palanques das autoridades e das comissões julgadoras, repetia as críticas, às vezes com palavras contundentes, e lastimava a situação a que estavam chegando as agremiações tradicionais.

Poucos anos antes da sua morte, Luiz de França aceitou a colaboração do babalorixá Afonso Aguiar na condução do Maracatu Leão Coroado[26] e, depois de acompanhá-lo em diversas obrigações em que verificava a fidelidade do seu novo companheiro às tradições da religião, decidiu fazê-lo seu sucessor na direção do maracatu.

Luiz de França morreu em 3 de maio de 1997; foi sepultado numa catacumba da Irmandade do Rosário dos Homens Pretos, no Cemitério de Santo Amaro. Os seus funerais foram oficiados pelo babalorixá Manoel da Costa, neto de Pai Adão e atual dirigente do Terreiro do Sítio da Estrada Velha de Água Fria, dentro dos preceitos do rito nagô.

> Leão Coroado
> já se apresentou
> deixando saudade
> pra quem ficou.[27]

Notas

1. Na sua forma mais simples, o maracá é uma cabaça cheia de sementes, servindo como instrumento musical na marcação do ritmo, em rituais e danças de origem indígena, não tendo sido registrada a sua presença nos maracatus.
2. Toada cantada por Luiz de França dos Santos, na segunda-feira de carnaval de 1995, defronte da Igreja do Terço, na cerimônia denominada "Noite dos tambores silenciosos".
3. Toada comum dos maracatus-nação do Recife. A denominação do grupo é empregada em cada *performance*.
4. Para a compreensão dos cortejos, veja a seção a eles correspondente em Amorim e Benjamin, 2002, p. 25-58.
5. Instrumento de percussão constituído por um tubo cilíndrico fechado, geralmente de folhas-de-flandres, com pedras ou sementes, percutido por sacudidelas. Também denominado, em Pernambuco, "ganzá".
6. Toada do Maracatu Elefante.
7. Os cultos afro-brasileiros, dos ritos jeje e nagô, de Pernambuco, são chamados "xangô", nome também de um dos orixás mais cultuados. As casas de culto são denominadas "terreiros".

8. Antiga denominação do mercado público municipal do bairro recifense da Boa Vista.
9. Informação de Guerra Peixe, *op. cit.*, p. 49.
10. Originalmente, os caboclos arreiamar integravam exclusivamente os maracatus rurais existentes na Zona da Mata no norte de Pernambuco. Ainda não se haviam instalado no Recife quando a figura do arreiamar foi introduzida no maracatu de baque-virado. Contudo, assinalava-se a presença desses caboclos, que se exibiam como figuras isoladas durante o carnaval. Quanto ao soldado romano, é preciso não esquecer que nas procissões quaresmais era costume haver a representação de uma guarda de soldados romanos que conduzia um grande estandarte (gonfalão) com as letras "SPQR", iniciais da expressão latina *Senatus populusque romanus*, significando "o senado do povo romano".
11. Em entrevista ao autor.
12. Babalorixá, filho biológico de Claudino Gomes de Almeida. Trabalhou com Dona Santa nos rituais dos cultos afro-brasileiros e foi um dos principais informantes dos pesquisadores sobre religiões afro-brasileiras na década de 1960. Pai biológico de Jerônimo Gomes de Almeida.
13. Em depoimento pessoal ao autor, Katarina Real informou haver encontrado Dona Santa realizando obrigações no Sítio da Estrada Velha de Água Fria.
14. Revista *Contraponto*, Recife, mar. 1948.
15. A obra foi publicada primeiro em São Paulo, no ano de 1955, pela editora Ricordi, e teve uma segunda edição, da Fundação de Cultura Cidade do Recife, em 1980, sob licença dos irmãos Vitale.
16. A Diretoria de Documentação e Cultura surgiu da transformação da antiga Diretoria de Estatística, Propaganda e Turismo, então dirigida por Manuel de Souza Barros. O novo órgão teve como primeiro diretor o folclorista José Césio Regueira Costa.
17. O Movimento de Cultura Popular foi fundado em 1961, como sociedade civil, e se tornou o órgão municipal recifense de cultura. O condutor do movimento foi Germano Coelho, que viria a ser o secretário de Educação e Cultura do Estado de Pernambuco no primeiro governo de Miguel Arraes.
18. Nasceu no Engenho Pereiro, no Cabo de Santo Agostinho. Substituiu Dona Martinha, rainha do Maracatu Leão Coroado, desfilando três anos como rainha. Foi companheira de Luiz de França, que construiu o galpão do salão de toque do seu terreiro, no Alto do Pascoal. Foi rainha, por treze anos, do Maracatu Indiano, tendo sido responsável pela conversão da agremiação de maracatu rural em maracatu de baque-vi-

rado. A partir de 1975, passou a sair como rainha do Maracatu Estrela Brilhante. No dia 22 de agosto de 1979, foi coroada rainha do maracatu, na porta da Igreja do Rosário dos Homens Pretos de Santo Antônio, pela folclorista Elza Loureiro. Faleceu no ano de 2000, pouco depois do assassinato da sua neta, Rosinete.

19. Felipe Sabino da Costa (Recife, 1877-1936). Membro da Irmandade dos Martírios do Recife. Foi o terceiro chefe do Terreiro Ogun-Dê, da Estrada Velha de Água Fria, fundado por Dona Ignez. Viveu por alguns anos na Bahia e esteve em Lagos, na Nigéria. Foi sucedido por seu filho, José Romão. Para outras informações, veja Brandão & Motta, 2002.
20. Variante de uma toada introduzida pelos novos dirigentes do Maracatu Leão Coroado, após a morte de Luiz de França.
21. Veja mais informações em Brandão e Motta, 2002.
22. Ignez Joaquina da Costa, fundadora do terreiro do Sítio da Estrada Velha de Água Fria, localizado no número 1644 da hoje denominada rua Cônego Barata.
23. Construção térrea em forma de pavilhão, subdividido em compartimentos de tamanhos variados, com sala, quarto de dormir e pequena cozinha. As instalações sanitárias são de uso coletivo.
24. Há notícias do século XIX de que a sede do Maracatu – então chamado Sociedade Carnavalesca Cambinda do Porto – era no beco do Sarapatel nº 10. O maracatu teve sede nos bairros de São José, Afogados e na quinta rua da Vila São Miguel, antes de ser transferido para a residência de Luiz de França, no Córrego do Cotó (rua Pastor Benobi, 181).
25. José Eudes Chagas, babalorixá, nascido em Olinda no ano de 1921, foi iniciado na religião dos orixás por Eustachio Almeida e Dona Santa. Na juventude, foi escolhido rei do Maracatu Elefante e desfilou, por vários anos, ao lado de Dona Santa. Fundou a troça carnavalesca O Rei dos Ciganos e o maracatu-nação Porto Rico do Oriente. Faleceu em dezembro de 1978.
26. www.leaocoroado.org.br, leaocoroado@ig.com.br
27. Toada de despedida – da atualidade – do Maracatu Leão Coroado.

Bibliografia

AMORIM, Maria Alice; BENJAMIN, Roberto. *Carnaval – cortejos e improvisos*. Recife: Prefeitura do Recife, Secretaria de Cultura, Fundação de Cultura da Cidade do Recife, 2002.

ANDRADE, Mário de. "A calunga dos maracatus." In: *Estudos afro-brasileiros*, 2. ed. Recife: Fundaj / Editora Massangana, 1988.

ARAÚJO, Humberto. *Maracatu Leão Coroado*. Recife: Fundação de Cultura Cidade do Recife, 1989 (Coleção Recife, 54).

BRANDÃO, Maria do Carmo; MOTTA, Roberto. "Adão e Badia: carisma e tradição no xangô de Pernambuco." In: SILVA, Vagner Gonçalves da (org.). *Caminhos da alma: memória afro-brasileira*. São Paulo: Summus, 2002.

FERNANDES, [Albino] Gonçalves. *Xangôs do Nordeste. Investigações sobre os cultos negro-fetichistas do Recife*. Rio de Janeiro: Civilização Brasileira, 1937.

GONÇALVES, Stélio. "Dona Santa: rainha que o Recife não esquece", *Diário de Pernambuco*, Recife, 15 fev. 1976.

LODY, Raul; BATISTA, Maria Regina Martins (orgs.). *Coleção Maracatu Elefante e de objetos afro-brasileiros*. Recife: Fundação Joaquim Nabuco, 1987.

OLIVEIRA, Valdemar de. Matéria editorial. *Revista Contraponto*, Recife, mar. 1948.

PEIXE, César Guerra. *Maracatus do Recife*. São Paulo: Ricordi, 1955, 2. ed. São Paulo: Irmãos Vitale; Recife: Fundação de Cultura Cidade do Recife, 1980.

"PROVOCAÇÃO." In: *Diário de Pernambuco,* Recife, ano LXIII, nº 60, 15 mar. 1887.

REAL, Katarina. *Eudes: o rei do maracatu*. Recife: Fundação Joaquim Nabuco/ Editora Massangana, 2001.

_______. *O folclore no carnaval do Recife*. Rio: Campanha de Defesa do Folclore Brasileiro, 1967, 2. ed. ampliada; Recife: Fundação Joaquim Nabuco/Editora Massangana, 1990.

SILVA, Vagner Gonçalves da. *Caminhos da alma: memória afro-brasileira*. São Paulo: Summus, 2002.

SMITH, Robert. C. *Décadas do Rosário dos Pretos. Documentos de irmandade*. Arquivos, Recife, dez. 1951, 4-1 (7 a 20):143-170.

VALENTE, Waldemar. "Depoimento." In: LODY, Raul; BATISTA, Maria Regina Martins (orgs.). *Coleção Maracatu Elefante e de objetos afro-brasileiros*. Recife: Fundação Joaquim Nabuco, 1987.

Didi: a trajetória da folha-seca no futebol de marca brasileira*

Luiz Henrique de Toledo**

Folha-seca significava, além de trajetória quase improvável imposta à bola, um gol certo. Quem a fazia de um modo todo particular era Valdir Pereira, mais conhecido por Didi, um dos maiores nomes da primeira conquista brasileira de uma copa do mundo de futebol, em 1958, na Suécia.

Chute considerado um tanto quanto insolente, sobretudo do ponto de vista indignado dos adversários, fazia a bola descrever no ar um percurso sinuoso – uma meia parábola, como afirmam alguns –, obviamente intencional, uma vez que ela não raramente chegava às redes, de mansinho.

A dedicação e os significados simbólicos dados aos chutes de Didi são tamanhos que, volta e meia, comportam descrições pormenorizadas, definições precisas, tais como:

> Uma dolorosa contusão no tornozelo da perna esquerda levou este jogador detalhista à utilização, não do peito do pé ou de faces interior e exterior, mas de sua extremidade, batendo na bola com a superfície do

* Gostaria de agradecer ao sociólogo Mauricio Murad e ao antropólogo Vagner Gonçalves da Silva pelas leituras atentas e sugestões que ajudaram a enriquecer este texto.

** Antropólogo e professor da Universidade Federal de São Carlos (UFSCar).

dedo maior e dois artelhos. Com isso, a dor não se manifestava, e nascia a bola-de-efeito tanto para o passe curto e de longa distância como, sobretudo, para a cobrança do tiro livre com barreira – a famosa "folha seca". (Ostermann & Cabral, 1970.)

ou

um jeito venenoso de bater faltas. A bola subia, despretensiosa. Ao chegar perto do gol, tomava outra direção, caindo longe dos braços dos goleiros, lembrando o movimento de uma "folha seca" caindo de uma árvore. (www.futbrasil.com)

Ou ainda, em prosas mais alegóricas:

Didi reinventava a geometria euclideana [...] passes esquivos e dissimulados como o olhar de Capitu. (Armando Nogueira, *O Estado de S. Paulo*, 16 maio 1993.)

Chutando de longe, enganava o goleiro [...]: batia na bola com o lado do pé e ela saía girando e girando voava, dava cambalhotas e mudava de rumo como uma folha seca perdida no vento, até que se metia entre as traves, no ângulo onde o goleiro não esperava. (Galeano, 1997, p. 120.)

E mais,

[...] a bola descreve uma trajetória elíptica de semi-boomerang, enganando o goleiro. (Leite Lopes, 1997, p. 72.)

E, por fim, nas palavras do próprio jogador:

Eu levei uma pancada no tornozelo, um carrinho que tocou meu pé apoiado. Inchou na mesma hora. Botaram éter, e tal, e eu terminei o jogo. Mas fiquei quinze dias fazendo exames, pra ver se tinha infecção. Não acharam nada e eu não ficava bom. Aí eu comecei a bater na bola "cortando", e não sentia. Comecei a fazer peso. Amarrei um paralelepípedo com arame, coloquei um paninho pra não ferir o pé e fiquei suspendendo, com a ponta dos dedos. Fiquei com isso aqui forte [aponta a parte superior dos dedos, logo abaixo do peito do pé], mas perdia as unhas a cada três meses. E eu jogava com a chuteira 40, embora calçasse 41, para o pé ficar bem coladinho.[1] Eu colocava a chuteira antes de entrar no gramado, amarrava ali mesmo. Não usava tornozeleira nem faixa, só meia e chuteira. E dava um laço de sapato, comum. Eu pegava na bola "cortando", e ela passava a barreira e caía. Quer dizer, a única preocupação era tocar certo pra que a bola passasse da barreira. Se passasse, era só levantar os braços, ela ia lá no cantinho. (Revista *Bundas*, nº 61, ago. 2000.)

A folha-seca foi um ato quase solitário marcado pela habilidade individual de uma técnica corporal repetida, treinada inúmeras vezes, revelando na mesma proporção uma considerável dose de improviso, recurso que tal procedimento exigia cada vez que Didi o realizava. Mas também uma habilidade socialmente muito valorizada por toda uma coletividade, fazendo dela uma experiência mais transcendente.

Embora a tendência seja salientar o caráter mais espontâneo da *performance* de Didi, dado o potencial individual imposto por um estilo próprio de jogo – algo que alimenta nossa subjetividade e percepção do futebol brasileiro como "mágico", "artístico", "fora de série", porque sempre à mercê da individualidade de jogadores talentosos como ele –, não podemos reduzir as representações sociais de suas jogadas a sensações puramente intuitivas, circunscritas à sua compleição ou aos aspectos ímpares de sua personalidade futebolística.

Contudo, não é raro os torcedores e boa parte da imprensa esportiva valorizarem os aspectos físicos como determinantes das habilidades demonstradas pelos jogadores em campo. Basta mencionarmos, para ficarmos em alguns conhecidos, o assimétrico ou "torto" Garrincha, o "magrão" Sócrates, o "baixinho" Romário ou o "esguio" Didi.

Não obstante, tais atributos e disposições, sem dúvida constitutivos do imaginário que cerca a prática do "futebol-arte", devem ser também observados além das faculdades da sensibilidade, em regiões do espírito mais estáveis, de ordem simbólica, uma vez que existem fora de nossas sensações corporais ou representações individuais[2] e podem ser captados em configurações sociais específicas. Nesse sentido, a carreira de Didi como futebolista profissional assemelha-se à de tantos outros jogadores oriundos das classes populares e pode ser contada de uma perspectiva mais abrangente.

Nascido em 8 de outubro de 1928 na cidade de Campos, Estado do Rio de Janeiro, assistiu quando garoto aos primeiros passos titubeantes da profissionalização do futebol no país, cujo marco convencional é 1933. Um dos primeiros times em que atuou foi o Industrial, de propriedade de uma fábrica de tecidos[3].

ARQUIVO/FOLHA IMAGEM

Didi vestindo uniforme da Confederação Brasileira de Desportos (cbd).

De modo geral, podemos identificar três momentos em que investidas institucionais impulsionaram o futebol na direção do profissionalismo. Primeiro, a partir de 1933, com o fim do chamado "amadorismo marrom" dos clubes, que remuneravam os jogadores às escondidas, dadas as proibições estatutárias desse esporte, que visavam restringir a sua prática aos limites de uma elite urbana. Nesse momento, sucederam-se as primeiras demandas mais explícitas de regulamentação da profissão de jogador, tanto da imprensa, que se especializava, quanto de alguns jogadores.[4]

O segundo momento se iniciou por volta da primeira metade dos anos de 1940, quando foram estabelecidas as regulamentações centralizadoras do Estado Novo, que unificaram as diretrizes administrativas dos esportes no país com a criação do Conselho Nacional de Desportos (CND), subordinado ao Ministério de Educação e Cultura. Essas disposições tinham por princípio maximizar o potencial simbólico que já se espraiava da prática popular do futebol, redirecionando-a dentro de um amplo projeto de caráter nacionalista próprio da conjuntura histórica da época. Mas é claro que esse segundo momento, complexo do ponto de vista político, encerrou regimes democráticos representativos, tanto na era pós-Vargas quanto no período posterior à ditadura militar. Porém, o momento de maior visibilidade da geração de que Didi fez parte, entre a segunda metade dos anos de 1950 e a primeira metade dos anos de 1960, pouco se alterou do ponto de vista do incremento institucional constituído nos anos de 1940.

O terceiro momento, inaugurado na década de 1990, consiste num processo mais contemporâneo. O aumento da ingerência da iniciativa privada nas mais diversas esferas e o aumento da receita do futebol, em virtude dos contratos de transmissão de TV em todo o mundo, têm obrigado a uma revisão do papel do Estado no universo esportivo e acarretado mudanças na estrutura das federações e da confederação na condução dos campeonatos, na formação de ligas independentes, na regulamentação trabalhista e no gerenciamento dos clubes em várias modalidades de parceria.

A carreira de Didi, contida no segundo momento, apresenta implicações e desdobramentos que ajudam a iluminar todo o processo, sobretudo se pensarmos as relações que se estabeleceram entre a ampliação da prática profissional e o papel decisivo que as camadas populares tiveram na consolidação do futebol como índice de identidade nacional.[5]

Se, no plano institucional, essas investidas abriram a possibilidade cada vez mais efetiva de maior acesso ao exercício das carreiras esportivas, algumas tensões simbólicas mais permanentes, subjacentes às estratégias sociais e formalizações na capacitação profissional, revelaram também os percalços e as idiossincrasias desse processo. Podemos identificar no caráter complexo da formação étnica brasileira, com implicações na estrutura de classes, um desses pontos de tensão que nortearam a formação do campo futebolístico brasileiro.

Aqui e acolá, as representações raciais e de classe, que enunciaram valores e decoros diferenciados, marcaram as qualidades e os destinos do futebol – uma disputa muitas vezes escamoteada, que, no entanto, alimentou em múltiplos planos os fundamentos de um jogo obrigado a conviver, desde o início, com significativo sucesso nos gramados e desigualdade fora dele.

Didi cresceu e jogou em meio a uma configuração social que determinava as maneiras como os segmentos sociais se viam e se apropriavam da cena do jogo. Não é o caso de reconstituir neste texto a história do futebol brasileiro. São vários os autores que trabalharam com a problemática racial na composição dos estratos sociais esportivos no Brasil, como indicarei adiante. Quero apenas salientar que a carreira de Didi, imbricada nessa problemática, guarda algumas particularidades que sinalizam mudanças importantes na sensibilidade e no trato das representações raciais e de classes. Nesse sentido, trata-se de um exemplo relevante vindo do campo esportivo para se pensar um domínio mais extenso das relações sociais e raciais no Brasil.

Tais mudanças, perpetuadas no imaginário social, revelaram os contornos de uma identidade cultural reivindicada na confluência com outra problemática presente na constituição da prática do futebol brasileiro, a da sua composição social heterogênea e complexa – processo cuja tensão na apropriação desigual dos recursos do jogo (simbólicos e materiais) esteve em consonância com as disputas presentes em outras esferas da sociedade.

A trajetória futebolística de Didi, obviamente única, pode ser vista da perspectiva dessa configuração mais ampla, de ordem social e simbólica, cujas formas expressivas bem-sucedidas, por meio da postura, das técnicas corporais, dos fundamentos e das habilidades esportivas, foram tributárias de uma prática social legitimada numa estrutura marcadamente desigual – todavia, ao mesmo tempo, estrutura ameaçada pelos rumos muitas vezes não planejados tomados no futebol brasileiro, sobretudo a partir da geração da qual Didi fez parte.

São inúmeras as qualidades físicas e os valores morais que projetaram a imagem pública e a *pessoa* de Didi no campo futebolístico, salientando seu adestramento corporal para a prática do jogo competitivo e um caráter compatível com as estratégias de inserção dos jogadores no campo do futebol profissional – modalidade esportiva cuja organização institucional desde o início primou pela desmobilização permanente da categoria dos atletas, enfraquecida pelo decoro esportivo dominante, que havia tempos impunha a visão, mesmo no âmbito do profissionalismo, de que esses trabalhadores deveriam jogar, antes de tudo, por "amor à camisa"; regime profissional que freqüentemente colocava jogadores geralmente despreparados para negociar contratos frente a frente com ávidos dirigentes, que visavam a menores custos e ao máximo de retorno dos atletas.

Em uma de suas últimas entrevistas à imprensa, Didi revelou parte das estratégias de demandas profissionais à época em que atuava no Botafogo. Como líder do time e esquivando-se da lógica do profissionalismo vigente, evocava um interessante sistema de reciprocidade entre seus pares na dinâmica das reivindicações salariais do grupo:

> Uma vez fizemos [com o time do Botafogo, sob o comando de João Saldanha] uma excursão pela América Central, e estávamos no Equador. Tinha terminado o contrato do Amarildo, e ele iria renovar assim que voltássemos. O Quarentinha já tinha renovado. Então houve um pênalti. Amarildo e Quarentinha estavam com quase a mesma quantidade de gols. Aí o Quarentinha pediu pra bater, que era o artilheiro, e tal. E eu falei: "Mas o Amarildo também é artilheiro, e o contrato dele tá terminando. O dr. Paulo Azeredo e o João Silas, o pessoal que tá lá no Rio, estão vendo só a artilharia, lá pelo jornal. Se o Amarildo for artilheiro, dr. Paulo vai ter que pagar um pouco mais pra ele. Deixa o Amarildo bater..." [...] O Quarentinha parou em campo. Eu fui lá no Paulo Amaral [preparador físico] e disse: "Olha, tira o Quarenta porque ele não quer correr. Ficou chateado porque não bateu o pênalti. Ou tira ele ou saio eu". E o Amaral: "Não, Didi, pelo amor de Deus,

fica aí". E tirou o Quarenta. Depois que terminou o jogo eu fui falar com ele: 'Ô cabeçudo, uma cabeça desse tamanho e não pensa? Amarildo tem que fazer a artilharia, precisa fazer um bom contrato, tem que ganhar o dobro do que você tá ganhando! Porque depois, quando terminar o teu, você vai e ganha o dobro do que ele, e assim vai..." (*Bundas*, *op. cit.*)

Também se notabilizou como portador de uma condição étnica que insinuou reverter alguns dos estereótipos mais arraigados, o que gerações anteriores de jogadores, sobretudo negros, não haviam conseguido, culpabilizados que foram pelas "instabilidades" da raça no exercício da prática do futebol competitivo profissional, como veremos ao longo deste ensaio.

A trajetória de Didi consiste num exemplo contundente das disputas simbólicas pelas redefinições da nossa condição identitária por meio do futebol.[6] E o momento histórico em que fixou e projetou sua técnica futebolística pode ser visto como propício à percepção das mudanças na sensibilidade e na auto-estima que determinados setores da sociedade, sobretudo as camadas populares de origem negra, experimentaram após o sucesso advindo da vitória em 1958.

É importante notar que sua trajetória e unanimidade como ídolo nacional descortinaram também, de uma perspectiva menos evidente, os limites desse sucesso, uma vez que Didi foi um dos primeiros, nessa etapa vitoriosa do futebol brasileiro, a vivenciar aquilo que autores como Oracy Nogueira (1955 [1998]), em pesquisas realizadas nos anos de 1950, definiu como a expressão de um "preconceito de marca".

No "preconceito de marca", mecanismo muitas vezes sutil de externar formas de preconceito, identificado como definidor de uma percepção coletiva perversa de nossa estrutura social, veiculam-se valores e ideologias de uma hierarquia rígida e tradicional somados à estratificação moderna, cuja ideologia da mobilidade de alguns indivíduos, mas não da classe ou do grupo a que pertencem, constitui um valor interiorizado que perpassa toda a sociedade brasileira.[7]

Observa-se nesse sistema a manipulação muitas vezes escamoteada de uma condição étnica, a fim de dinamizar um sistema inclusivo, definido como embranquecimento social e simbólico, pela maior visibilidade e mobilidade dos "jogadores de cor", que confirmaram dentro de campo níveis de excelência até então inéditos.

Didi fez parte de uma geração de vencedores que, ao assumir uma posição de destaque no cenário futebolístico, revelou e fez ascender novas formas de externar o preconceito no universo esportivo. Assim, sua condição social, muitas vezes determinada de modo metonímico pela cor, revelava, aos olhos de muitos que o cercavam e admiravam, um processo de embranquecimento simbólico. Como nos ensina Oracy Nogueira: "a identificação de um indivíduo quanto à cor [pode ser] influenciada pela associação com outras características de *status*, como o grau de instrução, a ocupação e hábitos pessoais, com tendência a se atenuar a cor de indivíduos socialmente bem-sucedidos" (Nogueira *apud* Cavalcanti, 1996, p. 18).

Essa geração vitoriosa aproximou-se, inevitavelmente e cada vez mais, das esferas sociais das elites e de seus valores. Seu desconforto, que seria repetido num momento seguinte com outros jogadores negros importantes, como Pelé, Jairzinho, Paulo César (ou PC) "Caju" e tantos mais, ilustra os meandros e a operacionalidade do "preconceito de marca", tal como narram seus biógrafos em passagens reveladoras de uma vida esportiva de sucesso, conquistada com habilidade corporal conjugada às tensões morais de uma esquiva social sempre latente.

Já nos avançados anos de 1950, enquanto muitos jogadores, interiorizando formas mais explícitas de preconceito verificadas ainda no regime amador, continuavam a entrar pelas portas laterais da sede do Fluminense (cuja origem reside nos estratos endinheirados da sociedade carioca), Didi fazia questão de ingressar pela porta principal, ocupando os espaços mais marcadamente brancos da sede social do clube, o primeiro de expressão nacional em que atuou, de 1949 a 1956.

Tais atitudes puderam ser observadas em outros ídolos, como Paulo César "Caju", um dos primeiros jogadores dos anos de 1960 a freqüentar sistematicamente as praias da elite carioca, não sem sofrer reprimendas por isso. Como Didi, mas com eloqüência própria, PC "Caju" impunha uma mobilidade social quase solitária, respaldada no sucesso como ídolo nacional e internacional. Bradava, indignado, que as mesmas pessoas da "sociedade" que o aplaudiam no gramado do Maracanã não o aceitavam no convívio dos banhos de mar. PC conta que foi ele quem levou muitos jogadores negros a esses refúgios da elite, como, por exemplo, o jogador Jairzinho, considerado o "furacão" na conquista do tricampeonato em 1970. Posturas altivas como a de Didi certamente ajudaram a detonar esse processo nem sempre silencioso de esquiva e acusação no convívio social.[8]

Ao mesmo tempo, contudo, tais percalços, insinuações e privações não raramente ficavam por conta de uma denúncia anedótica feita pela grande imprensa, que tratava essas circunstâncias como excentricidades deste ou daquele jogador, que, ao ganhar notoriedade e dinheiro, procurava levar uma vida pautada nos excessos e exageros da fama.

É sintomático como as formas do preconceito com os jogadores foram amortecidas pelo discurso inclusivo que se imiscuiu nas representações que definem o futebol-arte no seio da crônica esportiva. Um desses enganos é a maneira como a imagem de "ingênuo" marcou a visão que temos de Garrincha, para citar mais um jogador que atuou sob o comando de Didi em campo.

Numa nota que o escritor Ruy Castro fez sobre um dos maiores colunistas sociais dos anos de 1950, Maneco Müller, conhecido por Jacinto de Thormes, pode-se observar um caso bastante jocoso, é verdade, mas revelador do entrelaçamento e da tensão existentes entre valores expressos nas etiquetas sociais emanadas dos setores das elites urbanas cariocas e a crescente intromissão, pela estratégia da mobilidade social e sociabilidade "embranquecedora", dos ídolos da geração de Didi. Conta o escritor, de maneira bem-humorada, que, no ano de 1962,

> quando se começou a servir picadinho nos jantares formais, Maneco sentiu que o dia chegara. Então, já na *Última Hora* [o jornal], tomou uma atitude drástica, mas coerente. Abandonou os grandes salões e levou [seu personagem] Jacinto de Thormes para o último reduto que considerava chique: os gramados de futebol, onde reinavam príncipes como Garrincha, Didi e Nilton Santos. Foi ser cronista esportivo. (Castro, 1999, p. 231.)

O domínio da etiqueta e do *glamour* como jogo competitivo de grupos sociais por prestígio e visibilidade política consiste num acesso privilegiado para que se percebam as estratégias de mobilidade social e de internalização das normas, tal como ensina o sociólogo alemão Norbert Elias em sua teoria das configurações. É preciso que se esteja atento também aos processos aparentemente menos formais ou institucionalizados típicos da esfera da sociabilidade como poderosos sinalizadores dos valores, das normas e formas de preconceito e esquiva social.

O sucesso da geração de Didi dentro de campo certamente ampliou, para fora dele, as disputas pelas benesses advindas das vitórias conquistadas, na forma de uma partilha simbólica, colocando em confronto os aspectos distintivos de classe e estilos de vida, como podemos notar no caso mais jocoso descrito anteriormente.

As disposições físicas, técnicas e desportivas incorporadas pelos jogadores, que orientam os sentidos do jogo dentro de campo na busca de vitórias, não são autônomas das estratégias e disposições para o jogo social disputado fora dele – processo observado por autores como Pierre Bourdieu, que enuncia tal perspectiva no conceito de *habitus*. Para o autor,

> o *habitus*, necessidade tornada virtude, produz estratégias que, embora não sejam produto de uma aspiração consciente de fins explicitamente colocados a partir de um conhecimento adequado das condições objetivas, nem de uma determinação mecânica de causas, mostram-se objetivamente ajustadas à situação. (Bourdieu, 1990, p. 23.)[9]

O rebaixamento dos hábitos à mesa das elites, denunciados pelo colunista, certamente teve um endereço pontual, uma indesejada popularização ou "mistura" dos gostos alimentares. O caso do "picadinho", que não deixa de expressar uma mistura, confusão, desorganização, é o detalhe revelador de seu desconforto em face da necessidade do convívio com o "outro". Mas é curioso que ele vá buscar, justamente nos pés populares desses "outros", mas dentro de campo, o último reduto daquilo que considerava efetivamente estar na moda. O gramado era o lugar deles.

Esse qüiproquó simbólico ou deslizes semânticos denunciam as formas que o preconceito vai assumindo nos interstícios da sociabilidade em torno de um esporte vencedor, fazendo confrontar-se em outras esferas da vida social representações de diferentes estratos sociais.

É também a denúncia satírica de Nelson Rodrigues que identifica, com suas personagens, a mistura dos tipos sociais ideais desse período por intermédio do esporte. Aturdidos e tomados de surpresa pelo sucesso do futebol inicialmente capitaneado por Didi, setores da elite se espreitavam em meio à multidão no Maracanã – tal como a personagem da "grã-fina das narinas de cadáver", figura petulante da elite, que nem sequer sabia *quem* era a bola – para experimentar o *glamour* vindo dos pés dos notáveis esportistas.

Mas, se no plano da pessoa pública de jogador as atitudes de Didi, e de outros, tal como observamos nos exemplos específicos acima, eram no mínimo acatadas com resignação e incontida admiração, no âmbito da vida privada ele sentiu de modo mais evidente as conseqüências desse "preconceito de marca".

Se era praticamente incontestável como jogador em campo, fora dele Didi e outros foram alvos da vigilância quase permanente das condutas e dos valores que ansiavam compartilhar com as outras camadas sociais, chancelados pela condição de ídolos máximos do esporte nacional, o que, com razão, acreditavam ser.

A transferência de Didi do Fluminense para o Botafogo em 1956 trouxe à baila um problema doméstico com repercussões que perseguiriam o ídolo por toda a sua carreira. Em 1948, Didi se casara com uma conterrânea, Maria Luiza, com quem tivera um filho, Adílson. Nessa época, disputava o campeonato carioca pelo Madureira, que um ano antes havia adquirido seu passe do time do Rio Branco, da Liga Campista de Desportos.

No Fluminense desde 1949 e desfrutando os primeiros momentos da fama (nesse time, fora campeão estadual em 1951), passou por uma conturbada separação, na qual a intromissão do clube, que descontava a pensão alimentícia sem seu consentimento, o colocaria no caminho do Botafogo, que o contratou em 1956 e no qual ganharia inúmeros títulos importantes: campeão carioca em 1957, 61 e 62 e do Torneio Rio–São Paulo em 1962.

Aliás, dados o estágio, à época, do profissionalismo e a plena vigência da lei do passe, ingerências dessa ordem eram consideradas

ARQUIVO / FOLHA IMAGEM

Didi em sua rápida passagem de três meses pelo São Paulo F. C., em 1964.

até mesmo normais, uma vez que os jogadores, como patrimônios fixos, eram disponibilizados à revelia pelas elites dirigentes.

Com precária regulamentação profissional, as carreiras esportivas ficavam à mercê da complacência e do beneplácito dos chamados "cartolas". Até mesmo o direito a férias, conquista trabalhista do período getulista, era freqüentemente burlado. O próprio Didi se recusara a viajar numa excursão com o Fluminense num período em que havia terminado o campeonato – fato que estremeceu ainda mais sua relação com o time.

A troca de clube acompanhou também a maior exposição pública do romance que mantinha com Guiomar Batista Pereira. Tal como narra um de seus biógrafos:

> O problema, porém, é que o seu nome não era mais manchete nos jornais apenas pelo grande futebol que praticava. Pelo contrário, começava a ganhar espaço cada vez mais destacado nos noticiários por conta de um conturbado início de romance com a cantora de rádio e atriz de televisão Guiomar [...] Não gostava de lembrar também dos comentários maldosos sobre o seu tumultuado início de romance com Guiomar – houve até discriminação de parte da imprensa por ele ser negro e famoso e ela branca e atriz de televisão. (Ribeiro, 1993, p. 62, 65.)

No breve necrológio de Guiomar, publicado no jornal *O Globo*[10], destaca-se a sua influência na vida profissional do jogador, tendo dado o apoio emocional necessário para que se firmasse como ídolo, condição que despontava ainda nos tempos de Fluminense: "Didi [com o segundo casamento] reorganizou a vida, passou a fazer bons contratos".

Esse "preconceito de marca" como sistema cultural inclusivo pôde ser verificado ainda na maneira como sua *pessoa* foi (e ainda é) fabricada pela imprensa esportiva, que sempre buscou conciliar no próprio jogador aquilo que, numa perspectiva que remonta ao nosso pensamento social conservador, consistia nas antípodas de nossos valores morais: razão e emoção. Ou ainda aquilo que, mais uma vez, narradores esportivos como Nelson Rodrigues, Mário Filho e outros tantos denunciavam, como veremos, como a manifestação de certo "complexo" imanente à alma nacional.

Esguio, cabeça empinada, de porte altivo, fala mansa e elegância nos gestos, Didi foi, ao longo de sua carreira de 17 anos como jogador, aclamado como artesão, Napoleão negro, bruxo, feiticeiro, rei africano, *el negro* Didi, pérola negra, malabarista ou, como ficou mais conhecido no Brasil, príncipe etíope. Essas descrições se reatualizam: "corpo enxuto, pescoço longo, estátua de si mesmo, Didi parecia um ícone africano plantado no centro de campo"[11].

Eram qualidades amealhadas em razão de um futebol caracterizado por um "estilo clássico, elegante, criativo", e ele "executa[va] *dribles sonsos*"[12] – atributos muitas vezes impostos por uma visão essencialista, exotista e racialista, que fundamentou parte da construção de nossa percepção do povo e do próprio futebol brasileiro.

Todavia, competindo com esses atributos e incorporando elementos tidos como exógenos à condição racial que portava, mas compatíveis com o sistema inclusivo que marca o nosso preconceito, fora reconhecido também como equilibrado, frio, cerebral e científico[13] – curiosamente, características muitas vezes reconhecidas naqueles que jogavam o "futebol-força" e não o "futebol-arte", tal como a maioria das seleções européias. Falava-se muito, nessa época, do "futebol científico" soviético, famoso por seus métodos de treinamento, tidos como revolucionários[14].

Esse lado "calculista" e "frio" evidenciado em sua personalidade pode ser constatado nas palavras do próprio jogador:

> [...] quando eu entrava em campo, olhava fundo nos olhos do meu marcador e descobria se além de adversário ele também era meu fã. Neste caso, jogava tudo em cima dele e me dava bem, porque fã não marca ídolo. (*Apud* Murad, 1996, p. 129.)

Visto então como exemplo de "craque que aprendeu a disciplinar a sua técnica, jogando, com o mais brilhante rendimento, um futebol que vinha do instinto e da reflexão" (Nogueira *apud* Ribeiro, 1993, p. 38), tal concepção e discurso tornavam-no portador legítimo de algumas das qualidades fundamentais que faltavam à maioria da população brasileira, ainda a meio caminho de um devir civilizatório.

Podemos compreender a passagem de Didi pelo futebol, mas sobretudo a de toda uma geração vitoriosa, como empreendedora, no campo esportivo, de novas tensões raciais que reformulariam as percepções do futebol como índice de identidade – aspectos que o próprio pensamento social brasileiro da época buscava desvendar, evidentemente pelos caminhos do intelecto e não do corpo, ao problematizar os processos correlatos, econômicos, políticos, sociais, jurídicos e estéticos, da formação étnica da sociedade brasileira. Lembremos que a década de 1950 inaugura, no plano jurídico e institucional, o debate mais formal em torno da discriminação com a

Lei Afonso Arinos, de 1951, que pela primeira vez tentou estabelecer parâmetros legais contra o preconceito.

Não é despropositado mencionar que nos anos de 1950 houve um grande empenho da produção científica em reposicionar o fenômeno das relações raciais como tema fundamental de análise e reflexão.[15] Mas, curiosamente, foi preciso que um crítico literário, Anatol Rosenfeld, banido da Alemanha nazista e radicado por aqui nos anos de 1930, ousasse dissertar, num ensaio pioneiro datado de 1956, sobre temas tão marginalizados no meio acadêmico, como foi o caso do futebol e a relação com o tema da raça[16].

A imagem de Didi como futebolista de sucesso também coadunava com a conjuntura política mais favorável, inaugurada na segunda metade dos anos de 1950, que almejava inserir o país no cenário mundial em razão da complexa ideologia nacionalista desenvolvimentista[17]. Nela, o "preconceito de marca" como elemento de nossa organização social, escamoteado por mobilidade e prestígio, denunciava o lado mais perverso dessa inserção dos indivíduos das camadas populares no epicentro de um imaginário moderno – nova medida ideológica e identitária que se queria emprestar ao país.

Contudo, para melhor verificar todo esse processo e a relevância da conduta de Didi no campo esportivo, precisamos ainda trabalhar as mesmas questões em outra chave analítica, em que eventos históricos se transfiguram em narrativas míticas capazes de fixar num nível ainda mais profundo determinadas representações do futebol-arte e "multirracial" brasileiro[18] e suas repercussões pelo mundo.

1958: história como mito

Como o poeta limpando as lentes do verso,
como o microscopista debruçado sobre o câncer,
como o camponês a separar o joio do trigo,
como o compositor a perseguir a melodia,
o futebol de Didi é.
É lento, sofrido, difícil, inspirado, idealista.
Eis um homem que quase achou o que não existe: a perfeição.
(Paulo Mendes Campos, *O gol é necessário*, 2000)

"Acho tudo isso meio cômico. Treino é treino, jogo é jogo", exclamava Didi, reagindo às vaias que recebera do público que assistia a ele no Maracanã, ao lado dos demais jogadores da seleção brasileira, num dos últimos treinos às vésperas do embarque para a Suécia, sede da VI Copa do Mundo, em 1958.

Havia algumas partidas, Didi não correspondia ao que se esperava dele. Afinal, o inventor da folha-seca seguia preparando-se em aparente contrariedade para um evento considerado crucial para as pretensões do Brasil de se firmar, de uma vez por todas, como grande país no cenário futebolístico internacional. Cronistas sugeriam que ele fosse substituído por Moacir, articulador das jogadas no meio-campo do Flamengo.

Décadas mais tarde, numa entrevista concedida ao escritor e cineasta Roberto Moura, em 1994, Didi relembrou o episódio com o jogador Moacir:

> Alguns críticos diziam que eu era muito lento. Naquela época, em 58, o Moacir era muito rápido, era jogador do Flamengo. Então eu falei: "Não sou eu que corro, é a bola que corre". A velocidade da bola é muito grande, então se eu meto uma bola de 40 metros..." (Moura, 1994, p. 49.)

Armando Nogueira, na coluna *Na grande área* (1993), também lembrou o episódio narrado acima[19]. Mas existem outras versões que tentam dar conta das circunstâncias que cercaram o aparecimento da tão famosa frase – "Treino é treino, jogo é jogo" – pronunciada por Didi. Observemos outro relato:

> [...] os preparativos para a Copa se iniciaram em abril, com detalhados exames médicos e odontológicos [...] Em seguida, chegou a vez da ida para um período de repouso nas estâncias hidrominerais de Poços de Caldas e Araxá, e lá é que foram realizados os primeiros treinamentos com bola e a preparação física, com o professor Paulo Amaral. [...] Pelo que apresentou nos coletivos e jogos-treino [...] Moacir incendiou não só a paixão dos torcedores rubro-negros [flamenguistas] – particularmente aqueles que eram jornalistas – como fez muito mais. Suas atuações chegaram até mesmo a criar uma espécie de dúvida nacional.

E foi então que Didi rompeu o silêncio para, ao responder a uma pergunta sobre como via toda aquela situação, sair-se com a colocação perfeita: "Treino é treino, jogo é jogo". (Ribeiro, 1993, p. 69-70.)

O jornalista esportivo Roberto Porto oferece-nos ainda outra versão, que mantém, em linhas gerais, o "espírito" e o "ar de família" das narrativas expostas anteriormente:

> Foi logo no primeiro ano de Botafogo que Didi proferiu a frase [...] Para Nilton Santos, com quem converso pelo telefone com certa regularidade, o mestre deve ter respondido a um torcedor qualquer, em General Severiano [campo do Botafogo]. De repente, após uma derrota, o cidadão exigiu empenho de Didi e ele, que costumeiramente se poupava nos coletivos [treinos], proferiu a frase que ficou famosa e que hoje não é empregada apenas em relação ao futebol. (Porto, 2001, p. 77.)[20]

Trata-se, obviamente, de um fato histórico e, como tal, abriga algumas interpretações que variam de acordo com as perspectivas, fontes disponíveis e os lugares dos quais falam seus narradores. Mas podemos observar também na frase de Didi a inquietante "propriedade de um mito, na medida em que [a] podemos seguir [pela polaridade instaurada entre treino e jogo] sob diferentes transformações" (Lévi-Strauss, 1978, p. 60). Aquela máxima só verbalizaria uma sensibilidade e uma predisposição de grandes amplitudes simbólicas no futebol brasileiro, como veremos.

O Brasil se classificara com dificuldade nas eliminatórias dessa copa do mundo. Num jogo derradeiro contra o Peru no Maracanã, Didi havia marcado o único gol brasileiro, de folha-seca, garantindo a presença da seleção no mundial da Suécia. (Aliás, vale mencionar, foi de Didi, ainda quando jogava pela seleção carioca de novos, em 1950, o gol que inaugurou as redes do Estádio Mário Filho, o Maracanã.)

Porém, acabou revelando-se um dos artífices da vitória final, dentro e fora do gramado. E uma dessas contribuições fundamentais extracampo foi justamente ter convencido, juntamente com Bellini e Nilton Santos, o técnico da seleção, Vicente Feola, de que Garrincha e Pelé deveriam figurar entre os titulares[21].

Considerado pela crônica internacional como o melhor jogador daquela copa, Didi popularizou, além das qualidades evidenciadas no estilo dos passes e dos chutes de folha-seca, sua referida *máxima*, que por muito tempo perduraria no imaginário social do futebol brasileiro: a de que treino e jogo consistem em momentos distintos no que se refere à avaliação das capacidades de um jogador, individualmente, ou mesmo de todo o time.

É claro que Didi treinava, aperfeiçoando seu estilo e sua técnica de bater na bola, embora fosse considerado um "jogador-problema", como muitos que integravam o elenco em 1958. Mas são conhecidas as histórias de vários dos jogadores que freqüentemente burlavam as concentrações e os treinos. Garrincha apareceria entre os mais "indisciplinados" do elenco, ao lado de outros, como o zagueiro Zózimo. Seus modos mais refratários a se adequar ao modelo de futebol pautado num profissionalismo imposto por controle e disciplina confirmariam, no *éthos* do jogador, a partir dessa "taça do mundo", a *máxima* externada por Didi, ele próprio um jogador controverso.

Da indisciplina aparentemente reativa às reivindicações mais explícitas, as biografias de muitos jogadores brasileiros, brancos ou negros (Fausto, Afonsinho, Paulo César "Caju", Sócrates, Viola, Edmundo, Romário, Edílson etc.), contam os meandros de uma história social de ampliação da participação política desses atletas no arranjo institucional do futebol.

A noção de senso comum de treino que viria a triunfar, a partir da copa de 1958, consolidaria no plano simbólico uma espécie de avesso do jogo. O treino não se inseriria numa relação de continuidade de um trabalho prévio de preparo físico e técnico de atletas, cujo desfecho seria o jogo propriamente dito. Ganharia de maneira decisiva um significado que o recolocaria numa relação às avessas com o próprio jogo, espécie de anti-rito contrastivo, mas também relevante para a compreensão do futebol-arte como índice de identidade nacional.

O treino estampa uma espécie de contexto de valor simbólico invertido, que denota qualidades certamente projetivas, mas não necessariamente confirmadas na partida, no jogo, portanto. São abundantes os exemplos de jogadores que se esquivavam do treino ou quase não treinavam no futebol brasileiro, mas tinham grande prestígio por suas qualidades consideradas *inatas* – e são rememorados nas mesas-redondas e nas mesas de torcedores em repetitivos relatos que, mais do que "folclóricos" ou pitorescos, acentuam e reatualizam esses significados estruturantes do futebol jogado e vivido no Brasil, cotidianizando a *máxima* de Didi. Tratava-se de jogadores que "nasceram feitos" e não precisariam passar pelos constrangimentos impostos pelos exercícios coordenados, tão próprios do "futebol científico".

Até mais recentemente, a situação vivida por alguns jogadores brasileiros que figuravam na reserva de times europeus era vista pelos torcedores e pela crônica especializada, não raro, como verdadeiro absurdo. Um desses casos foi o de Rivaldo, freqüentemente preterido pelo técnico do Barcelona em 1997 e 1998. O fato de não treinar como queria o técnico fazia que não entrasse nas partidas como titular, algo incompreendido pelos torcedores brasileiros, uma vez que ele era um dos melhores jogadores do time. A conduta reticenciosa do então técnico espanhol cairia por terra na copa do mundo realizada em 2002 no Japão e na Coréia do Sul, pois Rivaldo, muitas vezes considerado lento e dispersivo, tal como Didi supostamente o fora, consagrou-se como um dos artífices do pentacampeonato conquistado em 2002.

Esse episódio constitui mais um desdobramento da tensão constatada entre a noção que estabelece um valor para a idéia de que o jogador já "nasce feito", portanto assentada na primazia do estilo, e o outro discurso, que se agrega à noção de "futebol moderno", enfatizando o aperfeiçoamento da técnica como valor distintivo predominante no futebol jogado em alto nível.

Mesmo hoje, as concepções mais comuns de treino são bastante tributárias dessa relação simétrica e invertida construída no nível simbólico entre treino e jogo, em que pesem toda uma crítica já consolidada a respeito das formas mais tradicionais de treinamento realizadas no Brasil e a intervenção direta de diversas áreas do saber na preparação física[22].

Decorrem daí muitas ironias a respeito dos jogadores que se tornam verdadeiros "leões de treinos", porém pouco reconhecidos como melhores jogadores, pois, acredita-se, nunca demonstram suas habilidades nos momentos mais decisivos, ou seja, nos jogos propriamente ditos.

Mas Didi, a expensas de sua própria *máxima*, fez parte de uma geração de jogadores brasileiros que pela primeira vez realizou "jogos-laboratórios" ou jogos-treinos no exterior, visando a uma melhor preparação para uma copa do mundo. Essas partidas amistosas são fundamentais para conhecer o estilo e o jogo dos adversários, mais acostumados, por exemplo, ao uso de determinados expedientes e técnicas corporais, tal como o tranco – embate corporal com o ombro na disputa pela bola –, recurso lícito na competição.

Por muito tempo acreditou-se, no Brasil, que esse recurso era uma infração, o que, de certo modo, não contribuiria para os propósitos estéticos e competitivos do jogo. O intercâmbio mais contínuo com times e selecionados estrangeiros, que se iniciou somente no final dos anos de 1950, demonstraria que aquela técnica devia ser incorporada se quiséssemos almejar, com mais regularidade, as ansiadas vitórias internacionais.

As controvérsias em torno da aplicação da regra XII na difusão do futebol em alguns centros urbanos no Brasil, sobretudo no que dizia respeito à compreensão do uso legal do tranco como recurso lícito e plástico na disputa das jogadas, podem ser interpretadas como uma competição mais ampla entre grupos distintos no domínio das sensibilidades e uma interiorização das normas esportivas e sociais.

Todavia, o uso normal do tranco pelos diversos segmentos que primeiro se aventuraram na prática desse esporte deu-se numa esfera de diferenciações étnicas e de classes, na qual a variável racial também interferiu. Brancos podiam dar tranco numa jogada; negros, nem sempre. As tentativas de impor a universalização da prática do futebol e de suas regras confrontaram-se com os valores de grupos sociais distintos.

Os usos do corpo como reconhecimento das normas, mas também como gerador de etiquetas sociais particulares, enunciaram os rumos de um processo não planejado que confirmaria o futebol como prática esportiva de grande mobilização social e simbólica no Brasil.[23]

Essas rivalidades esportivas interclasses e étnicas podem ser observadas em vários planos distintos, das disputas veladas ou inconscientes na condução e na consolidação de um estilo hegemônico, que passa pelo adestramento matizado das regras e das técnicas pretensamente universais, tal como indica o exemplo pontual do tranco, às ritualizações mais explícitas que enaltecem as diferenças raciais, transfiguradas numa feição mais positivada da força que o futebol desde cedo assumiu num país etnicamente misturado.

Pode-se constatar um exemplo elucidativo dessa celebração ou ritualização da diferença nos jogos da "seleção preta", ou nas partidas de "brancos *versus* pretos" ocorridas na cidade de São Paulo. Noticiados, periodicamente, ao longo dos anos de 1930 e início dos anos de 1940, esses encontros ocorriam geralmente de maio a julho e atraíam a atenção do jornalismo esportivo, como mostram os fragmentos a seguir:

> A seleção preta fará hoje sua estréia internacional enfrentando o Ferencváros [time húngaro] [...] os homens de cor vem se destacando grandemente em nossos campos e cada dia mais eficiente se torna o conjunto, numa frizante demonstração de técnica e resistência física [...] ora, os pretos frente a esse conjunto visitante deverão fazer boa demonstração. Pelo menos evidenciam-lhe que o nosso futebol é de classe superior. Todo São Paulo espera que eles se desobrigarão dessa incumbência delicada, pois não lhes faltam conhecimentos técnicos aliados a uma formidável força de vontade, que os caracteriza. (*A Gazeta Esportiva*, 6 jul. 1931.)

> A seleção branca vencerá novamente o combinado preto? A clássica luta entre os selecionados preto e branco já era tradicional entre nós, anualmente, no dia comemorativo à abolição da escravatura [...] dizer do interesse do prélio [...] é desnecessário. Nos embates precedentes a turma de cor somente uma vez foi vencida. (*A Gazeta Esportiva*, 22 maio 1932.)

> No 29 do corrente será realizado o tradicional encontro entre brancos e pretos [...] é supérfluo estarmos falando do interesse que ele desperta. (*A Gazeta Esportiva*, 29 jun. 1934.)

> O prélio [brancos *versus* pretos] terá lugar no Estádio do Pacaembu, à noite, em benefício do Sanatório Maria Auxiliadora. (*A Gazeta Esportiva*, 20 maio 1940.)

Tais prélios, festejados na imprensa esportiva local como índice de civilidade, tolerância e altivez moral e humanitária, uma vez que também se prestavam a exibições beneficentes de todo tipo, revelam o modo pelo qual as questões étnicas foram tratadas como espetáculo de exotização na sociedade brasileira.

Essa divisão fenotípica do futebol visava, de maneira extravagante, enaltecer ambos os conjuntos naquilo que de melhor poderiam revelar dos atributos inatos tanto de brancos quanto de pretos. Poderíamos aferir melhor as potencialidades intelectuais e físicas de cada raça, ainda que por intermédio do esporte, se tomássemos cada conjunto na sua suposta homogeneidade, fazendo que se evidenciassem as qualidades de cada um e, por extensão, do mosaico da cultura esportiva nacional.

Se, em princípio, os jogos entre pretos e brancos tencionavam celebrar nossa mistura de cores e a propalada confraternização racial, por outro lado, ao confrontar atributos tecnoesportivos e corporais recortados exclusivamente pela dimensão da cor, expunham e maximizavam representações estereotipadas há muito arraigadas na cultura brasileira. Tais jogos deixaram de receber cobertura jornalística sistemática após os anos de 1940 – ao menos é o que se constata num sobrevôo pela imprensa esportiva nas décadas posteriores. Mas é significativo reiterar que a questão racial voltaria às páginas dos jornais em virtude de outras formas de expressar o preconceito, certamente menos espetaculares, porém tão essencializadas quanto os embates anuais entre as seleções "pretas" e "brancas".

Entre 1955 e 1957, a seleção comandada por Didi fez 42 jogos amistosos, o que lhe garantiu maior conhecimento de outros estilos de jogar e melhor internalização do decoro esportivo universal imposto pelas regras.

Assim, *Manchete Esportiva* destacava, em primeira página, a excursão inédita de um selecionado pelo exterior:

> Parte o scratch para fazer a Europa. Compromissos difíceis e muitos. Vamos bi-campeões pan-americanos. Vamos sob títulos de rápidos, esfuziantes, infiltradores. Vamos portanto cheios de responsabilidades. Flávio comandará um plantel que chamou de força máxima. Discordamos. O esquecimento de um gigante que também atende pelo

nome de Edson [Pelé], entre outras falhas, é a mais gritante. Não deixaremos de prestigiá-lo por causa disso. O homem vai bem intencionado e obrigado a trunfo. O plantel pelas exibições que aqui realizou (treinos) mostrou possibilidades. Em Lisboa a maratona terá início. Em Londres a maratona terá fim. Entre esses extremos percorreremos: Suíça, Áustria, Tcheco-Eslováquia (de nome e futebol grandes), Itália (futebol reformado), Turquia com um cartão de visitas perigoso (venceu a Hungria) e finalmente Londres, a terra do futebol enïgmático. Só nos resta aguardar essa tournée. Muita coisa ficará esclarecida. O Brasil, na pior das hipóteses amadurecerá internacionalmente, o que já é bom [...] Vai agora o scratch enfrentar a Europa, e nós ficamos torcendo. ("O Brasil faz a Europa." *Manchete Esportiva*, mar. 1956.)

Foi também, e isto é muito significativo, a primeira seleção a formalizar aquilo que se popularizaria pela expressão "comissão técnica", segundo relatam alguns cronistas, como Alberto Helena Jr.:

> Aliás, vale lembrar que esse negócio de comissão técnica na seleção foi criado por um grupo de jornalistas aqui de São Paulo, composto por Paulo Planet Buarque, Flávio Iazzeti, Ari Silva e Solange Bibas, a quem Paulo Machado de Carvalho [dirigente da delegação, conhecido como "marechal da vitória"] solicitara um plano para a Copa do Mundo de 58. Foi quando tivemos, pela primeira vez, um preparador físico de verdade: o doce truculento Paulo Amaral. (*Folha de S.Paulo*, 2 set. 1998.)

Além das evidentes contribuições técnicas desses métodos de preparação, definidos hoje como pré-temporadas mas até então inéditos para um selecionado brasileiro, deve-se levar em conta que, embora cada vez mais se tenha consolidado o aprimoramento atlético dos jogadores – atualmente ainda mais acelerado e valorizado como prática fundamental e corriqueira na formação de atletas e equipes de excelência no futebol de alto rendimento –, a *máxima* de Didi sintetizou e confirmou, no âmbito das representações, culminando na vitória final sobre a Suécia por 5 a 2, certa configuração e percepção coletiva mais estruturante, que, sem dúvida, possui eficácia ainda hoje, sobretudo no domínio popular.

É provável também, no entanto, que sua conhecida *máxima* tenha sido proferida muito mais por reação momentânea a determinados setores da crítica especializada do que por uma convicção deliberada ou um completo desprezo por treinos coletivos.

Todavia, à revelia de Didi, à sentença se agregariam outros significados numa proporção que só confirmaria, por décadas, a idéia de que a habilidade do jogador brasileiro prescinde de muitos treinamentos, dadas as suas qualidades corporais *inatas*, seu *jeito* e outras representações por demais conhecidas em torno do futebol-arte aqui praticado. O que, de certo modo, fixaria ainda mais as representações historicamente consolidadas de determinada condição racial "privilegiada" na condução das habilidades físicas e dos fundamentos esportivos – mas com diferenças significativas, pois às referidas habilidades se somariam ainda outros atributos morais supostamente ausentes em gerações anteriores.

Embora tais qualidades e representações já viessem sendo sedimentadas no imaginário social desde o aparecimento dos primeiros grandes jogadores (sobretudo os de ascendência negra, logo nas décadas iniciais do século XX, notadamente Arthur Friedenreich, Fausto[24], Leônidas e Domingos da Guia), elas ganhariam uma amplitude ainda mais avassaladora a partir da consagração desse estilo brasileiro com a seleção comandada em campo por Didi. Pois, suspeitava-se, faltava àqueles, embora portadores de habilidades passíveis de admiração, a completude moral necessária para que traduzissem em vitórias mais contundentes o desempenho em campo. Precisariam passar pelo processo simbólico do "embranquecimento" dentro e fora do gramado, incorporando valores sociais e esportivos que, acreditava-se, eram exógenos à sua condição racial.

Até 1958, o jeito e a habilidade inatos consistiam em potencialidades, aspirações, mais do que virtudes. O futebol malabarístico de Leônidas, o "Diamante Negro", maior divulgador da célebre técnica da "bicicleta", havia deixado a crônica esportiva européia muito impressionada na Copa de 1938, realizada na França. Contudo, não se desvencilhara do estigma que acompanhava todo o futebol brasileiro, o de certa ingenuidade pouco adequada ao caráter competitivo do esporte. O Brasil jogava, dava espetáculos; entretanto, na visão de muitos, não mobilizava os valores da competição. A emoção suplantava a razão. A geração de 1950 trazia também jogadores habilidosos de origem negra, tais como Barbosa, Juvenal, Bigode e Zizinho, estigmatizados pela derrota no último jogo da copa, em pleno Maracanã. Em 1954, na Suíça, o futebol brasileiro, já com Didi no time, fora ofuscado pela seleção da Hungria, de Puskas e Kocsis. Deveria esperar ainda mais quatro anos pela consagração maior com um time que marcaria época: Gilmar; Djalma Santos, Bellini, Orlando e Nilton Santos; Zito e Didi; Garrincha, Pelé, Vavá e Zagallo.

Porém, pesavam sobre os destinos da seleção de 1958 as marcas dos insucessos anteriores. Reservas que, instigadas por um discurso racialista difuso, instilavam toda gama de suspeitas de o time brasileiro estar, de fato, amadurecido para uma disputa do quilate de uma copa do mundo.

O drama vivido na copa de 1950 e a derrota final para a seleção uruguaia "em casa" sustentaram, por bom tempo, o estigma de que faltavam aos jogadores brasileiros as qualidades morais, o lastro emocional e os valores competitivos caros à condição de civilidade esportiva, ingredientes necessários para dar sustentação à conquista de um mundial – qualidades minimizadas justamente no interior das classes populares e na população de origem negra, *loci* de arregimentação de grande parte dos jogadores de maior nível técnico para a prática do futebol.

Há na literatura uma razoável produção teórica dedicada à variável racial na constituição das representações do futebol brasileiro.[25] Mas, sem dúvida, o campo esportivo em questão amplificou e iluminou um debate que, a rigor, perpassa toda a história da sociedade e do pensamento social:

> Não é possível negar a existência de todo um idioma simbólico do racismo na sociedade brasileira que se imiscua em vários domínios [...] É preciso situar o surgimento da prática esportiva do futebol no país dentro de todo esse contexto cultural. Nos parece evidente, se assumirmos tal posição, que esse conjunto de representações, essa verdadeira ideologia racial, fatalmente teria de aparecer também no domínio do futebol. (Gordon e Helal, 2001, p. 59 e 61.)

ARQUIVO/FOLHA IMAGEM

DIDI EXIBE AS FAIXAS DE CAMPEÃO CARIOCA (1957) E DO MUNDO (1958).

Alguns autores associam tais representações ou "ideologias raciais" à natureza de nossa organização social alicerçada em princípios hierárquicos – princípios que convivem de maneira tensa com o ideário mais igualitarista próprio das sociedades modernas (Da Matta, 1982). Desse modo, ganhar ou perder no contexto do esporte mais popular no Brasil significaria alterar valores caros à hierarquia.

Um fracasso, mesmo que individual – aliás possível num jogo de futebol –, reverberaria como um *drama* ao longo da cadeia hierárquica, amplificando os valores positivos ou negativos que cimentam a estrutura social. A derrocada de um se tornaria a derrocada de todos, ou no mínimo o comprometimento da autopercepção do todo social.

A resolução dos conflitos numa estrutura social dessa natureza carregaria um forte componente expiatório coletivo, necessário para a resolução dos conflitos, dos *dramas*, a fim de que fosse restabelecido o princípio da *communitas*[26]. Essa hierarquia de indivíduos e grupos atuaria também no plano dos valores e das representações, em que determinadas qualidades são muito valorizadas, em detrimento de outras, daí a indissociabilidade, no que concerne ao futebol, dos atributos técnicos, emocionais e morais como formadores da pessoa do jogador.

Cobravam-se dos jogadores os predicados de um *homem total*, dado o seu papel fundamental no futebol, igualmente tomado como um *fato social total*, pois mobilizador de toda uma sociedade, concebida na sua dimensão holista numa estrutura hierárquica imaginada e vivida.[27]

As crônicas de Nelson Rodrigues coadunam-se com essa percepção coletiva dramática, pois ele a captou como ninguém ao discorrer sobre o embate travado entre as potencialidades "naturais" para a prática do futebol e o caráter pouco pragmático de consumá-las em efetivas vitórias.

Nelson Rodrigues previu em 1958 que, a despeito do pessimismo de muitos cronistas da época, o título seria conquistado, superando aquilo que ele denominava de "complexo de vira-latas", uma alegoria que usava todas as vezes que a seleção sucumbia ante os adversários. Mas a novidade aí era de que estava presente um viés racial invertido, reposto como qualidade e não defeito de nossa constituição social.

O escritor insistia em que éramos sempre melhores *a priori*[28] e dizia que somente certos desvios na personalidade coletiva – excessiva humildade contraposta à superestima que tínhamos dos "outros" – é que nos faziam perder.

O "complexo de vira-latas", portanto, seria uma espécie de descrédito ontológico nas qualidades do homem brasileiro – e metáfora muito utilizada sempre que a seleção não agradava à crônica esportiva. "Complexo de vira-latas" foi a última crônica escrita por Nelson Rodrigues antes da estréia do Brasil no mundial da Suécia.

No Brasil, jogava-se, torcia-se e vivenciava-se o futebol pautado nas qualidades sensíveis do estilo supostamente *inato* e suas correlatas representações, tornadas exeqüíveis finalmente na vitória, como um devir esportivo, a partir da convergência destas dimensões até então descompassadas no imaginário social: tínhamos jeito, porém não sabíamos traduzi-lo em vitória.[29]

A literatura acadêmica também explorou amplamente essa argumentação, como podemos notar em Vogel:

> A partida Brasil × Uruguai [na final de 1950] pode ser equacionada como um confronto da superioridade técnica com a superioridade moral. A última saiu vencedora, o que demonstra o seu caráter decisivo. O aspecto agonístico das grandes competições exige mais do que um conjunto de aptidões técnicas. A determinação de ganhar do adversário é essencial. Uma partida de futebol é bem mais do que uma aferição comparativa de repertórios e criatividades ao nível das técnicas do corpo. É um combate entre personalidades morais. (Vogel, 1982, p. 97.)

Em 1950, a possível falha do goleiro negro Barbosa, sobretudo no segundo gol, que deu a vitória aos uruguaios, levou à percepção de que a falha, na verdade, fora coletiva, tomada de maneira metonímica como um revés de todo um povo, ou de parte substantiva desse povo – os indivíduos das classes populares de origem negra.

Posteriormente, o malogro da atuação de Didi em 1954, guardadas as circunstâncias e proporções em relação à derrota de 1950, surtiu efeito semelhante, e todo o coletivo foi responsabilizado – o que voltaria a assombrar, ainda que de modo sub-reptício, a Copa de 1958. Isso porque surgiria, na grande imprensa, a suspeita de que circulava nos corredores da CBD[30] uma espécie de dossiê negro, ou mais precisamente "o relatório dos negros", em que, supostamente, eram apontadas as fraquezas de caráter dos futebolistas "de cor". E pouco importa, na realidade, a veracidade da existência de tal relatório, pois o que ficou foi o boato a respeito dela, mais do que suficiente para demonstrar a eficácia do discurso acusatório e preconceituoso. Tal como narra Roberto Porto em suas impressões mais pessoais:

> Há jornalistas que garantem que a entidade da rua da Alfândega tinha em seu poder um relatório secretíssimo, escrito logo após o fracasso na Copa do Mundo da Suíça, em 1954, desaconselhando a convocação de jogadores negros para a seleção brasileira. Ninguém tem prova desse tal relatório, mas, conhecendo a velha CBD como conheci, tenho a mais absoluta e concreta das certezas de que ele existiu e tinha um alvo específico: Didi. (Porto, 2001, p. 89.)

Entretanto, depois do sucesso na copa da Suécia, jeito, habilidade e qualidades morais positivas de certa condição étnica e classe se fixariam no imaginário como aspectos quase indeléveis de identificação de uma modalidade esportiva e de suas várias expressões no jogar, extravasando as fronteiras do futebol profissional.

Aquela frase de Didi, um vaticínio moral, pode, então, ser compreendida, tal qual sua técnica corporal demonstrava dentro de campo, como um poderoso catalisador simbólico. Embora esse processo de conversão da mera prática esportiva em símbolo de identidade já viesse sendo gestado havia muito tempo em torno das representações sobre o futebol, como demonstram alguns autores[31], o pronunciamento daquela *máxima*, às vésperas da inauguração de um ciclo de vitórias expressivas que se seguiriam à da copa da Suécia, ganharia uma *eficácia simbólica* que sensibilizaria e transcenderia os limites de um mero anseio coletivo. O ano de 1958 se revestiria de uma potência mítica, capaz de fixar uma tradição que tenta perpetuar-se até hoje.

Os acontecimentos de 1958, "jogados" nessa dimensão estruturante, delimitam, sem dúvida, um contexto importantíssimo para a confirmação do futebol como índice de identidade nacional e a consagração do futebol "multirracial", definindo esse processo de identificação como uma construção que opera em dois sentidos, para dentro e para fora, engendrada sempre de modo relacional, como indica Montes:

> Quando analisamos [...] a questão da identidade percebemos que ela é um processo de construção que não é compreensível fora da dinâmica que rege a vida de um grupo social em sua relação com outros grupos distintos. Assim, percebemos que é impossível pensar a identidade

como coisa, como permanência estática de algo que é sempre igual a si mesmo, seja nos indivíduos, seja nas sociedades e nas culturas. (Montes, 1996, p. 56.)

O reconhecimento do outro como referencial contrastivo ampliou-se consideravelmente, uma vez que os títulos do selecionado brasileiro mais importantes até então se restringiam aos torneios sul-americanos ou pan-americanos, basicamente. O próprio Didi havia participado do primeiro título conquistado fora do país, o Pan-Americano de 1952.

Faltava ainda nesse currículo uma conquista internacional da magnitude simbólica de uma copa do mundo. Em 1956, numa entrevista da revista *Manchete Esportiva* com um importante técnico brasileiro, Zezé Moreira, pairava no ar uma pergunta à época sem resposta: "Será mesmo do Brasil a patente do vice-campeonato? De que precisa o Brasil para ser campeão do mundo?"[32]

A partir de 1958, com o reconhecimento imediato, ao menos dentro de campo, de Didi, Vavá, Nilton Santos e tantos outros jogadores (Pelé e Garrincha despontariam no terceiro jogo), o Brasil consolidaria "para fora" a imagem de país do futebol.[33] E, "para dentro", confirmaria o vaticínio de um futebol marcado pela técnica individual, revelada num *estilo* de "marca brasileira" e amplificando ainda mais as representações da idéia de alma, jeito, habilidade inata, caráter nacional, mas sem ocultar os desdobramentos sociais e simbólicos do fenômeno da raça e do processo tenso e negociado de encontro entre grupos, etnias e classes sociais.

A carreira de Didi seguiria vitoriosa após o triunfo com a seleção em 1958, alcançando outros mercados esportivos – razão pela qual procurava capacitar-se num futebol que já aspirava à internacionalização. Aprendeu a ler, e bem, "em francês e espanhol, para não ser iludido na assinatura dos contratos no exterior"[34].

Um ano depois da primeira grande conquista de expressão internacional, porém, Didi experimentaria uma rápida passagem malograda pelo Real Madrid, time então considerado o melhor do mundo, pois chegara ao final dos anos de 1950 com o *status* de pentacampeão. Jogaria ao lado de Di Stefano, ídolo argentino naturalizado espanhol, tido como "dono" do time – mais um episódio da intolerância racial, agora num contexto transcultural. Mas é curioso que Didi se calasse sobre esses motivos étnicos, optando por explicações de natureza subjetiva para explicar por que fora preterido no time:

> O único clube onde eu tinha vontade de jogar [além do Botafogo e da seleção brasileira] era o Real Madrid, porque sempre teve "seleção", mas tive problemas com Di Stefano. Acho que ele estava certo, era um jogador que em quatro, cinco anos no clube levantou o Real Madrid, ganhou copas na Europa, e ficou enciumado. Eu saí da seleção como o melhor jogador da Copa do Mundo de 58, e tal, e chegamos para um jogo na Alemanha e vieram com duas mil e quinhentas fotografias pra eu autografar. Ele ficou enciumado com aquilo. Aí fiquei na Espanha só um ano e três meses, procurei voltar ao Brasil antes do final do contrato e recuperei minha posição na seleção brasileira. Naquela época, o jogador que militava fora dificilmente era convocado. (*Bundas*, *op. cit.*)

Único negro do time do Real, não resistiu às pressões que colocavam em permanente dúvida as características de seu futebol, considerado tanto lento demais para os padrões europeus quanto excessivamente espontâneo, tal como relata o próprio jogador:

> No Real Madrid, eu tentava calcular a folha-seca de acordo com o vento que soprava no estádio. Pra isso treinava muito, mas não revelava o segredo a ninguém. Todos achavam que era por acaso.[35]

Mais uma vez, fundiam-se no discurso e na prática as qualidades técnicas e o estilo de jogo com traços fenotípicos e atributos morais. Entretanto, nesse outro contexto cultural, tal mistura se revelaria mais explosiva e excludente que os mecanismos inclusivos do "preconceito de marca" à brasileira. Didi foi, praticamente, banido do time madrileno. Chegou até mesmo a ser considerada fortuita a vitória brasileira no mundial de 1958. Afinal, como uma seleção poderia sagrar-se campeã tendo como armador principal do time um jogador tão lento e dispersivo?

Contrariando os estereótipos, Didi estaria novamente na campanha do bicampeonato em 1962, no mundial do Chile. Mas, aí, quem brilhou mais foram outros jogadores racialmente "misturados": Garrincha, Amarildo...

Didi jogou até 1966, mas com algumas interrupções que o fizeram experimentar a carreira de treinador de futebol, primeiro no Peru, depois no México. Conseguiria, em 1969, a proeza de levar a seleção peruana às finais da copa do mundo realizada no México. Seu time encontraria outro selecionado brasileiro "multirracial" pelo caminho, de Pelé, Tostão, Jairzinho, Rivelino, Gérson, Clodoaldo e outros.

ARQUIVO / FOLHA IMAGEM

DIDI, JÁ MAIS VELHO, EM ENTREVISTA À *FOLHA DE S.PAULO*.

Roberto Porto, em volume dedicado ao jogador que integra a Coleção Perfis do Rio, narra, numa versão que certamente mistura memória pessoal, admiração e objetividade jornalística, mais um episódio revelador de como Didi, agora ostentando o *status* de técnico de futebol, assumia outra condição social na contigüidade de sua condição étnica.

Embora extenso, vale a pena reproduzir todo o fragmento e observar na fala do ex-atleta os cuidados com que conduzia sua imagem, para si e para os outros, construída na confluência negociada entre os aspectos físicos da sua condição racial e os valores sociais advindos da evidente ascendência social que experimentava.

Paradoxalmente, como que acrescentando mais um elemento complicador ao entendimento das formas assumidas pelo preconceito à brasileira, Didi soube, ao menos, tirar proveito, ainda que individualmente, das brechas que tal sistema oferecia:

> Certa vez, já como treinador mas em plena forma física, Didi veio ao Brasil e foi visitado no Hotel Novo Mundo por seu antigo companheiro Pinheiro, dos velhos tempos do Fluminense e da Seleção Brasileira. O mestre ocupava uma suíte e obrigou Pinheiro a esperá-lo um bom tempo. Lá pelas tantas, Didi apareceu de robe de chambre bordado, cor de vinho, e provocou um tremendo espanto em Pinheiro:
> – O que é isso, crioulo, ficou besta? – perguntou o ex-companheiro.
> Falando na voz pausada de sempre, Didi, sério, respondeu:
> – Olha aqui, Pinheiro, em primeiro lugar vamos acabar com essa história de crioulo. Eu era crioulo quando jogava futebol com você. Hoje sou um treinador de respeito e exijo um tratamento melhor. Que tal senhor Didi ou outra coisa do gênero?
> Pinheiro deixou o Hotel Novo Mundo estarrecido. (Porto, 2001, p. 129-130.)

Mesmo após o seu afastamento definitivo do futebol, já com o corpo entregue a cuidados médicos freqüentes devido a uma artrose na coluna vertebral, que o confinava a uma cadeira de rodas, a imagem de Didi continuou a ser alvo de disputas simbólicas veladas, reveladoras das fissuras sociais, étnicas e de classe que marcaram vivamente sua carreira e impregnaram o universo competitivo elitista e excludente do futebol.

Seu nome ecoa em vários espaços sociais, seja pela ovação e reverência nostálgica ou até mesmo por intermédio de um incômodo silêncio: nos circuitos profissionais da prática do futebol pelo mundo, nas arquibancadas, lugares de avivamento permanente da condição torcedora, ou até mesmo no distante circuito acadêmico universitário.

Em 1995, foi homenageado pelo Núcleo de Sociologia do Futebol, da Universidade do Estado do Rio de Janeiro. E mais:

Durante um bom tempo (mais de um ano, entre 1994 e quase 1996) circulou no RJ um jornal esportivo chamado *Folha-Seca*, cujo editor era o Nelson Rodrigues Filho. Era distribuído nas arquibancadas do Maracanã e vendido nas bancas e era uma assumida homenagem ao Didi. A epígrafe do jornal era uma declaração do Didi agradecendo a homenagem.[36]

Atualmente, no estádio Santiago Bernabeu, sede do Real Madrid, existe um museu com uma galeria de grandes fotos dos maiores jogadores que integraram os sucessivos times do clube espanhol. Há um conjunto de imagens dos estrangeiros que atuaram no Real, porém, até princípios de 2002, não havia nenhuma referência a Didi. Mas sua passagem conturbada pelo futebol europeu, silenciada de maneira sintomática no clube que primeiro o contratou no exterior, consta das referências em instituições futebolísticas internacionais, tais como a Fifa e a Uefa[37].

No Brasil, uma das últimas homenagens institucionais simbolicamente relevantes que lhe foram prestadas em vida ocorreu somente em 2000, quando se descerrou no estádio do Maracanã uma placa comemorativa dos seus feitos futebolísticos pelos gramados do país e do mundo.

Se, em 12 de maio de 2001, aos 73 anos, o câncer pôs fim à sua vida, aliás, um mês e alguns dias antes do falecimento da própria esposa, Guiomar, a memória de Didi sinaliza um significativo regime de permanências. Primeiro, permanência de um futebol dependente de sua inserção popular, à revelia das demandas modernizantes e tecnicistas tão em voga a partir dos anos de 1990 do século XX; segundo, permanência de uma sociedade que atualiza seu devir histórico por intermédio de um sistema social e uma moldura estrutural simbólica inclusivos.

Notas

1. Didi costumava calçar a chuteira esquerda de Zagallo, um número menor que a dele, para garantir maior precisão no chute, tal como relata no depoimento dado ao Núcleo de Sociologia do Futebol (Uerj), em 1994.

2. Para uma análise sobre a teoria durkheimiana das representações individuais e sociais, consulte Pinheiro Filho (1996).
3. A correlação entre o processo industrial e a prática do futebol no Brasil é significativa na história social do esporte. Veja mais detalhes, por exemplo, em Leite Lopes e Maresca (1992), sobre a trajetória de Garrincha como jogador de fábrica; consulte Antunes (1992; 1996) para uma análise do futebol de fábrica na cidade de São Paulo.
4. Uma denúncia interessante e pioneira do amadorismo está na autobiografia do jogador Floriano Peixoto Corrêa. Veja mais detalhes do seu desdobramento no campo esportivo em Toledo (2002).
5. Para verificar os fatos da vida e carreira de Didi, consulte, entre outros, *Futebol ao sol e à sombra* (Galeano, 1997), *Inverno de 93: dias de alegrias e tormentos* (Moura, 1994), *A estrela solitária* (Castro, 1996), *Didi, o gênio da folha seca* (Ribeiro, 1993) e *Didi*, da Coleção Perfis do Rio (Porto, 2001). Outros dados também em "A seleção brasileira de todos os tempos", volume especial da revista *Realidade* (1970), "A história ilustrada do futebol brasileiro", v. 4 (Rio de Janeiro: editora Documentação Brasileira, 1970); *Placar* nº 1.097. No *site* www.futeboltotal.com.br, Didi integra uma lista dos cinqüenta maiores jogadores brasileiros de todos os tempos.
6. Destaquem-se as reflexões e os *insights* de Da Matta (1982), que impulsionaram sobremaneira os estudos sobre futebol.
7. A propósito, consulte Cavalcanti (1999) e Queiroz (1996).
8. Pode-se ver uma boa reconstituição de alguns momentos da carreira de Paulo César no documentário *Futebol*, programa 3, dirigido por Arthur Fontes e João Moreira Salles.
9. Nos seus termos, podemos tomar a noção de *habitus* "como sistema de esquemas adquiridos que funciona no nível prático como categorias de percepção e apreciação, ou como princípios de classificação e simultaneamente como princípios organizadores da ação" (Bourdieu, 1990, p. 26). Além de um conjunto de regras que orientam os agentes, o *habitus* impõe a noção de estratégia, que, por sua vez, remete à dimensão da competitividade e do poder, tomados como um jogo social inscrito nas disposições dos agentes (Bourdieu, 1990, p. 82).
10. *O Globo*, 22 jun. 2001.
11. www.futbrasil.com.
12. Ribeiro, 1993; www.futeboltotal.com.br (grifo meu).
13. Ribeiro, 1993, p. 38. Visão que inspirou até mesmo o cronista e poeta Paulo Mendes Campos, citado, em *Didi, coisa mental*: "Da Vinci mudou a ótica estética ao dizer que a pintura é coisa mental. Didi, mais que ninguém, introduziu no futebol o poder da inteligência. Não foi

um espontâneo, um inspirado, um romântico; foi o cerebral, o racionalista, o clássico".

14. Os soviéticos foram os terceiros adversários dos brasileiros na copa de 1958. O Brasil venceu por 2 a 0 essa partida em que Pelé e Garrincha estrearam como titulares da seleção.
15. É claro que a problemática racial como temática acompanha boa parte do pensamento social brasileiro. Vejamos uma periodização resumida por Cavalcanti: "situado entre fins do século XIX e as décadas de 30 e 40 [do século passado], o primeiro período seria o dos antecessores. Sua produção intelectual heterogênea abrange tanto precursores das nossas atuais disciplinas, como Nina Rodrigues e Euclides da Cunha, entre outros, quanto autores já próximos da formação especializada, mas cujo estilo narrativo ensaístico se distinguiria dos cânones das vindouras ciências sociais, como Gilberto Freyre e Sérgio Buarque de Hollanda. Um segundo momento se iniciaria com a institucionalização, se estendendo até a reforma do ensino superior, em 1960 [que compreende o período aqui citado]. Nele se destaca a criação da Escola Livre de Sociologia e Política (1933), da Faculdade de Filosofia, Ciências e Letras da Universidade de São Paulo (1934) e das Faculdades Nacionais de Filosofia, a partir de 1939. Corrêa (1987:21) chama a atenção para o papel crucial então desempenhado pelos grandes projetos de pesquisa realizados na forma de parceria entre diferentes centros e universidades brasileiras, universidades norte-americanas e agências internacionais de fomento" (Cavalcanti, 1996, p. 6). A destacar, para contextualizar os nossos propósitos aqui, o Projeto Unesco das Relações Raciais. Para uma verificação dos resultados de algumas dessas pesquisas, consulte, por exemplo, o volume *Relações raciais entre negros e brancos em São Paulo*, organizado por Roger Bastide e Florestan Fernandes (1955). Pode-se consultar em Peixoto (2000) uma breve análise que mostra as nuanças entre os projetos intelectuais envolvidos no referido projeto, apontando as divergências existentes entre os pesquisadores responsáveis (Fernandes e Bastide, sobretudo).
16. Três ensaios reunidos em *Negro, macumba e futebol* (1993). No texto sobre a situação dos negros no Brasil, Rosenfeld recorreu às pesquisas então em voga, citando autores como Florestan Fernandes, Oracy Nogueira e Donald Pierson. Antes dele, Gilberto Freyre havia escrito o prefácio de *O negro no futebol brasileiro*, de Mário Filho.
17. Período conhecido como "anos JK", os "anos dourados", aludindo às realizações do presidente Juscelino Kubitschek e ao seu projeto de modernização do país.
18. Uso a expressão utilizada por Leite Lopes (1997).

19. *O Estado de S. Paulo*, 16 maio 1993.
20. Mas há quem afirme que a famosa frase é de autoria anônima (www.cearamoleque.hpg.ig.com.br).
21. "Didi, o Mister Futebol, encanta os suecos. Memória da Copa." *O Estado de S. Paulo*, 21 abr. 1998.
22. Para uma análise dessa nova configuração da divisão social do trabalho no campo futebolístico, veja Toledo (2002).
23. Pode-se consultar em Toledo (2002) uma análise mais cuidadosa sobre as implicações simbólicas das regras.
24. Friedenreich, Fried ou "El Tigre", como era conhecido, foi um dos mais importantes jogadores do período amador. Atuou na seleção brasileira no Sul-Americano de 1919, estabelecendo o placar de 1 a 0 e marcando a primeira vitória de um selecionado contra os uruguaios. Para a compreensão da história social do futebol brasileiro, é fundamental a trajetória profissional de Fausto dos Santos, apelidado "Maravilha Negra". Um dos primeiros jogadores a bradar contra as condições precárias em que viviam os jogadores no regime ambíguo do amadorismo, seguidamente reivindicou seus direitos e melhores condições de trabalho no futebol. Atuou em times nacionais e estrangeiros.
25. Alguns trabalhos discutiram a popularidade do futebol da perspectiva da complexa problemática das relações raciais no Brasil. Um ensaio pioneiro foi o de Anatol Rosenfeld, *Negro, macumba e futebol* (1993). *O negro no futebol brasileiro*, do jornalista Mário Filho, prefaciado por Gilberto Freyre, é outro trabalho importantíssimo. Nas ciências sociais, entre os estudos que discutem o futebol sob o enfoque étnico estão os de Gordon, 1995 e 1996; Murad, 1994 e 1999; Leite Lopes, 1997; Souza, 1996; Pereira, 2000.
26. Tal como enfatiza Da Matta (1977), utilizando-se do par conceitual *estrutura* e *communitas* proposto por Victor Turner (1974 [1969]), observam-se, na sociedade brasileira, tanto as situações configuradas pelo ritmo da estrutura, em que os aspectos da permanência da hierarquia se fazem presentes, ou seja, *status*, autoridade, obediência, quanto momentos em que se evidenciam o espírito da *communitas*, que permite a percepção e vivência mais horizontalizada das relações sociais, celebração de uma igualdade, ainda que imaginada, fortalecimento dos laços pessoais etc.
27. O *fato social total* consiste numa abordagem etnográfica e num princípio de método concebido por Marcel Mauss ao tratar das sociedades ditas primitivas. Um fato só é *total* na medida em que estabelecemos o princípio de tomar o social como realidade sistêmica, que agrega as vá-

rias dimensões da vida em sociedade (política, jurídica, econômica etc.). Mas deve ser observado no plano e na experiência individual (*homem total*), pois somente nas experiências concretas poderemos atingir a dinâmica das várias dimensões em jogo. Glosando Marcel Mauss, não é o futebol a realidade a ser observada, ou as representações em si – futebol-arte, futebol-força –, mas o jogador, o torcedor, o dirigente, enfim, deste ou daquele time, estado ou país, tomados como realidades culturais sintéticas. Para um aprofundamento teórico sobre a noção de "homem total" e "fato social total" no interior de sociedades holistas, consulte Mauss (1974) e as observações de Lévi-Strauss na introdução do mesmo volume.

28. Mas o fracasso em 1950 não pode ser visto como mera obra do acaso, tal como afirmam alguns cronistas, por exemplo Porto (2001). O time do Uruguai já havia batido o Brasil em ocasiões anteriores, advertindo-nos da dificuldade que seria enfrentá-los.
29. Por ocasião da Copa de 1994, o jornal *Folha de S.Paulo* publicou uma série de encartes narrando alguns fatos das copas anteriores. No fascículo correspondente à vitória de 1958, repete no título aquela dimensão do devir: *O Brasil aprende a vencer*, como se a vitória já estivesse inscrita na história, como possibilidade dada. Esse aprendizado passaria pelo controle das emoções e dos excessos, já que futebol sempre "sobrou" nos pés dos jogadores nacionais.
30. Confederação Brasileira de Desportos, hoje Confederação Brasileira de Futebol (CBF).
31. A primeira grande partida que tomou conta de um número expressivo de torcedores e aficionados em relação a um selecionado brasileiro foi a vitória em 1916 num torneio sul-americano ocorrido no Brasil. Consulte Pereira (2000) a respeito dessa *sociogênese*, que revela um processo de transformação do futebol de fenômeno de distinção social em símbolo nacional.
32. *Manchete Esportiva*, nº 19, mar. 1956.
33. A Copa de 1958 seria ainda marcada por um acontecimento singular que se popularizou entre quase todas as modalidades esportivas. O gesto do capitão Bellini, ao erguer a Taça Jules Rimet para que os fotógrafos registrassem melhor o momento da solenidade de entrega do troféu, ficou imortalizado e virou sinônimo de comemoração e vitória. Para uma análise sobre a construção dos sentidos na relação entre o uso da imagem e a recepção, consulte Melo (1999).
34. Depoimento de Didi ao sociólogo Mauricio Murad, registrado em vídeo e disponível no Núcleo de Sociologia do Futebol, da Universidade do Estado do Rio de Janeiro.

35. Depoimento a Mauricio Murad.
36. Comunicação pessoal que recebi de Mauricio Murad pela internet, em outubro de 2002.
37. Respectivamente, Federação Internacional de Associação de Futebol e União Européia de Futebol.

Bibliografia

ANTUNES, Fátima M. R. F. *Futebol de fábrica em São Paulo*. 1992. Dissertação de mestrado – Faculdade de Filosofia, Letras e Ciências Humanas da Universidade de São Paulo, São Paulo.

______. "O futebol na Light & Power de São Paulo." 1996. Pesquisa de campo nº 3/4 – Eduerj, Rio de Janeiro.

BOURDIEU, Pierre. "A gênese dos conceitos de *habitus* e de campo." In: BOURDIEU, P. *O poder simbólico*. Lisboa: Difel, 1989.

______. *Coisas ditas*. São Paulo: Brasiliense, 1990.

CALAZANS, Fernando. "O nosso futebol." Rio de Janeiro: Mauad Consultoria e Planejamento Editorial, 1998.

CAMPOS, Paulo Mendes. *O gol é necessário. Crônicas esportivas*. Rio de Janeiro: Civilização Brasileira, 2000.

CASTRO, Ruy. *A estrela solitária*. São Paulo: Companhia das Letras, 1996.

______. *Ela é carioca. Uma enciclopédia de Ipanema*. Rio de Janeiro: Companhia das Letras, 1999.

CAVALCANTI, Maria Laura Viveiros de Castro. "Oracy Nogueira e a antropologia no Brasil: o estudo do estigma e do preconceito racial." *Revista Brasileira de Ciências Sociais, Anpocs*, São Paulo, nº 31, 1996.

______. "Preconceito de marca. Etnografia e relações raciais." *Revista Tempo Social: revista de sociologia da USP*, São Paulo, 11(1), maio 1999.

CORRÊA, Floriano Peixoto. *Grandezas e misérias do nosso futebol*. Rio de Janeiro: Hermano Editores, 1933.

CORRÊA, Mariza. *História da antropologia no Brasil (1930-1960)*. São Paulo/Campinas: Vértice, 1987.

DA MATTA, Roberto. *Ensaios de antropologia estrutural*. Petrópolis: Vozes, 1977.

______. "Esporte e sociedade: um ensaio sobre o futebol brasileiro". In: DA MATTA *et al.* (orgs.). *Universo do futebol*. Rio de Janeiro: Pinakotheke, 1982.

DIDI. In: "A seleção brasileira de todos os tempos". *Revista Realidade*. São Paulo: Abril, 1970.

ELIAS, Norbert. *A sociedade da corte*. Lisboa: Estampa, 1983.

______. "O lazer no espectro do tempo livre." In: *Em busca da excitação*. Lisboa: Difel, 1990.

GALEANO, Eduardo. "O mundial de 58; Didi; Didi e ela." In: *Futebol ao sol e à sombra*. São Paulo: L&PM, 1997.

GEERTZ, Cliffort. *A interpretação das culturas*. Rio de Janeiro: Guanabara, 1989.

GIL, Gilson. "O drama do futebol-arte: o debate sobre a seleção nos anos 70." *Revista Anpocs*, São Paulo, nº 25, 1994.

GORDON, César. "História social dos negros no futebol brasileiro." 1995. Pesquisa de campo nº 2 – Eduerj, Rio de Janeiro.

______. "Eu já fui preto e sei o que é isso. História social dos negros no futebol brasileiro: segundo tempo." 1996. Pesquisa de campo nº 3/4 – Eduerj, Rio de Janeiro.

GORDON, César; HELAL, Ronaldo. "Sociologia, história e romance na construção da identidade nacional através do futebol." In: HELAL, R.; SOARES, J.; LOVISOLO, H. *A invenção do país do futebol – mídia, raça e idolatria*. Rio de Janeiro: Mauad, 2001.

LEITE LOPES, José S.; MARESCA, Sylvain. "A morte da alegria do povo." *Revista Anpocs*, São Paulo, nº 20, 1992.

LEITE LOPES, José Sérgio. "Successes and contraditions in 'multiracial' Brazilian football." In: ARMSTRONG, G.; GIULIANOTTI, R. (eds.). *Entering the field. New perspectives on world football*. Nova York: Oxford, 1997.

LÉVI-STRAUSS, Claude. "Introdução à obra de Marcel Mauss." In: MAUSS, Marcel. *Sociologia e antropologia*. São Paulo: Edusp, 1974.

______. *Mito e significado*. Rio de Janeiro: Edições 70, 1978.

LOPES, Nei. *Enciclopédia brasileira da diáspora africana*. São Paulo: Selo Negro, 2002.

MAUSS, Marcel. *Sociologia e antropologia*. São Paulo: Edusp, 1974.

Melo, Teresa. "Leituras do registro da imagem no universo do futebol." *Arte e cultura da América Latina. Revista da Sociedade Científica de Estudos das Artes*, São Paulo, v. VI, nº 1, 1999.

MONTES, Maria Lúcia A. "Raça e identidade: entre o espelho, a invenção e a ideologia." In: SCHWARCZ, Lilia K. Moritz; QUEIROZ, Renato da Silva (orgs.). *Raça e diversidade*. São Paulo: Edusp, 1996.

MOURA, Gisele de Araújo. *O Rio corre para o Maracanã*. Rio de Janeiro: Fundação Getúlio Vargas Editora, 1998.

MOURA, Roberto. "Inverno de 93: dias de alegrias e tormentos." 1994. Pesquisa de campo nº 0 – Eduerj, Rio de Janeiro.

MURAD, Mauricio. "Corpo, magia e alienação." 1994. Pesquisa de campo nº 0 – Eduerj, Rio de Janeiro.

______. *Dos pés à cabeça. Elementos básicos de sociologia do futebol*. Rio de Janeiro: Irradiação Cultural, 1996.

______. "Considerações possíveis de uma resposta necessária." *Estudos Históricos*, nº 24, 1999.

NOGUEIRA, Armando. "Na grande área." *O Estado de S. Paulo*, São Paulo, 16 maio 1993.

NOGUEIRA, Oracy. "Relações raciais no município de Itapetininga." In: FERNANDES, Florestan; BASTIDE, Roger (orgs.). *Relações raciais entre negros e brancos em São Paulo*. São Paulo: Anhembi, 1955. Reeditado: *Preconceito de marca: as relações raciais em Itapetininga*. São Paulo: Edusp, 1998.

OSTERMANN, Ruy Carlos; CABRAL, Cid Pinheiro. *O admirável futebol brasileiro – a história da evolução e das grandes passagens do futebol brasileiro*. Porto Alegre: Gaúcha, Gráfica e Editora Jornalística, 1970.

PEIXOTO, Fernanda Arêas. "As relações raciais em São Paulo: articulações entre o 'velho' e o 'novo'." *Diálogos Brasileiros. Uma análise da obra de Roger Bastide*. São Paulo: Edusp/Fapesp, 2000.

PERDIGÃO, Paulo. *Anatomia de uma derrota*. São Paulo: L&PM, 1986.

PEREIRA, Leonardo. *Football mania: uma história social do futebol no Rio de Janeiro, 1902-1938*. Rio de Janeiro: Nova Fronteira, 2000.

PINHEIRO FILHO, Fernando A. *Mente do todo: o encontro da sociologia durkheimiana com a questão do tempo*. 1996. Dissertação de mestrado – Faculdade de Filosofia, Letras e Ciências Humanas da USP, São Paulo.

PONTE PRETA, Stanislaw [Sergio Porto]. *Bola na rede: a batalha do bi*. Rio de Janeiro: Civilização Brasileira, 1993.

PORTO, Roberto. *Didi*. Rio de Janeiro: Relume-Dumará/Secretaria da Cultura, Coleção Perfis do Rio, 2001.

QUEIROZ, Renato da Silva. "Tanto preto quanto branco, mas sobretudo pretos: homenagem a Oracy Nogueira." In: SCHWARCZ, Lilia K. Moritz; QUEIROZ, Renato da Silva (orgs.). *Raça e diversidade*. São Paulo: Edusp, 1996.

RIBEIRO, Péris. *Didi, o gênio da folha-seca*. Rio de Janeiro: Imago, 1993.

RODRIGUES FILHO, Mario. *O negro no futebol brasileiro*. Rio de Janeiro: Irmãos Pongetti, 1947.

______. "Didi dos nossos sonhos; no peito, na raça e no futebol." In: *O Sapo de Arubinha. Os anos de sonho do futebol brasileiro*. São Paulo: Companhia das Letras, 1994.

RODRIGUES FILHO, Mario; RODRIGUES, Nelson. *Fla-Flu... e as multidões despertaram*. Rio de Janeiro: Europa, 1987.

RODRIGUES, Nelson. "Didi sem Guiomar"; "Morrendo ao pé do rádio"; "À sombra dos crioulões em flor"; "O mais carioca dos times". In: *Às sombras das chuteiras imortais – crônicas de futebol*. São Paulo: Companhia das Letras, 1993.

______. "Complexo de vira latas"; "Didi de Miguel Ângelo". In: *A pátria em chuteiras. Novas crônicas de futebol*. São Paulo: Companhia das Letras, 1994.

ROSENFELD, Anatol. *Negro, macumba e futebol*. São Paulo: Edusp/Perspectiva, 1993.

SCHWARCZ, Lilia Moritz. *Racismo no Brasil*. São Paulo: Publifolha, 2001.

SOARES, Antônio Jorge G. "História e invenção de tradições no futebol brasileiro." In: *A invenção do país do futebol – mídia, raça e idolatria*. Rio de Janeiro: Mauad, 2001.

SOUZA, Marcos Alves. *A "nação em chuteiras": raça e masculinidade no futebol brasileiro*. Brasília: UnB, Série Antropologia, 1996.

TOLEDO, Luiz Henrique de. *Lógicas no futebol*. São Paulo: Hucitec/Fapesp, 2002.

TURNER, Victor. *O processo ritual*. Petrópolis: Vozes, 1974 [1969].

VOGEL, Arno. "O momento feliz, reflexões sobre o futebol e o ethos nacional." In: DA MATTA, R. *et al.* (orgs.). *Universo do futebol*. Rio de Janeiro: Pinakotheke, 1982.

Madrinha Eunice e Geraldo Filme: memórias do carnaval e do samba paulistas

Vagner Gonçalves da Silva, Rachel Rua Baptista,
Clara Azevedo, Arthur Bueno*

Na memória do carnaval e do samba paulistas, feita por pioneiros muitas vezes anônimos para o grande público, entre os diversos nomes venerados estão o de Madrinha Eunice e Geraldo Filme. A primeira foi fundadora, nos anos de 1930, da mais antiga escola de samba em atividade de São Paulo: o Grêmio Recreativo Beneficente e Esportivo Lavapés. Com essa escola, que brilhou em meados do século XX e serviu de modelo para muitas agremiações que lhe sucederam, Madrinha Eunice afirmou seu poder num período em que os encontros dos negros para dançar, cantar e sambar nas ruas eram malvistos pelas elites brancas e reprimidos pelos órgãos policiais. Além disso, como matriarca num ambiente a princípio extremamente machista, abriu alas para a presença das mulheres em posições de liderança e comando nas associações carnavalescas.

Geraldo Filme, criado num dos mais famosos redutos de sambistas e cordões carnavalescos de São Paulo, a Barra Funda, foi uma espécie de representante oficial do samba paulista de sotaque negro e rural. Por meio de suas composições, procurou valorizar a herança típica do carnaval de rua, comunitário e sem compromissos, que

---

* Vagner Gonçalves da Silva, antropólogo e professor da Universidade de São Paulo (USP); Rachel Baptista, mestranda em Antropologia (USP); Clara Azevedo e Arthur Bueno, respectivamente, bacharel e bacharelando em Ciências Sociais (USP).

se transformava progressivamente sob o necessário diálogo com os órgãos públicos e com os interesses da mídia. Seu empenho na organização de muitas escolas e de órgãos associativos que as representassem também faz parte de sua história de luta pelo desenvolvimento do carnaval popular.

Neste artigo procuramos reconstituir aspectos da vida de Madrinha Eunice e Geraldo Filme, enfatizando sobretudo a relação deles com a trajetória do próprio carnaval e do samba em São Paulo.[1]

Madrinha Eunice, a "dona do samba"

Madrinha Eunice foi o nome pelo qual Deolinda Madre[2] ficou conhecida. Nascida em Piracicaba em 18 de dezembro de 1909, recebera o mesmo nome de sua avó paterna. Os motivos do apelido e o momento em que ficou conhecida por ele perderam-se nas reminiscências da família e dos amigos.

Eunice dizia que seu pai, Mathias Madre[3], era "cabo-verde", termo popular usado para identificar os filhos de pai português com mãe negra, ou, de maneira geral, os negros de cabelo liso e fino. O pai trabalhava como pedreiro e a mãe, Sebastiana Franco do Amaral, era lavadeira.

Vinda de família numerosa, aos 4 anos de idade Deolinda mudou-se para São Paulo acompanhando uma prima que se casou muito jovem e a trouxe para lhe fazer companhia.

Em São Paulo, residiram na rua Tamandaré, na região da Liberdade e da Baixada do Glicério, onde passou toda a vida sem perder, entretanto, o contato com seus pais em Piracicaba. Visitava-os em companhia da prima ou mesmo sozinha depois de adulta. Mais tarde, alguns dos seus irmãos e irmãs vieram também morar em São Paulo, uns nas proximidades de sua casa.

Estudou apenas até o quarto ano primário. O abandono precoce dos estudos era comum para as crianças de sua classe social, que normalmente deixavam os estudos para ajudar a família em trabalhos informais. Deolinda só não trabalhou fora de casa desde pequena porque coube a ela ajudar a criar os filhos da prima que foram nascendo. Nesse núcleo familiar, passou a infância e a adolescência assumindo as responsabilidades de cuidar de si e de seus parentes menores.

O carnaval na juventude

Desde o tempo de sua juventude, Madrinha Eunice adorava assistir às brincadeiras de carnaval e participar delas. Ia sempre acompanhando a prima e o marido desta, que era soldado da Força Pública. Nas primeiras décadas do século XX, a participação de mulheres desacompanhadas no carnaval de rua ainda era vista com reservas. Ficava fascinada com a alegria dos foliões: homens que se vestiam com camisolões e máscaras e saíam dançando, cantando e sambando pelas ruas e praças. Costumava freqüentar o carnaval de rua que se fazia nas imediações de seu bairro e no Brás, onde havia desfile de corso, muito confete, serpentina e laranjinha (mistura de água com papel de seda que substituía o lança-perfume, produto muito caro para as camadas mais pobres). Naquele tempo, os "grã-finos" faziam carnaval na Paulista e os pobres no Brás.

Madrinha Eunice freqüentava também o baile do Teatro Colombo, no largo da Concórdia, onde o ingresso era barato e as mulheres não pagavam a entrada. Nesse período, participava das festas populares nas quais a população negra de São Paulo se reunia, como a Festa de Santa Cruz, realizada ao redor da Igreja dos Enforcados, no largo da Liberdade, no dia 3 de maio[4] (Simson, 1989, p. 86). Também não perdia as festividades de 13 de maio e as tradicionais quermesses na Igreja dos Remédios[5]. Na maioria desses encontros dançava-se muito samba de roda e samba de umbigada.

Todo ano, Eunice, a família e os amigos participavam da romaria para a Festa de Bom Jesus em Pirapora. Lá se encontrava com sua família de Piracicaba. Iam de trem de São Paulo até Barueri e depois faziam o percurso a pé até Pirapora. Partiam no dia 1º de agosto e ficavam lá até o dia 7. Segundo ela:

> A festa de Pirapora era maravilhosa [...] Vinha gente de tudo quanto era lugar, tinha barracão dos paulistas e barracão dos campineiros [...] Então nos ficávamos no barracão dos paulistas e... esteira por tudo

quanto era lado [...] A gente saía para a procissão [...] e era muito bonita a festa de Pirapora, tinha o samba de roda [...] tinha disputa de samba [entre] o samba paulista e o samba campineiro.[6]

Em Pirapora, gostava de dançar e cantar sambas como este:

Ê, ê, ê, ê, morenada ói lá
Ê, cada vez que eu vejo um samba, mano meu
Ê, dá vontade de chorá.[7]

Em 1934, aos 25 anos, Eunice casou-se com Francisco Papa, conhecido popularmente como Chico Pinga, filho de imigrantes italianos e funcionário no Fórum de Justiça da capital. A empolgação que ambos tinham por samba e carnaval certamente os aproximou. Devido a problemas biológicos, Eunice não pôde ter filhos, o que não a impediu de ver sua família crescer por meio da adoção de inúmeras crianças[8].

A fundação da Lavapés: da praça Onze à praça da Sé

Por volta de 1935, o entusiasmo pelo carnaval levou Eunice e seu marido a visitar o Rio de Janeiro, cidade que já se tornara referência nacional na realização desse festejo.

Na então capital federal, assistiram às apresentações dos grupos carnavalescos em diversos pontos da cidade, principalmente na praça Onze, reduto tradicional de sambistas. A situação do Rio, em comparação com a de São Paulo, era mais favorável ao desenvolvimento das folias momescas. Em 1928, a prefeitura já havia financiado o desfile dos clubes, e em 1933 o carnaval carioca foi oficializado sob o governo Vargas, que passou a subvencionar as escolas de samba a partir de 1935 (Moraes, 1978).

Nesse período, não era preciso, entretanto, ir ao Rio de Janeiro para absorver o imaginário que se constituía em torno dessa cidade e de sua relação com a música e o carnaval popular. O advento e o crescimento dos meios de comunicação de massa, em especial do rádio e das indústrias fonográfica e cinematográfica, foram os grandes responsáveis pela difusão desse imaginário, principalmente nos centros urbanos. Nas rádios, músicas de carnaval (em ritmo de marcha, marcha-rancho e samba) eram tocadas à exaustão. É o caso de *Taí (Pra você gostar de mim)*, *Com que roupa*, *Teu cabelo não nega*, *Linda morena*, *Fita amarela*, *Cidade maravilhosa*, *Pierrô apaixonado*, entre outras. No cinema, em 1930, o primeiro filme sonoro, significativamente intitulado de *Coisas nossas*, fez do carnaval um de seus temas, anunciando o "ciclo carnavalesco" que teve Carmem Miranda como principal musa em sucessos como *A voz do carnaval* (1933), *Alô, Alô, Brasil* (1935) e *Alô, Alô, carnaval* (1936).

Em São Paulo, o carnaval carioca começava a influenciar a forma de organização dos clubes carnavalescos. Em 1935, um amigo de trabalho de Francisco Papa, Elpídio Farias, que costumava ir ao Rio de Janeiro, formou a Escola de Samba Primeira de São Paulo, conhecida por muitos como Primeira da Barra Funda, por ter sede na rua Conselheiro Brotero. Suas cores eram vermelho, preto e branco, e o grupo foi formado para acompanhar cantores no rádio ou fazer apresentações públicas com *shows* de mulatas.

Esses fatos animaram Eunice e seu marido a fundar uma escola de samba. Assim nascia, em 9 de fevereiro de 1937, o Grêmio Recreativo Beneficente e Esportivo Lavapés, tendo à frente o casal Papa e seus irmãos.

O primeiro desfile da escola, realizado nesse mesmo ano, saiu da casa de Eunice, situada na rua Galvão Bueno, no bairro da Liberdade, com a presença de cerca de trinta e seis pessoas, entre elas parentes, amigos e vizinhos do casal. Madrinha Eunice encarregou-se da ala das baianas. A bateria, com cerca de dez pessoas, foi formada por Francisco Papa, ao cavaquinho, e seus irmãos: Pérsio, à cuíca; Carmo, ao pandeiro; e Waldemar, ao surdo. Também participava da bateria o irmão de Eunice, José Madre, ou Zé do Bigodinho. Desfilaram no Brás no domingo, na segunda e na terça-feira de carnaval.

A animação demonstrada desde o primeiro desfile atraiu novos integrantes, que se juntaram ao grupo original. Muitos deles eram provenientes do ambiente de trabalho dos fundadores da escola, funcionários públicos de baixo escalão e operários braçais. Como relatou Eunice, seu cunhado, que trabalhava como ensacador, trouxe os companheiros para a escola, "negros altos e vigorosos" que serviam de proteção nos eventuais conflitos que ocorriam quando a escola se encontrava com outros grupos e havia tentativas de roubar a bandeira (estandarte) como forma de enfrentamento.

Também o desaparecimento dos grupos carnavalescos, que em geral tinham vida curta, favoreceu o crescimento da Lavapés. A partir de 1939, a Escola de Samba Primeira de São Paulo não desfilou mais, fazendo que muitos de seus integrantes ingressassem na escola de Eunice. O mesmo aconteceu com os componentes do bloco Baianas Paulistas, que passaram a sair na Lavapés, engrossando a ala das baianas. Esse bloco, também chamado de Baianas Teimosas ou Baianas Teimosas Paulistas, era formado por cerca de vinte moças, presididas por Ondina. Dele também participava Índia do Brasil, famosa estrela da Companhia Negra de Revista. A bateria era formada por rapazes que se vestiam de mulher, entre os quais estava Francisco Papa, que tocava bumbo. O grupo saía da rua Teixeira Leite (Moraes, 1971, p. 212). Embora Eunice tenha afirmado que não desfilava nesse bloco ("ficava na calçada, olhando"[9]), há inúmeros depoimentos sobre sua participação ao lado do marido. De qualquer modo, a novidade do bloco era a de tocar samba enquanto caminhava, demonstrando uma preferência por esse gênero musical que seria importante na formação da Lavapés (Simson, 1989, p. 147). Ao que parece, antes do ingresso das Baianas Paulistas, a Lavapés ainda não tinha estruturado a ala das baianas como elemento marcante da escola.

Redutos de bambas

Na década do surgimento da Lavapés, o carnaval popular era constituído por blocos e cordões saídos principalmente dos bairros de grande população negra localizados ao redor do centro de São Paulo.

Na virada do século XIX, a burguesia comercial ocupava a região central (o triângulo formado pela rua Direita, XV de Novembro e São Bento). Com a crescente vocação comercial do centro, as famílias mais abastadas começaram a transferir-se para os lotes arborizados dos sítios e chácaras dos Campos Elíseos, bairro próximo do centro, onde elegantes casarões foram construídos para abrigar os barões do café ou mesmo órgãos administrativos, como o Palácio do

Governo. Esse teria sido o primeiro movimento migratório da aristocracia paulista, que depois começaria a subir o morro dos Ingleses, instalando-se na elegante avenida Paulista, para depois se fixar nos Jardins, no lado oposto da encosta, e, mais recentemente, nos condomínios fechados situados além das marginais do rio Pinheiros (Rolnik, 1981).

Mesmo sendo bairros de classe alta e média, a presença neles, ou nas regiões circunvizinhas, da população negra foi uma constante na história da ocupação da cidade. Essa população localizava-se geralmente nas regiões menos valorizadas desses bairros, no seu entorno, nas escarpas dos morros (como na região da Bela Vista, ou Bexiga, adjacente ao morro dos Ingleses e à avenida Paulista), perto de linhas ou estações de trem (como na Barra Funda, bairro vizinho dos Campos Elíseos), em ruas alagadiças por enchentes de rios ou córregos (como a Baixada do Glicério, onde se localizava o córrego Lavapés[10]) ou em travessas das alamedas principais. Em residências simples (porões, casas de cômodos, cortiços etc.) morava essa população próxima fisicamente das famílias mais abastadas, a quem servia na condição de empregados domésticos, trabalhadores braçais, marceneiros, pedreiros, comerciantes ambulantes etc.

Nesses espaços constituíram-se, assim, alguns redutos de população negra à qual a população de imigrantes (italianos, portugueses, japoneses etc.) foi-se agregando, como no Bexiga, na Barra Funda, na Liberdade e na Baixada do Glicério.

Essa proximidade gerava um ambiente muitas vezes tenso devido ao complexo jogo de aproximação e distanciamento existente entre os vários segmentos sociais e raciais. Mesmo em bairros com um perfil de população pobre e negra como o Bexiga, não era raro encontrar placas com os dizeres "Aluga-se quarto, não se aceita pessoas de cor" (Barbosa *apud* Moura, 1988, p. 216).

Nesses bairros teve origem um tipo muito específico de manifestação lúdica: os cordões carnavalescos.

Na Barra Funda, um dos mais antigos cordões de que se tem conhecimento, o Grupo Carnavalesco Barra Funda (apelidado de Camisa Verde por vestirem camisa verde e calça branca), foi fundado em 1914 por Dionísio Barbosa, conhecido por Seu Nhonhô da Chácara[11]. Tendo morado por algum tempo no Rio de Janeiro, Dionísio conhecera sambistas famosos e convivera com os ranchos carnavalescos cariocas[12]. De volta a São Paulo, baseou-se nesse modelo de agremiação para fundar com a família e os amigos um grupo próprio. Além de sair no período de carnaval, a agremiação realizava bailes todos os domingos no salão Royal, na rua Lopes Chaves, não muito distante da residência de Mário de Andrade[13]. O grupo funcionou até 1940, sendo um dos mais famosos da época. Um dos ex-integrantes, Inocêncio Tobias (conhecido por Inocêncio Mulata por sair vestido de mulher no carnaval), refundaria esse cordão em 1952, sob o nome de Grêmio Recreativo Mocidade Camisa Verde e Branco, com sede na rua Conselheiro Brotero, onde residia com sua esposa, Cacilda da Costa, conhecida como Dona Sinhá[14].

Dionísio Barbosa (1891-1977), um dos pioneiros do carnaval paulista.

Nas proximidades do Camisa Verde também foi fundado em 1917 o cordão Campos Elíseos, dirigido por Argentino Celso Vanderley (Crecibene, 2000, p. 20). O cordão, que desfilava com as cores branco e roxo, foi um dos maiores cordões da cidade até sua extinção, em 1952.

Outro cordão famoso da Barra Funda foi o Flor da Mocidade, fundado em 1927 por Zezinho da Casa Verde[15]. O ator Grande Otelo, que morava nas proximidades e estudou no Colégio Coração de Jesus, foi um dos balizas desse cordão.

No bairro do Bexiga, o cordão mais conhecido na época era o Vai-Vai, fundado em 1930 por um grupo de amigos: Benedito Sardinha, Dona Casturina, Seu Livinho[16], entre outros. Esse fato teria ocorrido na casa de Benedito, em cujo quintal morava uma irmã de Madrinha Eunice.

Na região da Liberdade e da Baixada do Glicério, onde foi fundada a Lavapés, havia também muitos cordões e ranchos, como o Príncipe Negro, Diamante Negro, Democrata, Tenentes do Diabo, Mocidade do Lavapés, Cravos Vermelhos, Cordão Carnavalesco Paulistano (o qual, depois da morte de seu fundador, Vitucha Rossi, voltaria a atuar nos anos de 1970 como Escola de Samba Paulistano da Glória).

As diferenças entre cordão e escola de samba, na época da fundação da Lavapés, ainda não se haviam estabelecido de forma acentuada, até porque foram os cordões que serviram de modelo às escolas de samba (Moraes, 1971, p. 183). Os cordões caracterizavam-se por tocarem marcha sambada enquanto caminhavam e samba e choro quando paravam em alguns pontos. Também compunham canções ou cantavam as músicas de carnaval que eram sucesso nas rádios. A bateria consistia em instrumentos de sopro e de percussão (incluídos nesta categoria os instrumentos de corda). Não tinham enredo, embora apresentassem "temas" reconhecíveis pelo tipo de fantasia, tais como "portugueses", "romanos", "marinheiros", "russos" etc. Os cordões desfilavam formando fileiras duplas, nas quais se organizavam as balizas na frente (dançarinos que carregavam um bastão e executavam com ele algumas acrobacias), a porta-estandarte, a corte (composta por rei, rainha e outras figuras aristocráticas, trajados à Luís XV) e, por fim, a bateria. A regência geral cabia ao apitador, que marcava o tempo para as evoluções e para o acompanhamento da orquestra (Simson, 1989, p. 213; Vinci de Moraes, 2000, p. 258).

Nas primeiras décadas do século XX, os desfiles carnavalescos ocorriam no Brás, no Centro e na avenida Paulista. Nesta última, era realizado principalmente o carnaval das classes altas, que seguia o modelo dos corsos – desfile em carro aberto com as pessoas fantasiadas. Após a crise de 1929 e à medida que os carros fechados se multiplicaram, esse modelo de desfile foi-se extinguindo.

As apresentações dos grupos carnavalescos formados pelos negros eram realizadas em seus bairros de moradia e tinham como ponto de partida a sede da agremiação, geralmente a própria casa dos fundadores. Era costume os cordões visitarem as casas daqueles que os apoiavam financeiramente e depois fazer um percurso maior, que podia englobar o Brás, a avenida Angélica, a avenida Paulista, a rua Brigadeiro Luís Antônio e as principais ruas e praças do Centro, incluindo o Pátio do Colégio, onde se localizava o prédio da delegacia central, na frente do qual os cordões prestavam homenagem às autoridades[17].

Como entre os grupos havia laços de solidariedade e rivalidade, era comum que uns desfilassem também no bairro dos outros, tanto com o objetivo de prestar homenagem quanto de provocar animosidade. Os clubes dançantes dos negros (os chamados "salões de raça"), que agregavam a comunidade numa atividade de lazer realizada ao longo do ano todo[18], eram outro ponto importante de visitação dos cordões na região central da cidade.

Os desfiles da Lavapés: "Eles eram os reis"

Uma das inovações e sinal de ousadia do grupo de Madrinha Eunice – além de se autodenominar "escola de samba" num período em que os cordões faziam grande sucesso – estava no ritmo tocado. Desde o início, a Lavapés optou pelo desfile ao ritmo de samba, numa clara alusão ao estilo musical dos agrupamentos cariocas. Nesse sentido, antecipou em algumas décadas um movimento que se consolidaria no carnaval paulista a partir do final dos anos de 1960. Nesse período, o modelo mais divulgado de desfile era o dos cordões, que saíam tocando e cantando principalmente marchas ou sambas marchados que faziam grande sucesso nas rádios. As músicas de autoria dos compositores do próprio cordão também eram tocadas, embora fossem conhecidas em âmbito mais restrito e visassem sobretudo anunciar o grupo e seu bairro de origem, além de enaltecer as qualidades e características da agremiação (cores, atributos etc.).

A prática do samba paulista não era, entretanto, novidade fora das agremiações carnavalescas. Na verdade, as inúmeras rodas de samba realizadas em diversos locais públicos marcavam a rica cartografia da música popular da cidade. Como lembra Wilson de Moraes, esse "samba sem escola" era praticado nas imediações do Centro, como no largo do Piques (atual praça das Bandeiras) – um dos pontos onde Chico Pinga gostava de tocar seu cavaquinho –, na praça da Sé e na "Prainha" (praça do Correio, localizada no vale do Anhangabaú, esquina com a avenida São João), onde os sambistas aliavam o samba ao jogo de pernada ou tiririca[19], no Bexiga, onde o Bar do Chico (situado na rua Santo Antônio), mais conhecido como "Cabaré dos Pobres", amanhecia ao som do violão e do pandeiro, e finalmente na Barra Funda (no final da Vitorino Carmilo com Conselheiro Brotero e no largo da Banana, atualmente Memorial da América Latina), onde os carregadores, enquanto esperavam por trabalho, batucavam em caixas de madeira ou em latinhas de graxa de sapato suas aventuras e desventuras (Moraes, 1978; Simson, 1989).

Outra novidade da escola de Madrinha Eunice foi a estruturação das alas. Por influência de Popô (compositor carioca que residia em São Paulo e com quem Eunice compôs alguns sambas), foram introduzidos na Lavapés alguns elementos típicos das escolas cariocas, como porta-bandeira, mestre-sala e comissão de frente[20].

Esse processo ocorreu de forma paulatina, convivendo os elementos dos cordões durante muito tempo na Lavapés ao lado dos elementos típicos das escolas de samba[21]. Assim, a escola teve simultaneamente porta-estandarte, balizas, contrabalizas e personagens da corte (marcas dos cordões) ao lado de porta-bandeira e mestre-sala, até que os primeiros foram sendo substituídos. Esses novos rearranjos foram feitos sobretudo para marcar uma estrutura de desfile na qual se enfatizassem as alas típicas das escolas de samba, ganhando peso em si mesmas e contribuindo para a composição geral do enredo e para a formação de uma idéia de conjunto. Exemplo disso foi a Ala das Baianas, que se tornou um ponto forte da escola e, independentemente do enredo, estava sempre presente – de tal modo que, somente algumas décadas depois, com a oficialização do carnaval paulista, ela passaria a ser obrigatória em todas as escolas. O sucesso que essa ala da Lavapés fazia pode ser percebido nesta notícia sobre um desfile de 1950:

> Aproximando a Escola de Samba do "Lavapés" de D. Eunice, com um estupendo conjunto de pastoras nas cores do pavilhão nacional, todas de baiana. São verdadeiras professoras do samba. São flexíveis, gelati-

nosas, bamboleiam com perfeição, são as maiorais da dança de rua, da coreografia popular. As contra-balizas, entre elas uma garotinha de 5 anos, são dignas de uma homenagem à parte. (*Jornal de Notícias*, 23 fev. 1950, *apud* Moraes, 1971, p. 216.)

Também a bateria da Lavapés mostrava esses elementos de intermediação, pois, mesmo enfatizando a percussão típica das escolas de samba, os instrumentos de sopro que marcaram a fase áurea dos cordões não foram inicialmente deixados de lado, conforme se vê neste relato de um antigo sambista:

> O Lavapés era um choro no meio da rua! O Lavapés tinha uma bateria, uma bateria que até hoje é meio difícil conseguir uma bateria. Tinha um apitador muito bom: o Genésio, grande apitador. O surdo do Lavapés batia diferente. Muito diferente. Tinha uns batuqueiros. Tinha Mandião, cara cantor. Cantava muito bem. O Lavapés teve elementos muito bons de samba. Bateria, eles tinham tamborim, tinham chocalho, surdo, caixa. A caixa carioca eles conservaram, que faz papel do ripinique... naquele tempo tinha bumbo. Eles tinham um tocador lá que não era brincadeira. O bumbo era a base da escola. O bumbo caiu e não vem mais... O Lavapés tinha um bumbo, era um bumbo só, mas tinha. Mas era um bumbo seguro, muito seguro. (Sebastião do Amaral, ou "Pé-Rachado", *apud* Moraes, 1978, p. 53.)

Nos anos de 1950, com a adoção do samba pelos cordões, as diferenças entre os dois tipos de agremiação passaram a ser cada vez menores, principalmente quando se considera que as escolas de samba se desenvolveram preservando muitos elementos dos cordões (Moraes, 1978, p. 61).

A Lavapés teve uma ascensão vertiginosa, projetando sua fama para além da rede de vizinhança do bairro que lhe deu apoio originalmente. Nos concursos carnavalescos, ganhou o primeiro lugar em 1939, juntamente com a Escola Primeira de São Paulo (Crecibene, 2000, p. 23). No ano seguinte, ficou em segundo lugar na Cidade da Folia[22] (Parque da Água Branca) e em 1942 obteve novamente o primeiro lugar. Nesse ano, a Escola Primeira de São Paulo foi extinta e a Lavapés passou a reinar sozinha em sua categoria.

Um dos fatores que contribuíram para o sucesso da Lavapés nesse período e para o desenvolvimento do carnaval em São Paulo foi o incentivo dado pelas emissoras de rádio, que começaram a promover concursos de melhor escola e bloco, acirrando a competição entre as agremiações.

Havia uma interessante cooperação entre as agremiações e as emissoras, pois as primeiras cantavam durante o desfile as músicas de sucesso divulgadas pelas segundas e vendidas ao público pela indústria fonográfica. Os prêmios nesses concursos eram taças e eventualmente uma pequena ajuda financeira. Certamente essa ajuda não bastava para cobrir os gastos com o desfile, mas a premiação tinha valor de prestígio para o grupo, que contava com a divulgação para aumentar seu poder de arrecadar fundos com os simpatizantes e o comércio lojista. Além disso, as concentrações dos grupos carnavalescos defronte das sedes das emissoras de rádio – onde os juízes ficavam na sacada, julgando a apresentação – tinham a vantagem de fornecer uma proteção maior contra a repressão policial, comum na época (Simson, 1989; Moraes, 2000). A localização das sedes das rádios no Centro, além do fato de a prefeitura montar tablados nas principais praças para o povo dançar e os grupos se apresentarem, tornava essa região um lugar privilegiado para a celebração do carnaval paulistano.[23] Quando os desfiles começaram a ganhar maior densidade, algumas avenidas do Centro passaram a ser o local oficial das apresentações, como a avenida São João, o vale do Anhangabaú e a avenida Tiradentes. Em certas épocas, os desfiles também se realizaram em locais mais afastados, como no Parque da Água Branca ou no Parque do Ibirapuera. Somente com a inauguração do Sambódromo na marginal do rio Tietê, em 1991, os desfiles em São Paulo ganharam um endereço fixo, tal como já havia ocorrido no Rio de Janeiro com o desfile oficial das escolas de samba, transferido para o Sambódromo da Marquês de Sapucaí, em 1984.

A escola de Madrinha Eunice ficou entre as primeiras colocadas por quase três décadas após sua fundação. Em alguns períodos foi campeã em anos consecutivos.

Os sambas-temas[24] eram compostos geralmente por Eunice juntamente com alguns parceiros, entre os quais estavam seu marido e os sambistas Doca e Popó. Abordavam, na maioria das vezes, temas nacionalistas ou aspectos da história da cidade. Esses sambas também eram chamados de samba-exaltação. A escolha deles, na verdade, resultava de uma orientação geral do governo getulista, que em 1937 havia determinado que as escolas apresentassem temas voltados para a história do país, numa tentativa de tornar o desfile também uma espécie de apoteose cívico-ufanista.

Um dos sambas-temas que ficaram famosos na Lavapés foi o do carnaval de 1950, intitulado *São Paulo antiga*, composto por Eunice e Chico Pinga, que enaltecia as belezas do passado de uma cidade em constante processo de urbanização e transformação, uma cidade que "não é história, nem promessa"[25]:

São Paulo antiga
Era tão linda, era tão bela
Quanta saudade me traz
Dos bondes
E os lampiões a gás
E hoje
É um gigante que sobe depressa
Não é história, nem promessa
Vem ver
Vem ver a São Paulo crescer.

O tema da cidade que se transformava rapidamente foi também abordado em outras músicas na Lavapés. Em 1942, a praça Onze[26], principal reduto do carnaval carioca, foi demolida para permitir a passagem da avenida Presidente Vargas. Em São Paulo ocorria situação semelhante, pois vários locais do centro onde a população negra realizava as rodas de samba estavam desaparecendo ou diminuindo em decorrência do crescimento urbano e da especulação imobiliária. Foi o caso da praça da Sé, cuja remodelação mereceu da Lavapés um samba muito original, intitulado *Acabou a praça Onze*, por meio do qual se reafirma a relação entre Rio de Janeiro e São Paulo na preservação do samba.

Acabou-se a praça Onze, ô, ô, ô
Mas nós fazemos nosso samba mesmo na praça da Sé.

O luxo das fantasias e dos carros alegóricos foi outra marca distintiva da escola de Madrinha Eunice. Em muitos desfiles ela usava carros motorizados, os quais seriam proibidos após a oficialização do carnaval.

Seu Nenê, fundador da Escola de Samba Nenê da Vila Matilde em 1949 e um dos principais concorrentes da Lavapés nos anos de 1950, assim descreveu a escola:

> A escola que marcou aquela época foi a Lavapés. Tanto era assim que, para nós ganharmos o primeiro campeonato, precisamos armar enredo e alegoria, inovar. Porque, no visual, eles eram os reis. Nós éramos novos, já chegamos com outra organização, mas a Lavapés foi a pioneira, também sofreu muito, o carnaval era na corda, nunca foi fácil. Na década de 30, 40, ninguém pensava em montar uma escola de samba, e a Lavapés era o único exemplo que pesava em São Paulo. Já naquele tempo desfilava com baianas, passistas, já tinha uma boa bateria, estandarte e balizas. Eles eram terríveis! Não tinha mestre-sala nem porta-bandeira, isso surgiu depois, mas tinha porta-estandarte, tinha estilo, já era escola de samba e foi uma grande escola de samba. [...] E, se não fosse a Lavapés, essa história toda nem existia, nós não tínhamos onde nos pegar. Lembro que em 46, 47, eu dançava, ia aos bailes e, de vez em quando, ia aonde hoje é o Parque Dom Pedro. Ali tinha o parque Xangai e a Lavapés vinha fazer show ali. Eu ficava olhando e achava bonito aquilo, essas coisas marcam a gente. A Lavapés influenciou o nascimento de todas as escolas de samba de São Paulo [...] a Lavapés marcou uma época. (Silva e Braia, 2000, p. 19.)

Para manter a estrutura da escola e o alto nível de suas apresentações, Madrinha Eunice teve de comandar com mãos de ferro as atividades do grupo, principalmente nos primeiros tempos, quando a situação era mais difícil e ela enfrentou grandes dificuldades para colocar a escola na rua.

A falta de condições financeiras da escola obrigava cada integrante a fazer a própria fantasia, exceção feita aos componentes da bateria, cuja fantasia era dada pela escola. A bateria geralmente vestia calça branca e camisão de chitão estampado de vermelho e branco, as cores escolhidas pela fundadora para representar a escola[27]. A porta-estandarte vestia lamê, e as outras integrantes, trajes de baiana feitos de chitão. Muitos instrumentos de percussão utilizados pela bateria (pandeiro, caixa, surdo, tantã etc.) eram feitos pelos próprios componentes.

A Lavapés começava as atividades em dezembro, quando desfilava, aos sábados, pelas ruas do bairro e do Centro, principalmente pela São João, com o objetivo de ensaiar e arrecadar fundos para o desfile oficial no período do carnaval. Nessas ocasiões, a taça conquistada em anos anteriores era exibida a fim de acentuar o prestígio da agremiação e estimular o público a contribuir financeiramente para ajudar na organização do festejo. Havia também o "livro de ouro", no qual se registrava o nome dos contribuintes. Os lojistas ou suas associações sempre eram chamados a contribuir. O principal colaborador da Lavapés era a loja de móveis Lafer, localizada no Cambuci, onde Eunice muitas vezes trabalhou como vendedora autônoma ou divulgadora. Se por um lado o livro de ouro foi uma importante estratégia de financiamento da escola, por outro atraía ainda mais a repressão da polícia, que julgava ilícita essa atividade. Madrinha Eunice contou que muitas vezes foi parar na delegacia por causa disso:

> Mas todo sábado nós estávamos lá [gabinete de investigações na rua Brigadeiro Tobias]. Que a polícia prendia; aqueles que fugia, fugia, o que não fugia, não fugia, ia tudo pra lá. Isso quer dizer que não ficávamos [presos] porque... eu ia lá..., o delegado [dizia]: "Mas a senhora não sabe que não pode sair pedindo dinheiro na rua, não pode sair esse samba". "Mas, doutor, a gente é brasileiro e [...] eu tenho que pôr o carnaval na rua. O senhor vê, São Paulo é oitenta por cento trabalho e vinte por cento é samba, nós trabalhamos o ano todo, doutor." E contava aquela história. Ficávamos ali meia hora, uma hora, assim sentado num banco, depois mandava todo mundo embora: "Vão embora". "Não, senhor, não vamos mais [desfilar na rua]." Na outra semana, nós estávamos lá outra vez... e graças a Deus nunca ninguém foi pro xadrez [...] Porque a escola de samba era malvista em São Paulo, mas era só fama [...] Se eu tivesse 50 filhas mulher, 50 filhas eu punha na escola. Porque escola de samba não é nada disso que o pessoal via antigamente.[28]

O sacrifício das agremiações para arcar com os custos dos desfiles era comum nessa época. Quando a contribuição arrecadada não era suficiente para cobrir os gastos, seus organizadores e componentes mais envolvidos se viam obrigados a vender objetos pessoais, contrair dívidas ou mesmo comprometer parte substancial do seu salário.

Madrinha Eunice também investiu muito de sua renda na organização da escola, sobretudo nos primeiros tempos. Sua principal fonte de renda eram quatro barracas de frutas que possuía na praça Clóvis Bevilácqua. De dezembro a janeiro, todo o rendimento dessas barracas era usado para financiar a escola.

Nesse período, os ensaios aconteciam principalmente na rua diante da casa da fundadora, a sede da escola. Era preciso contar então com a tolerância dos vizinhos, o que a matriarca geralmente conseguia com freqüentes convites a eles para que participassem da agremiação.

Em 1967, a política de boa vizinhança feita também com o poder público levou a Lavapés a conseguir uma quadra na rua Barão de Iguapé, 985, Liberdade, num terreno de 2.600 metros quadrados concedido pelo Instituto Nacional de Previdência Social (INPS), onde os ensaios puderam ser finalmente realizados num espaço privativo. As quadras fechadas, que muitas escolas obtiveram a partir dos anos de 1970 por doação da prefeitura, permitiram às agremiações desenvolver atividades mais centralizadas e constantes ao longo do ano. Serviram, ainda, como fonte de renda extra, por meio de expedientes como a cobrança de ingresso (em ensaios, apresentações dos sambistas e ritmistas da escola, *show* de mulatas, eleições de destaque de alas, rainha da bateria etc.) e da venda de lanches e bebidas nos bares instalados em seu interior. Além disso, a comunidade passou a dispor de um espaço de socialização regular para realizar outras atividades não necessariamente relacionadas com o carnaval, como festas de aniversário, batizados, casamentos etc.

Samba, cor e futebol: a "dona da bola"

Como aponta Olga Von Simson (1989, p. 96), "a associação entre a atividade carnavalesca e o time de futebol de várzea parece ter sido regra entre as entidades paulistanas". No Bexiga, o cordão Vai-Vai surgiu de um time de futebol de mesmo nome, que por sua vez foi fundado para rivalizar com outro time existente no bairro: o Cai Cai (Simson, 1989, p. 96, 187). As cores escolhidas pelo time, o branco e o preto, também foram adotadas pelo cordão Vai-Vai. E a associação dessas cores com o Corinthians certamente levou muitos torcedores desse time a freqüentar o cordão, posteriormente tornado escola de samba.

A inserção dos negros no futebol não foi, porém, um processo sem tensões. Nas primeiras duas décadas do século XX, o futebol era esporte de elite praticado em São Paulo em alguns clubes aristocráticos, como o Paulistano e o Mackenzie College, onde a entrada de negros era proibida. Esse esporte, contudo, rapidamente se tornou paixão popular, formando grandes torcidas na população pobre e operária dos centros urbanos, principalmente negros e imigrantes[29], e sendo praticado por essas camadas em campos de várzea e terrenos baldios como um lazer barato e acessível. Entretanto, a aceitação dos jogadores negros em times de maior renome deu-se em processo lento, no qual o reconhecido talento deles em campo nem sempre acompanhou a quebra da barreira do preconceito fora dos estádios.[30]

As cores adotadas nos uniformes dos times de várzea geralmente expressavam a identificação que estes tinham com os grandes clubes futebolísticos. E essas cores, por sua vez, também estavam presentes nas entidades carnavalescas. Em São Paulo, nos anos de 1930, os dois times que mais ganharam campeonato foram o Corinthians (cujas cores são ainda o preto e o branco) e o Palestra Itália (futuramente chamado de Palmeiras, cujas cores eram o verde e o branco). Significativamente, dois dos maiores blocos do período, o Vai-Vai e o Camisa Verde, carregavam, respectivamente, essas cores em seus pavilhões.

A Lavapés fundou seu time de futebol em 1942, o Lavapés Futebol Clube, presidido pela própria Madrinha Eunice. Embora não fosse comum um time de futebol, ou mesmo uma agremiação carnavalesca, ter como dirigente uma mulher, Madrinha Eunice sempre foi muito respeitada nos dois âmbitos[31].

> Eu tenho um orgulho, me orgulho mesmo de ser mulher e ser uma dirigente com um impulso e esta idade que eu tenho. Desde que eu co-

mecei, porque o Lavapés Futebol Clube tem a mesma idade da escola de samba, eu gozo de um respeito mútuo, graças a Deus todos eles me respeitam, tanto na escola de samba, como no futebol. Nós temos ido por esses lugares aí jogar [...], quando chegamos [...] eles [dizem]: "A presidente, [quem] é?" [Respondo] "Eu sou a presidente." Eles ficam tudo assustados [...], mas sou bem respeitada [...]. Às vezes [...] tem aquela discussão, aquela coisa, eu chego: "Mas o que é isso?" Boto água no fogo, apago, tudo bem. Porque eu sou muito enérgica, mas respeito todos eles que é para eles me respeitarem também.[32]

O movimento de aproximação entre samba e futebol ganhou nos anos de 1970 grande evidência. Um exemplo disso foi a organização, em 1974, do Campeonato de Futebol de Escolas de Samba, promovido com o apoio da Secretaria de Turismo e Fomento de São Paulo. Na coluna jornalística Quadra de ensaio, esse torneio foi assim divulgado:

> [...] embora o samba paulista esteja em ascensão, o público freqüentador das quadras, a exemplo do teatro, é quase o mesmo. Por isso, [Álvaro Ramos, promotor do evento] declara que o caminho a seguir é a "torcida" organizada. Um trabalho de ligação entre os torcedores de futebol com o samba. De forma que, quando se perguntar a alguém por quem torce, a resposta seja algo assim: "Sou Corinthians e Vai-Vai" – "Sou Palmeiras e Camisa Verde" – "Sou Santos e X9". O Campeonato de Futebol das Escolas de Samba, que se realizará na sede do Nacional Atlético Clube, terminará, sempre, com incrementadas rodas de samba. (*Notícias Populares*, Quadra de ensaio, 12 maio 1974).

Outro aspecto da identificação existente entre escola de samba e futebol foi a criação de agremiações carnavalescas saídas das próprias torcidas, organizadas ou não, a princípio no formato de blocos, mas com a possibilidade de chegar à categoria de escola de samba[33]. Nessas agremiações evidenciou-se o duplo pertencimento: adotaram para si as cores de seu time, e as rivalidades entre as torcidas foram estendidas para o universo carnavalesco. Na montagem das fantasias e alegorias, por exemplo, as agremiações carnavalescas saídas de torcidas evitam a todo custo usar as cores de seus adversários no futebol[34].

Curiosamente, os espaços sociais do carnaval popular (a princípio redutos da população negra) e do futebol (a princípio redutos da elite branca) acabaram sendo permeáveis uns aos outros pela presença em ambos de grupos provenientes dessas populações. No caso do carnaval, é possível perceber a presença dos brancos, ainda que minoritária, desde a fundação dos primeiros cordões e escolas de samba. Chico Pinga e seus irmãos, fundadores da Lavapés, eram de família italiana. Dionísio Barbosa, que fundou o Camisa Verde, afirma que logo no primeiro desfile houve a participação de dois italianos[35]. Vitucha Rossi, um dos responsáveis pelo cordão Paulistano, era italiano. A participação dos brancos no "período heróico" das escolas se deu, contudo, de forma muito individualizada e pontual. Enquanto as famílias negras fizeram desses espaços pontos de reafirmação de laços de sociabilidade nuclear e extensivo, o branco geralmente não encontrava neles referências mais amplas. Nesse particular, a adesão da família de Francisco Papa à Lavapés parece ter preconizado uma mudança de atitude que somente nas décadas mais recentes se tornaria visível, quando o carnaval atingiu um contingente mais amplo e diversificado de participantes.

Samba, macumba e gente bamba

O desenvolvimento do samba carioca foi fortemente influenciado pela presença dos adeptos das religiões afro-brasileiras. Como ressalta Roberto Moura (1983), é paradigmático o caso da baiana e mãe-de-santo Tia Ciata, que migrou para o Rio de Janeiro no século XIX e foi viver nas proximidades da praça Onze. A casa de Tia Ciata, assim como a de muitas tias baianas da época, tornou-se um local de encontro, em que se realizavam rodas de samba após as sessões religiosas. Muitos sambistas que se tornariam famosos, como João da Baiana, Donga e Pixinguinha, absorveram a musicalidade que se produzia nesse local.

Em São Paulo, embora em grau diferenciado, também é possível perceber na sociabilidade desenvolvida nos folguedos carnavalescos a forte presença de elementos provenientes das religiões afro-brasileiras e do catolicismo popular. Por meio de depoimentos orais, sabe-se que, nas festas religiosas católicas que se realizavam na capital (Festa de Santa Cruz, São Benedito, Nossa Senhora Achéropita etc.) e no interior (Bom Jesus de Pirapora), aspectos dessa religiosidade estavam presentes em danças como o jongo e o tambu "com fundamento". Nessas danças, praticadas em vários pontos do interior paulista, a dimensão religiosa se manifesta nos rituais de abertura (como a libação dos couros dos instrumentos de percussão com aguardente) e nas letras dos pontos cantados (geralmente com referências ao universo da umbanda ou de outras tradições de origem banta).

Em Pirapora, havia dois grandes comandantes de batalhão que se rivalizavam nos desafios de samba: João Diogo, proveniente de Campinas e apelidado de Pai João, e Zé Soldado, que vivia em São Paulo (Cunha, 1937, p. 20). O termo atribuído ao primeiro é significativo, pois alude em geral aos líderes de religiões afro-brasileiras. Quanto ao segundo, há informações de que possuía um "terreiro" no Bosque da Saúde (Jabaquara), onde promovia festas de samba de bumbo. Também na capital havia o terreiro de Tia Olímpia, na rua Anhanguera (Barra Funda) (Andrade, 1937; Moraes, 1971)[36].

Olga Von Simson, embora enfatize mais a relação dos cordões com as festividades católicas, traz informações que permitem estabelecer vínculos também com a religiosidade afro-brasileira.

> Esses embriões de associações [...] não surgiram de repente, do nada, pelo simples fato de famílias negras estarem morando próximas [...]. Deveria haver indicações de experiências festivas anteriores, reunindo essa população, que formassem uma espécie de bagagem para a criação dessas entidades carnavalescas [...] Foi certamente essa vivência festiva, repetida anualmente, que permitiu à população negra paulistana elaborar seus folguedos carnavalescos, baseada em espaços urbanos que lhe eram próprios, em grupos musicais existentes e em experiências profano-religiosas anteriores. (Simson, 1989, p. 85 e 86.)

Essa experiência festiva, que entre os grupos negros é geralmente marcada pela presença de elementos religiosos de origem africana, pode ser encontrada no depoimento de muitos sambistas. Seu Livinho, um dos pioneiros do Vai-Vai, depois de sair dessa agremiação fundou um centro de umbanda no Bexiga. Ele relata que muitos membros dos cordões faziam "trabalhos" para garantir o sucesso do desfile e muitas vezes havia alguém no cordão responsável pelos ritos propiciatórios. "A gente se cuidava, sempre se defumava, tomava seu banho de defesa. Antes de ir pro desfile, a gente fazia as orações da gente. Pedia proteção... pra gente e pros outros." Comenta, ainda, que nos outros cordões da Barra Funda, como no Camisa Verde, era o próprio fundador, seu Dionísio, quem cuidava desse aspecto, e no Campos Elíseos a tarefa ficava a cargo de dois participantes: Luis Camilo e um dos balizas do grupo chamado Saturnino.[37]

Assim, em muitos desses redutos negros, samba e macumba[38] eram expressões que se mantinham lado a lado, como mostra esta letra de um samba dos anos de 1930, relembrada por Inocêncio Mulata em depoimento a Wilson de Moraes (1978, p. 43):

> Não sô do morro, nem da favela
> Brigo, não corro e se apanhá não conto guela
> Sô da Barra Funda
> A zona do samba
> Onde tem macumba, olé
> E tem gente bamba.

Madrinha Eunice, que era assídua participante das festas católicas realizadas na capital e no interior, também era conhecida por sua ligação com a umbanda ou, mais especificamente, com a quimbanda, modalidade de umbanda que reverencia preferencialmente entidades como Exus e Pombagiras.[39] Seu culto era muito discreto. Num canto do quintal da rua da Glória, fez uma pequena casa onde assentou Exu Veludo, sua entidade protetora. Uma vez por semana atendia ao público, incorporada nessa entidade.

Segundo Rosemeire, sua avó afirmava que aquele Exu não era propriamente dela. Era um Exu da casa, ou seja, da própria Lavapés. Coincidentemente ou não, nas religiões afro-brasileiras uma das cores de Exu é o vermelho, a mesma escolhida para representar a escola. Madrinha Eunice não deixava de fazer as obrigações devidas à sua entidade protetora, pois acreditava que, se ela estivesse contente, tudo progrediria.

A fama que possuía por ser adepta dessa religião levou muita gente a atribuir o sucesso da escola também à proteção espiritual que a matriarca desfrutava dessa entidade, que no panteão afro-brasileiro é associada à comunicação, à alegria, à rua, à jocosidade. Madrinha Eunice, entretanto, sempre se defendia: "Eu nunca utilizei as forças da quimbanda, porque o carnaval já é uma coisa do diabinho. É eles mesmo que tão lá no meio pulando"[40].

Seu Nenê da Vila Matilde expressou as dificuldades que sua escola enfrentou para vencer a Lavapés nos concursos também por causa da força que possuía o "candomblé da Eunice e as pipocas[41] que ela fazia". Contou um caso curioso ocorrido em 1957, quando sua escola não conseguiu encontrar o palanque armado no Centro, onde deveria desfilar. Ele perguntava aos foliões e ninguém sabia responder (ficavam "abobados" diante da pergunta). Sua escola voltou para casa sem desfilar e perdeu o campeonato. Para ele, foi trabalho da matriarca da Lavapés[42]. Seu Nenê afirma que nos anos seguintes sua escola passou a se proteger, especialmente em 1960, quando disputava o tricampeonato e ameaçava seriamente a hegemonia da Lavapés.

> Quando foi o ano de 60 a Eunice mandou falar pro meu sobrinho Betão e pra mais uns outros da escola de samba que nós não íamos ser tricampeão de jeito nenhum. Ela ia fazer um trabalho que nós íamos ver se nós seríamos campeão. Aí é que começou a macumba a comer lascado. Ela de um lado e nós se viremos de outro lado.[43]

Para se virar, Seu Nenê afirmou que teve de recorrer a um centro[44] de Niterói que lhe prescreveu muitas obrigações, banhos de defesa, além de uma série de outros trabalhos rituais, que culminaram com a severa recomendação de que ele deveria vestir-se todo de branco no dia do desfile para garantir a vitória.

> Como nós tínhamos de fazer, nós tínhamos de fazer tricampeão, existia um trabalho de centro, de espírito, um trabalho assim de concentração, de espiritual, de vontade, de luta, de tudo quanto era jeito, de samba, de harmonia, de querer chegar, de gastar. Então nós estávamos prontos, nós estávamos dispostos a ir com tudo.

Assim "protegida" e fortalecida, a escola de Seu Nenê saiu da avenida tricampeã do carnaval de 1960, mesmo sob as vaias dos componentes da Lavapés, todos vestidos, obviamente, de vermelho...[45]

A devoção das agremiações carnavalescas aos santos protetores das religiões afro-brasileiras não é, entretanto, tão explícita quanto aquela manifestada pelos santos católicos, cujas imagens geralmente são encontradas em altares visíveis nas quadras da escola. Os assentamentos (altares) dedicados aos orixás e outras divindades afro-brasileiras, quando existentes na escola, freqüentemente ficam em locais mais discretos ou mesmo misturados a imagens católicas. De qualquer modo, como apontou Rita Amaral, é sobretudo no estilo de vida festivo do povo de santo e dos freqüentadores das agremiações carnavalescas que se pode entender como esses universos mantêm entre si uma relação de proximidade e sobreposição[46].

A oficialização do carnaval em São Paulo

Madrinha Eunice teve um papel importante na organização e oficialização do carnaval popular feito pelos negros em São Paulo. Na década de 1930, na qual a Lavapés surgiu, houve algumas iniciativas do governo municipal e das próprias associações carnavalescas para organizar as festividades momescas. Em 1935, foi fundada a Federação das Pequenas Sociedades Carnavalescas e, no ano seguinte, houve o primeiro carnaval oficial da cidade sob o patrocínio do prefeito Fabio da Silva Prado. Entretanto, os patrocínios da prefeitura eram esporádicos, revelando as contradições dos órgãos públicos entre adotar uma política cultural de apoio às manifestações populares negras e a necessidade de "controlar" esses eventos. De acordo com o prefeito em exercício e o contexto, os desfiles de carnaval poderiam desfrutar algum recurso ou cair no ostracismo. As constantes mudanças de locais de realização dos desfiles revelam uma falta de planejamento da atividade, cujo patrocínio acabava ficando mesmo por conta das rádios ou dos clubes de lojistas. Assim, os desfiles podiam ocorrer no Centro (São João, vale do Anhangabaú, praça da Sé etc.), no Parque do Ibirapuera, no Parque da Água Branca ou na Lapa. Em algumas gestões municipais, o carnaval, que ocorria no

Centro, passou a ser realizado no Ibirapuera, sede da prefeitura na época, desagradando a muitos foliões que consideravam essa região afastada do Centro. Datas comemorativas também podiam significar um apoio maior dos órgãos oficiais, como ocorreu em 1954 na celebração do IV centenário da fundação de São Paulo.

Somente em 1967, na gestão do prefeito Faria Lima, o carnaval foi finalmente oficializado como evento anual da cidade. Para isso, o prefeito exigiu que as entidades carnavalescas criassem um órgão oficial, para que a prefeitura pudesse repassar as verbas destinadas ao evento. Em 17 de agosto de 1968 foi fundada a Federação das Escolas de Samba, Blocos e Cordões de São Paulo, presidida por Moraes Sarmento[47] e composta por Vicente Leporace, Henrique de Almeida, Ramon Gomes Portão e Evaristo de Carvalho. Embora a cúpula da entidade tenha sido formada por jornalistas e radialistas (indicando a neutralidade da instituição nas rivalidades das associações carnavalescas), sua base de sustentação provinha de um grupo de velhos sambistas e dirigentes de associações, entre os quais Madrinha Eunice; Nenê da Vila Matilde; Inocêncio Mulata, da Camisa Verde; Vitucha Rossi, do Paulistano da Glória; Sebastião Amaral (Pé Rachado), da Vai-Vai; e Carlos Alberto da Silva (Carlão), da Peruche.

Com a oficialização iniciou-se um período de grande normatização do desfile (dos quesitos de julgamento, tempo de apresentação de cada escola, composição e tamanho das alas, instrumentos permitidos na bateria etc.), segundo o modelo do carnaval do Rio de Janeiro, cujo estatuto serviu de base. Por um lado, a subvenção oficial assegurou melhores condições de apresentação (decoração e infraestrutura da passarela oficial dos desfiles, mudança no trânsito, sistema de som, atendimento médico, segurança etc.), mas, por outro, obrigou as escolas a uma adequação técnica àquelas normas, tendo como conseqüência inevitável uma acentuada padronização das agremiações. Muitas delas, principalmente as mais novas, perceberam o sinal dos novos tempos e souberam implementar rapidamente as modificações necessárias, formando quadros técnicos especializados em cada quesito do desfile. Em muitos casos, importaram, da terra onde esse modelo de carnaval havia sido desenvolvido, o Rio de Janeiro[48], profissionais especializados no desenvolvimento geral do enredo, como o carnavalesco[49].

A partir da oficialização, acentuou-se o processo de seleção, que já vinha ocorrendo entre as agremiações nos anos de 1960 (entre outros fatores, devido à constante necessidade de buscar patrocínios). As escolas e os cordões tornaram-se entidades civis (com estatuto registrado, diretoria eleita, conselho fiscal, corpo de associados etc.), e só sobreviveram aquelas capazes de adotar um gerenciamento empresarial de suas atividades. Muitas escolas que conheceram algum sucesso não atravessaram esse período, como Brasil Moreno, Rosas Negras e Garotos do Itaim. Cordões de sucesso, como Vai-Vai e Camisa Verde, passaram em 1972 à categoria de escola de samba, redefinindo assim as feições básicas do carnaval paulistano nas três últimas décadas do século XX.

A Lavapés de Madrinha Eunice, embora não tenha deixado de existir, também foi vítima desse processo que a própria dirigente, paradoxalmente, ajudara a implementar.

Apogeu e ocaso de uma pioneira

A escola de Madrinha Eunice teve, pode-se dizer, três fases. Na primeira, que abrange as três primeiras décadas após seu surgimento, a escola conheceu o apogeu. Madrinha Eunice dizia que a Lavapés ficou "dezenove anos em primeiro lugar". Não é possível conferir esse número, pois havia, num mesmo ano, vários vencedores de acordo com a instituição patrocinadora (emissoras de rádio, jornais, clube de lojistas, governo etc.), mas sabe-se que a Lavapés desde o início disputava na categoria de escola de samba e nessa categoria havia poucos concorrentes à sua altura[50]. A fundação da escola de Seu Nenê ocorreu em 1949, e somente em 1956 ela começou a representar perigo para a Lavapés, quando as duas escolas, juntamente com a Garotos do Itaim, empataram no desfile do Ibirapuera. Além disso, outras entidades importantes que representavam algum risco, como a Vai-Vai e a Camisa Verde, disputavam o carnaval na categoria de cordão.

A segunda fase foi marcada pela crise que acometeu a escola e se evidenciou principalmente no período entre 1968 e 1978. Os resultados dos concursos revelam os altos e baixos da agremiação. Em 1968

MADRINHA EUNICE, AOS 86 ANOS DE IDADE.

e no ano seguinte, a Lavapés ficou em terceiro lugar. Em 1970, a escola acabou em quarto. Em 1971, cantando o samba-enredo *Insurreição pernambucana* – de Marco Aurélio, o Jangada, famoso sambista carioca que havia mudado para São Paulo –, a escola obteve o último lugar no Grupo I e desceu para o Grupo II. Em 1974, voltou para o Grupo I com o samba-enredo *Carmen Miranda*, composto por Jangada e Carlos Magno e cantado por Sebastião Roberto Soares, genro de Eunice, que havia começado na escola como relações-públicas e puxador de samba. No mesmo ano, Madrinha Eunice, ainda presidente mas já dando as primeiras mostras de perda do vigor físico, entregou o comando da escola ao genro Roberto, que em 1975 apresentou o enredo *Brasil em três tempos*. A escola perdeu pontos na apuração porque alguns componentes estavam com fantasias não-padronizadas e caiu novamente para o Grupo II. Madrinha Eunice retornou à ativa. No carnaval de 1977, a escola cantou na avenida seu quadragésimo aniversário de fundação com o enredo *40 anos de glória*, composto por Jangada e João Carlos:

É o samba, é o samba
40 anos de glória
Orgulho de bamba
É Lavapés, sua história é samba
É samba e mais samba
40 anos de glória
Orgulho de bamba
É Lavapés, sua história
Louvor e carinho
Pra Chico Pinga, Madrinha Eunice e Zé Bigodinho
Os fundadores
Que num dia feliz
Entre sonhos e amores
Plantaram essa forte raiz
É samba!

Sem conquistar boa classificação, a escola ficou no mesmo grupo. No ano seguinte, 1978, o enredo escolhido, *Valsa do imperador*, foi uma espécie de canto de cisne ou morte anunciada, pois a escola ficou em último lugar no Grupo II e passou para o Grupo III[51].

Nesse ano, iniciou-se a terceira fase da Lavapés, marcada pela despedida da escola do grupo de elite do carnaval de São Paulo (Grupos I e II). Em 1982, ela ainda cairia de grupo, dessa vez chegando à categoria de vaga aberta.

Algumas causas podem ser apontadas para o ocaso da escola de Madrinha Eunice. A mais importante parece ser a resistência da dirigente em se adaptar a um sistema mais burocratizado de escola de samba. Sua administração baseava-se sobretudo no carisma. Ela era a "dona do samba" e não admitia muita ingerência na condução da escola. Somente em meados da década de 1940 houve eleições na Lavapés para a formação de uma diretoria, que na verdade não interferiu muito, pois era constituída por familiares e amigos. Sem dúvida, também se via o mesmo tipo de nepotismo nos outros cordões e escolas de samba, cujos fundadores acabavam monopolizando a direção. Entretanto, quando as escolas se tornaram sociedades mais burocratizadas, regidas por estatutos e representadas por uma diretoria, houve negociações que permitiram um deslocamento controlado do poder das mãos dos mais velhos para as gerações mais novas. Estas, por sua vez, geralmente se mostravam muito mais aptas ao diálogo com as várias facções internas do grupo e com as instâncias externas da escola.

O fim da primeira fase do Camisa Verde, sob a liderança de seu Dionísio Barbosa, e o ressurgimento da agremiação com novo fôlego, sob o comando de Inocêncio Tobias, atesta o papel dessa geração intermediária, que nos anos de 1950 e 60 foi crucial para promover a transição do período "heróico" das agremiações (primeiras décadas do século XX) para o período de consolidação de um modelo burocratizado e profissional de carnaval (últimas décadas do século XX).

Na Lavapés, a falta de renovação das lideranças parece ter provocado um esgotamento das antigas formas de comando e a saída de candidatos potenciais, que acabaram fundando agremiações próprias ou ingressando nas já existentes e contribuindo, assim, para o fortalecimento destas[52].

Além da dificuldade da escola em se adaptar à crescente organização burocrática do desfile, com regulamentos cada vez mais rigorosos, Madrinha Eunice tinha uma visão de carnaval voltada para uma dimensão artesanal, que se expressava em escolhas nem sempre adequadas num momento de alta competitividade técnica das agremiações. Apenas para dar um exemplo, a líder da Lavapés se recusava a contratar um carnavalesco, figura cada vez mais importante no carnaval paulista a partir dos anos de 1970. A escolha dos enredos e seu desenvolvimento ficavam quase que exclusivamente nas mãos da matriarca, que propunha desde o samba até a concepção das alegorias.

A divisão social do trabalho na produção do desfile carnavalesco e sua respectiva profissionalização eram fatos que Madrinha Eunice não aceitava, dizendo que o "carnaval virou comércio" e reclamando dos componentes que só participavam mediante pagamento (passagem, lanches etc.). A adoção de uma relação profissional da diretoria com os associados da escola ou com outros prestadores de serviço (carnavalescos, figurinistas, costureiras etc.) parece não ter sido fácil para a "dona da Lavapés".

Outro agravante, que, embora de ordem pessoal, afetou a condução da escola, foi o vício de Madrinha Eunice no jogo de cartas. O vício a levou a propor em 1977 uma alteração no estatuto da agremiação (no capítulo da denominação e dos fins da instituição), visando "promover em sua sede social jogo de 'carteado lícito' para seus associados de acordo com a lei vigente"[53]. Num momento em que a escola estava em dificuldades, essa proposta teve repercussão muito negativa, pois acabou minando a necessária confiança do grupo em sua dirigente.

Madrinha Eunice aceitava as dificuldades pelas quais passava sua escola também como provação anunciada por suas entidades da quimbanda e acreditava que tudo melhoraria quando elas achassem que estava na hora de mudar[54]. Orgulhava-se de ter feito da Lavapés um celeiro de grandes nomes do carnaval e do samba paulista. Pela escola circularam compositores como Sinval Rosa, Germano Mathias e Jangada; dirigentes de escola como Chiclé (Vai-Vai), Inocêncio Mulata (Camisa Verde e Branco) e Carlão (Peruche); e ritmistas como Mestre Tadeu (chefe de bateria da Vai-Vai), além de muitas outras personalidades importantes na história do carnaval paulista. Dela saíram outras escolas, como Rosas Negras, Brasil Moreno, Unidos de Vila Maria e Unidos do Peruche (Moraes, 1978, p. 54). De fato, desfrutou a admiração unânime dos velhos sambistas, que, apesar de algumas discordâncias, sempre reconheceram seu valor, como se viu nas palavras de Seu Nenê. Uma prova desse reconhecimento público ocorreu quando a Lavapés, mesmo estando há anos fora do grupo de elite, foi convidada a desfilar nesse grupo *hors-concours*, celebrando o seu cinqüentenário de fundação.

Os últimos anos da octogenária Madrinha Eunice na presidência da Lavapés foram marcados pela luta contra a própria debilidade física, como revela a caligrafia tremida de sua assinatura nas atas das reuniões da diretoria que continuou a presidir. Era diabética, mas nunca se privou de açúcar. Enquanto as pernas ainda lhe permitiam caminhar, costumava freqüentar as ruas e os largos da Baixada do Glicério, talvez relembrando que naqueles mesmos lugares, havia mais de meio século, assistira, mocinha e depois mulher, a alegria debochada das Baianas Teimosas, ouvira ao longe os clarins e apitos que anunciavam a chegada dos cordões e a guerra de serpentinas e laranjinhas, e, sobretudo, que naquelas ruas ajudara a construir com sua escola uma parte significativa da memória do carnaval paulista.

Madrinha Eunice morreu em 6 de abril de 1995, em conseqüência de um derrame que lhe tirou os movimentos de um lado do corpo. Antes disso, teve uma das pernas amputada devido a um ferimento num dedo do pé que gangrenou por causa do diabetes já fora de controle. Depois de sua morte, Rosemeire Marcondes, sua neta, assumiu a presidência da Lavapés e com muito esforço tenta reerguer a mais antiga escola de samba em funcionamento de São Paulo. Vai cumprindo assim uma velha profecia de sua avó: "A Lavapés teve começo, mas não terá fim".

Geraldo Filme – o sotaque do samba paulista

Geraldo Filme de Souza nasceu em 17 de outubro de 1927. Sobre o local real de nascimento, o próprio Geraldo nunca foi preciso. Ora aponta como São João da Boa Vista, ora São Paulo. O fato é que ele foi batizado e registrado em São João da Boa Vista, cidade do Estado de São Paulo, quase na divisa com Minas Gerais. Nessa época, seus pais, ambos mineiros, já se haviam radicado na capital paulista, mas teriam ido para aquela cidade por um curto período apenas para que o filho nascesse ou fosse batizado ao lado dos parentes maternos que ali viviam[55].

O pai de Geraldo, Sebastião de Souza, natural de Ouro Preto, fora criado no Rio de Janeiro antes de mudar-se para São Paulo, onde trabalhou principalmente como marceneiro. A mãe, Augusta Geralda de Souza, natural de São João da Boa Vista, também havia migrado para a capital e auxiliava o marido como cozinheira na casa de famílias tradicionais paulistanas, como a dos Penteados.

Geraldo foi criado desde pequeno na Barra Funda, bairro em que seus pais fixaram residência, vivendo sobretudo nos arredores da alameda Glete e do largo Coração de Jesus. Nesse largo, no início da década de 1930, dona Augusta montou uma pensão próxima à avenida Rio Branco e à estação de trem Júlio Prestes[56], local de grande fluxo de viajantes, migrantes e comerciantes. Além de funcionar como hospedaria, a pensão oferecia refeições e também as entregava em domicílio. Cabia ao então menino Geraldo levá-las acondicionadas em marmitas – o que lhe rendeu o apelido de "Neguinho das Marmitas". A distribuição se estendia por toda a região da Barra Funda e dos Campos Elíseos, sendo que um dos clientes mais célebres nesse bairro foi Adhemar de Barros no período em que ocupava o Palácio do Governo.

> Aquele tempo não era fácil. Então tinha aquele problema de que iam envenenar o governador. A marmita ia de casa. Eu e o Zeca [da Casa Verde] íamos levar a marmita escoltados por dois soldados.[57]

Geraldo freqüentou apenas o ensino primário, em colégios da região, como a escola Prudente de Moraes, João Kock e o Liceu Coração de Jesus, freqüentado principalmente pelos filhos da elite dos Campos Elíseos.

A paixão de Geraldo pelo samba foi despertada desde a infância pela convivência familiar. Segundo o sambista, sua família sempre foi muito "festeira". Nos três dias seguintes ao do seu batizado, por exemplo, foi "batuque no quintal para os negros velhos; para os mais novos, samba na sala". "Eu só tinha que gostar disso", admitiu[58].

Seu pai gostava muito de música, especialmente de tocar violino. Como não tinha possibilidade de estudar, "entrou na religião adventista para aprender a tocar de graça; aprendeu a tocar e depois saiu fora e ficou tocando chorinho, valsa, essas coisas"[59]. Segundo Geraldo, seu pai se reunia com amigos nos fins de semana para cantar em casas de famílias que os convidavam, geralmente nos Campos Elíseos, ou em cidades e fazendas no interior de São Paulo.

Da avó materna herdou o apreço pela musicalidade dos cantos dos escravos produzidos nas senzalas: "Minha avó cantava uma música que passou para minha mãe, pequenininho, ficava de orelhada ouvindo"[60].

A convivência nesse ambiente teve papel importante na formação musical de Geraldo, que nunca estudou música como o pai. Ele mesmo percebeu que tinha certa habilidade para fazer músicas e cantar. Assim, desde criança já compunha alguns versinhos e melodias, os quais submetia à apreciação dos amigos mais velhos da escola ou da rua.

Inicialmente, Geraldo aprendeu com a mãe a ter ritmo e a dançar. Ela, entretanto, descontente com a vida boêmia do marido, temia que o filho lhe seguisse os passos. Estimulava-o a estudar, pois queria vê-lo um dia "doutor". Mas a paixão que a mãe possuía pela cultura popular e negra acabou sendo uma forte influência na vida de Geraldo: "Minha mãe é que participava mesmo da coisa ativa, da cultura popular, da coisa negra; quem conhecia mesmo era minha mãe"[61]. Foi ela quem lhe apresentou o mundo do samba, ao levá-lo nas caravanas que organizava para a Festa de Bom Jesus de Pirapora. O samba-de-Pirapora (também chamado de campineiro ou samba-de-bumbo) estava, ao lado do samba de roda e do samba de lenço, entre as variações do ritmo predominantes no Estado de São Paulo no início do século. O primeiro, cuja formação está provavelmente ligada ao batuque paulista tocado com o tambu[62], distingue-se dos outros pela marcação forte do bumbão ou da zabumba, que organiza as mudanças na dança e nos versos cantados e, junto com jongo, a umbigada e os desafios, marcava os encontros nos barracões montados para os romeiros em Pirapora.

> Nos barracões tinha de tudo, tinha as quituteiras, que fazia os quitutes, tinha outras que já traziam tudo pronto, ao som do batuque, era batuque, era zabumba, era o samba de lenço, era desafio, era cururu, o cururu da viola [...] lá tinha festa, tinha comida, bebida, tinha tudo.[63]

Com a mãe, participava também de outras festividades que reuniam os negros na capital paulistana ao som do samba e ao sabor das comidas típicas, como as já citadas festas do dia da abolição (com destaque para as festas na casa de Tia Olímpia, na Barra Funda, e no terreiro de Zé Soldado, no Jabaquara), de Santa Cruz, de São Benedito e, no Bexiga, de Nossa Senhora Acheropita. Nessas ocasiões ouviam-se o tambu, samba de lenço, cururu, craviola, samba de roda, além de inúmeros outros ritmos. As festas duravam a noite toda, às vezes até dois ou três dias, e reuniam não só negros, mas também brancos atraídos pela música e pelos quitutes.

Além de participar dessas festas, Geraldo freqüentava com amigos muitos outros espaços de sociabilidade negra na cidade. No extinto largo da Banana, na Barra Funda, local em que os trens descarregavam as bananas trazidas de outras regiões, os carregadores, nas horas vagas entre um trem e outro, formavam rodas de samba e tiririca. Com criatividade, improvisavam no ritmo, transformando pratos, colheres, latas de lixo, caixinhas de fósforo e o que mais estivesse à mão em verdadeiros instrumentos de percussão. Foi nesse meio que o "Neguinho das Marmitas", juntamente com seu colega Zeca da Casa Verde, freqüentou suas primeiras rodas de samba.

> Nessa época eu e o Zeca da Casa Verde entregávamos marmitas e, quando passávamos pelo largo da Banana, víamos os negros mais velhos jogando tiririca, aquele jogo da rasteira, o samba duro e plantado lá nos morros cariocas. Aí fomos aprendendo com os mais velhos, nos enturmando com eles até entrarmos de sola no samba.[64]

Com a tiririca, jogada ao som de palma de mão e instrumento de couro, Geraldo foi sendo aos poucos iniciado nesse universo musical:

> É tumba, moleque, tumba
> É tumba pra derrubá
> Tiririca faca de ponta
> Capoeira qué te pegá
> Dona Rita do tabuleiro
> Quem derrubô meu companheiro
> Abre a roda minha gente
> Que o batuque é diferente.[65]

O carnaval foi outra grande paixão despertada desde a infância. As primeiras lembranças de Geraldo desse festejo remontam aos seus 7 ou 8 anos, quando a mãe o levava para assistir aos desfiles, realizados em diversos pontos da cidade. Mas sua participação efetiva no carnaval começou somente a partir dos 10 anos, quando passou a desfilar como baliza nos principais cordões do bairro: Campos Elíseos, Grupo Carnavalesco Barra Funda (Camisa Verde e Branco) e Escola de Samba Primeira de São Paulo.

Participando com grande entusiasmo do clima de efervescência dos cordões dos anos de 1930, Geraldo Filme compôs, ao 10 anos, sua primeira letra de samba.

> Meu pai, ele era mineiro, mas tinha mania de carioca. [...] E a gente tinha um grupo, um bloco, na época. [...] E, não me lembro se foi em

> 37, o velho estava falando sobre as escolas do Rio: porque lá no Rio [tem] trinta cuícas, vinte pandeiros e aquele negócio todo [...] Ou seja, aqui não tem nada. Aí eu fiz um samba. [...] De pirraça, claro.[66]

O samba composto "de pirraça" já revelava uma característica que marcaria fortemente a postura de Geraldo Filme na defesa do samba paulista e dos redutos da produção musical do gênero, como o bairro da Barra Funda.

> Eu vou mostrar, eu vou mostrar
> que o povo paulista também sabe sambar
> Eu sou paulista, gosto de samba
> a Barra Funda também tem gente bamba
> Somos paulistas e sambamos pra cachorro
> pra ser sambista não precisa ser do morro.

Ao redor dos 20 anos, Geraldo Filme, já tendo abandonado o ramo de entrega de marmitas e o apelido correspondente, passou a ser conhecido como Geraldão da Barra Funda, figura notada tanto nas rodas de samba de seu bairro como nas mais distantes.

Somos paulistas e sambamos pra cachorro

A participação mais efetiva e sistemática de Geraldo Filme em uma agremiação carnavalesca iniciou-se no Cordão Paulistano, o que, de certo modo, também foi resultado da influência de sua mãe.

Dona Augusta, empregada doméstica durante a década de 1920, participou, juntamente com outras colegas de profissão do Jardim América, da fundação do Clube de Baile Paulistano, localizado na alameda Santos. Segundo Geraldo, sua mãe, numa viagem com os patrões à Europa, entrara em contato com o movimento operário e voltara com a idéia de montar uma espécie de sindicato que, além de defender os interesses das domésticas, organizaria o lazer delas, promovendo bailes e outros eventos. Desse grupo inicial surgiu, nos anos de 1940, o Cordão Carnavalesco Paulistano, de Vitucha Rossi, ao qual Geraldo se integrou, em 1948, compondo seu primeiro samba-tema e logo se destacando entre os compositores de sucesso no gênero. Virou o "compositor oficial" do cordão, escrevendo diversos sambas sobre temáticas variadas, como a primavera (cogitou-se de gravar a canção para lançá-la como hino dessa estação), a rua da Glória (onde se localizava o cordão) e o café (marco da economia paulista), entre outras[67].

Nesse período, Geraldo também participou de outras agremiações, como a Rosas Negras, com sede na rua Brigadeiro Luís Antônio, na qual integrou a ala da bateria.

Com o declínio e a extinção do cordão Paulistano, no início dos anos de 1960, o sambista transferiu-se para a recém-criada escola de samba Unidos do Peruche, onde se sentiu muito estimulado pelo clima de euforia de seus organizadores e freqüentadores. "Aí que o couro comeu mesmo, eu me senti mesmo num reduto bom de samba [...] Pensei: agora estou onde queria chegar"[68]. Nessa escola, Geraldo foi o principal autor de sambas-enredos entre 1960 e 1972, que ajudaram a tornar a escola várias vezes campeã e vice-campeã. Em 1973, por discordar da administração da escola – que, segundo ele, teria sido responsável pela perda da posse da quadra –, o sambista deixou a Unidos do Peruche e retornou para o Paulistano, agremiação que voltara a desfilar não mais no formato de cordão, mas como Escola de Samba Paulistano da Glória. Adotaram como estandarte a bandeira de São Paulo nas cores vermelho e branco. Em apenas dois anos, a escola passou a integrar o Grupo I com um samba-enredo de sua autoria, *Praça da Sé: sua lenda, seu passado, seu presente*:

Tebas, negro escravo
Profissão alvenaria
Construiu a velha Sé
Em troca pela carta de alforria
Trinta mil ducados lhe deu padre Justino
Tornou seu sonho realidade
Daí surgiu a velha Sé
Que hoje é marco zero da cidade
Exalto no cantar de minha gente
A sua lenda, seu passado, seu presente
Praça que nasceu do ideal

E praça escravo é praça do povo
Vamos na Sé que hoje tem samba de roda
Velho relógio
Encontro dos namorados
Me lembro ainda do bondinho de tostão
E engraxate batendo a lata de graxa
E camelô fazendo pregão
O tira-teima do sambista do passado
Bexiga, Barra Funda e Lavapés
O jogo da tiririca era formado
O ruim caía e o bom ficava de pé
No meu São Paulo, oi lelê, era moda
Vamos na Sé que hoje tem samba de roda.

Em um de seus sambas, *Eu vou pra lá*, Geraldo Filme conta um pouco de sua biografia e sua relação afetiva com a Paulistano da Glória:

Eu vou pra lá
Ai como é bom, Paulistano pra gente sambar
Minha escola é Paulistano
Pequenina mas caminha
Camisa da Barra Funda
Isinha é nossa madrinha
Eu sou filho de sambista
E por isso vivo assim
Sempre cantando o meu samba
Batendo o meu tamborim
Um sambista de verdade
Faz samba e não pensa em conquista
Sou nascido em um terreiro
Em São João da Boa Vista
Na hora que eu nasci
Mamãe me jogou na pista
Se cair deitado é padre,
Caiu de pé é sambista
Convidei a minha nega
Se não vem porque não quer

Eu não troco um bom samba
Pelo amor de uma mulher
A nega ficou zangada
Quase que o pau comeu
Eu brinco com todo mundo:
No fim do pagode seu nego é só teu.

Geraldo Filme ficou na organização da escola até 1977, quando saiu para assumir a presidência de um órgão corporativo, a União das Escolas de Samba Paulistanas (Uesp). Mesmo afastado, compôs o samba-enredo da Paulistano da Glória em 1980, cantado por ele mesmo na avenida sob forte chuva. Mas a escola já estava em decadência e acabou fechando definitivamente.

Geraldo Filme, aos 45 anos de idade.

Em 1981, Geraldo Filme transferiu-se para a consagrada escola de samba Vai-Vai, na qual passou a ser conselheiro diretor. Mesmo sendo da Barra Funda, bairro de antiga rivalidade com o Bexiga, seu ingresso na Vai-Vai resultou de uma admiração recíproca entre o sambista e a escola. "Daí pra frente eu adotei o Bexiga e o Bexiga me adotou, porque é lá a minha querida Vai-Vai."[69]

Para a Vai-Vai, Geraldo já havia composto, em 1976, o samba-enredo *Solano, o moleque do Recife*[70], que deu o título de campeã à escola. Em homenagem a ela, Geraldo compôs também alguns dos seus sambas mais conhecidos pelo público, como *Tradição*:

Quem nunca viu o samba amanhecer
Vai no Bexiga pra ver

O samba não levanta mais poeira
Asfalto hoje cobriu o nosso chão
Lembrança eu tenho da Saracura
Saudade tenho do nosso cordão
Bexiga hoje é só arranha-céu
E não se vê mais a luz da lua
Mas o Vai-Vai está firme no pedaço
É tradição e o samba continua
Quem nunca viu o samba amanhecer
Vai no Bexiga pra ver
Vai no Bexiga pra ver.

Quando o mais famoso apitador da Vai-Vai e do carnaval paulista, Pato n'Água, foi encontrado morto numa lagoa com o corpo perfurado por balas, também foi de Geraldo Filme o samba feito em sua homenagem: *Silêncio no Bexiga*. A morte do sambista e exímio jogador de tiririca nunca foi esclarecida, embora haja suspeita de que ele fora executado pelo esquadrão da morte[71]. Hoje, esse samba tornou-se hino de resistência e protesto contra a falta de reconhecimento e valorização dos "sambistas de rua, artistas do povo".

Silêncio, o sambista está dormindo
Ele foi, mas foi sorrindo
A notícia chegou quando anoiteceu
Escola, eu peço silêncio de um minuto
O Bexiga está de luto
O apito de Pato n'Água emudeceu
Partiu, não tem placa de bronze
Não fica na história
Sambista de rua morre sem glória
Depois de tanta alegria que ele nos deu
Assim um fato repete de novo
Sambista de rua, artista do povo
é mais um que foi sem dizer adeus.

No Bexiga, Geraldo reencontrou aquele clima existente antes em seu bairro de origem, a Barra Funda, e em muitos outros bairros de concentração negra próximos do Centro, como a Liberdade. De fato, as intensas redes familiares e de amizade que caracterizavam esses tradicionais redutos negros da primeira metade do século XX sofreram grande impacto em razão de sua condição precária de vida e da especulação imobiliária e se espalharam pela cidade, em direção aos bairros da periferia (Simson, 1989). A Liberdade, por exemplo, tornara-se um "bairro oriental" (devido à grande presença de imigrantes japoneses e chineses), e a Barra Funda, uma região de grande afluxo de migrantes nordestinos, atraídos pelas indústrias da região. O Bexiga, ou mais propriamente o núcleo onde se encontrava a Vai-Vai, resistindo à verticalização da cidade e ao fluxo de imigrantes italianos, ainda era um bairro onde se mantinha a convivência em torno das atividades artístico-musicais de origem negra, mesmo que em constante negociação com vizinhos, com o poder público etc. O fato de ser uma escola que ainda realizava seus ensaios na rua agradava a Geraldo Filme, que via nisso aspectos tradicionais do carnaval paulistano:

> Aquele povo, aquela raiz, eu sempre gostei deles [...] vim para Vai-Vai como diretor de carnaval, para ajudar a brigar com aquela gente lá, porque meu pensamento era ir pra Barra Funda e ficar lá, onde foi minha origem e tudo; então já vai pra lá, para Barra Funda, ficar lá pra morrer.[72]

O período dos anos de 1970, imediatamente anterior ao ingresso oficial de Geraldo na Vai-Vai, foi de grande consagração para o sambista e consolidação do seu prestígio. Recebia constantes elogios de jornalistas, críticos e músicos, freqüentemente divulgados na imprensa: "Geraldão no momento é quem melhor arma samba-enredo no país"[73]. Em 1973, foi indicado para a Academia dos Sambistas Imortais de São Paulo. Quando soube da homenagem, brincou: "Eu sempre fui imortal. Isso porque nunca tive onde cair morto"[74].

Além de compor e cantar sambas-enredo nas escolas, apresentava-se em casas de espetáculo famosas, como a Teleco-Teco da Paróquia (na rua Santo Antônio, 1015, Bexiga). Freqüentava ainda muitas outras casas noturnas que eram espaços de lazer e expressão musical para os sambistas da capital e para o público que provinha majoritariamente das quadras das escolas de samba. Entre elas, vale citar: o Garitão, também conhecido como a Casa Grande do Samba (rua Ribeiro da Silva, Campos Elíseos); o salão da Maison Suisse (rua Caio Prado, 183, Consolação), onde a escola Vai-Vai realizava suas rodas de samba; o São Paulo Chique (rua Brigadeiro Galvão, 723, Barra Funda); o salão no Clube Ginástico Paulista (rua Couto Magalhães, 280, Santa Efigênia); a Casa Amarelinha (rua Aurora, 781, República); e o próprio Teatro Arena (rua Teodoro Baima, Vila Buarque), que teve papel importante na divulgação de peças-*shows* dos sambistas.

Nesse período, a era dos cordões já anunciara seu fim, sucumbindo ao domínio organizacional e estético das escolas de samba. A oficialização do desfile em São Paulo e a criação da Federação de Escolas de Samba, Blocos e Cordões constituíram um fator fundamental nesse processo. Porém, logo de início essa instituição teve dificuldade de obter consenso das agremiações e teve problemas financeiros. A entidade perdeu força com a saída do radialista Moraes Sarmento da presidência da federação e por não prestar contas das verbas fornecidas pela Secretaria de Turismo e Fomento, e acabou "abandonada" em 1973 (Crecibene, 2000, p. 29).

Os dirigentes das escolas, juntamente com jornalistas, radialistas e outros interessados no universo do samba, tentaram encontrar outras maneiras de organização. Fundaram três entidades que representassem as agremiações. A Associação das Escolas de Samba de São Paulo (Aessp), com sede na avenida Rio Branco, foi presidida por Lourival da Rocha Gomes, o comandante Rocha, e teve como uma das fundadoras a escola de samba Vai-Vai[75] e como patrono Inocêncio Tobias. A União das Escolas de Samba Paulistanas (Uesp), instituída em setembro de 1973 nos salões da Paulistano da Glória, então dirigido por Geraldo Filme, teve como primeiro presidente o radialista Renato Correa de Castro, e sua diretoria era composta por sambistas, jornalistas e radialistas. Foi bastante divulgada e defendida em matérias jornalísticas pelo teatrólogo Plínio Marcos, amigo de Renato Correa de Castro e de Geraldo Filme, o que indica a simpatia de Geraldo por esse segundo órgão representativo. E, finalmente, a Coligação Regional das Escolas de Samba do Município de São Paulo (Crecibene, 2000, p. 29).

Essas entidades tinham por objetivo unir e representar as agremiações carnavalescas perante o poder público, porém dividiram em grupos distintos as escolas afiliadas, provocando rompimento entre elas. As matérias jornalísticas de 1973 revelam claramente a disputa política e a rivalidade, sobretudo entre a Aessp e a Uesp, e a simpatia de cada jornalista por uma ou outra entidade. Há notas nos jornais sobre reuniões realizadas pela Aessp para discutir os rumos do carnaval, assim como notas sobre a Uesp e a necessidade de unificar as agremiações, dando a entender que só uma entidade deveria permanecer e que essa última, na visão de seus simpatizantes, daria conta do recado. Apesar de a vontade de unificação existir em ambas as entidades, nenhuma pretendia abrir mão de seu nome e sua posição. Por isso, o agrupamento de todas as agremiações em apenas uma entidade ocorreu somente dois anos depois, em 1975, com a eleição da chapa Quilombo, presidida por Álvaro Ribeiro (Crecibene, 2000, p. 29). A comemoração do dia 2 de dezembro (dia do samba)[76] no ano de fundação das duas entidades ilustra bem as divergências e picuinhas entre elas: os festejos foram organizados pela Aessp com a Secretaria de Turismo; por esse motivo, as grandes escolas filiadas à Uesp não compareceram ao evento.

Cada uma das entidades buscava firmar sua legitimidade, principalmente diante do poder público e, especificamente, da Secretaria de Turismo e Fomento, da qual dependiam as verbas para o carnaval. Uma das grandes polêmicas do carnaval paulista ocorreu justamente no último mês de 1973, dando margem a manchetes inflamadas e fatalistas, como a do jornal *Notícias Populares* (30 de dezembro de 1973): "Carnaval paulista pode acabar em 74 – Carnaval paulista está ameaçado de desaparecer". O responsável pela Secretaria de Turismo, recém-empossado, elaborou um novo regulamento para o carnaval de 1974, mudando os dias de desfile de cada grupo, a ordem de entrada das escolas, o tamanho dos carros alegóricos, e decretando a perda de pontos se houvesse foliões sem fantasia. O regulamento provocou revolta nas escolas, principalmente as filiadas à Uesp, que ameaçaram não desfilar no carnaval. Os jornais dedicaram várias matérias à polêmica, que só foi solucionada depois que o secretário se reuniu com as duas entidades e alterou o regulamento.

Os jornais comprovam que a década de 1970 foi bastante significativa para a organização burocrática das agremiações carnavalescas e a própria efervescência do cotidiano delas. Colunas como Roda de Samba, da *Folha da Tarde*, Quadra de Ensaio e Samba Quente, do *Notícias Populares*, Samba no Pé e as matérias de Plínio Marcos, na *Última Hora*, entre outras, fornecem verdadeiras agendas das atividades das escolas e dos locais freqüentados pelos sambistas, mostrando que permaneciam a pleno vapor durante o ano inteiro. Evaristo Carvalho, Eduardo Nascimento, J. Muniz Jr., Edmundo Andrade e muitos outros divulgavam o samba fora dos muros das quadras. A idéia de São Paulo representar o "túmulo do samba" passou a ser criticada por jornalistas e sambistas como algo muito distante da realidade paulistana[77]. Basta observar afirmações como: "a terra da garoa se constitui num dos maiores centros de samba do país, não apenas do apresentado em casas noturnas, mas igualmente do samba de roda praticado em seu lugar original, nas quadras de ensaio das escolas de samba"[78].

A fama de Geraldo Filme, visto então como um "homem voltado exclusivamente para o samba, pelo qual desenvolve uma luta que lhe ocupa as 24 horas do dia"[79], acabou levando-o a assumir a presidência da Uesp em 1977:

> Quando eu era presidente da entidade que congrega o samba, a Uesp (União das Escolas de Samba Paulistanas) [...] as escolas pequenas estavam com problemas, a palavra deles não tinha eco nas reuniões, então formei uma coligação só com as escolas pequenas, que pode-se dizer que é a Uesp hoje, que tinha como prioridade batalhar pelo samba em primeiro lugar.[80]

Em 1986, por várias razões, a gestão unificada da Uesp perdeu terreno e foi formada a Liga Independente das Escolas de Samba, que se tornou responsável pelos grupos especial e de acesso das escolas, enquanto as outras agremiações continuaram filiadas à Uesp. Nessa época, Geraldo Filme, por sua influência e importância, passou a trabalhar na coordenadoria de carnaval do Anhembi, Turismo e Eventos da Cidade de São Paulo[81], órgão responsável pela organização desse festejo na cidade.

Pra ser sambista não precisa ser do morro

Em sua trajetória pela Paulistano da Glória, pela Unidos do Peruche e pela Vai-Vai, entre diversas outras agremiações que ajudou a fundar ou consolidar, Geraldo Filme se firmou como defensor do samba paulista, preocupação que motivou sua primeira composição, *Eu vou mostrar*, e que marcou diversos momentos de sua obra. Como ele próprio afirmou:

> Eu sempre fiz [sambas] sobre São Paulo, já cantei a praça da Sé, já cantei a Barra Funda, já cantei Bexiga, fiz tudo. [...] tem tanta coisa para se mostrar aqui, sem ser preciso ficar preso a Bahia ou outra coisa, vamos mostrar São Paulo.[82]

Para ele, era preciso não esquecer as origens rurais, que davam ao samba paulista uma conformação singular. Vários de seus sambas procuraram localizar os redutos dessas origens, como *Tradições e festas de Pirapora*, samba-enredo também conhecido como *Festa de Pirapora*, defendido na avenida pela Peruche, em 1971, quando obteve o segundo lugar no desfile:

> À margem do lendário Tietê
> Uma nova cidade surgiu
> De toda parte vem a romaria
> Festejar o grande dia e cantar em seu louvor
> Trazemos nessa avenida colorida
> Festa do povo e costumes tradicionais
> Dar ao povo o que é do povo
> O que fazemos nesse carnaval.
> Pirapora ê Pirapora ê
> Bate o bumbo, nego
> Quero ouvir o boi gemer.
> Lá no jardim é a festa de branco
> A banda tocava um dobrado
> As negras gritavam pregões
> E as moças casadoiras procuravam namorado.
> No barracão a raça sambava a noite inteira

Batia zabumba, jogava rasteira
Ô, cantando alegre a lua de um trovador
Tem branco no samba?
Tem sim sinhô
Ele é batuqueiro, Sá Aninha, ou é cantador?

Para Geraldo Filme, as origens rurais eram a garantia da legitimidade e da diferenciação do samba produzido em São Paulo. Deixálas de lado seria um risco assumido por muitos compositores e dirigentes das escolas de samba.

> Por isso que eu digo que nosso samba não tem nada a ver com o samba do Rio, é tão diferente em tudo, no tipo de manifestação da gente, no andamento, no peso do samba. Porque o nosso vem mesmo daqueles batuques, daquelas festas. [...] Rurais, festas que eram dadas aos escravos quando tinham boas colheitas, do corte de cana, boas colheitas de café, então eram aquelas festas para os escravos, na qual eles se manifestavam com aquelas danças, aqueles batuques, aquelas umbigadas [...] Nossa origem [...] é mais festiva. [...] veio daqui, ela veio do interior pra cá [...] Conforme o negro foi deixando o campo foi vindo pra cá, de todas estas regiões, alto sorocabano, Ribeirão, ele veio trazendo aquilo com ele.[83]

Outro aspecto recorrente em suas letras era a valorização da contribuição do negro para a formação cultural da sociedade brasileira. Com esse intuito, gostava de elaborar suas músicas com muita pesquisa. Para compor o já citado *Praça da Sé, sua lenda, seu passado, seu presente*, samba-enredo apresentado em 1974 pela Paulistano da Glória, Geraldo recorreu a centros de pesquisa da Cúria Metropolitana e do *Jornal do Correio* e trouxe para o desfile a história de um escravo chamado Tebas, que teria construído a torre da Igreja da Sé no século XVII. Da mesma forma, no enredo *A Revolução de 32*, apresentado no final da década de 1970, também pela Paulistano da Glória, Geraldo enfatizou o papel da Legião Negra nesse conflito e de Maria Soldado, negra que lutou como voluntária fingindo ser homem.

A escola de samba, para o compositor, muitas vezes exercia uma função pedagógica, ensinando às pessoas que assistiam aos desfiles a história do país. Em suas palavras: "Aprendemos a verdadeira história do Brasil através das escolas de samba, com seus enredos trazidos para a avenida"[84].

Geraldo Filme também foi um dos primeiros a utilizar a temática da religiosidade afro-brasileira nos desfiles paulistas. Segundo Monique Augras (1998), a ênfase dos sambas-enredos do carnaval carioca nessa temática ocorreu principalmente a partir da década de 1970. A Portela, em 1972, desfilou com o samba *Ilu Ayê*, famoso na voz de Clara Nunes. Mas foi especialmente após o grande sucesso de *A criação do mundo na tradição nagô*, apresentado pela Beija-Flor, em 1978, que o tema passou a ser desenvolvido pelas escolas de forma mais sistemática.

Em São Paulo, Geraldo Filme, defendendo a Paulistano da Glória, colocou os orixás na avenida com o samba-enredo *Que gente é essa*[85]:

Que gente é essa
De pé no chão
Que tem no canto
Sua forma de expressão?
Canto na travessia
O seu triste lamento
Para amenizar
Tanta dor e sofrimento
Que canto lindo
Na plantação
O rei escravo cantou
Na mineração
Rezou cantando
Ao pai Oxalá
Agô-gê e iorubá
Eparrei!
Oiá, Oiá vem nos ajudar
Kaô Kaô Kaô iorubá
Depois surgiu Palmares
Sua confederação
E um canto livre
Vem lá do sertão

Cantou na capoeira
No tronco cantou e gemeu
Ela cantando embalava
Um filho que não era seu
Hoje essa gente sofrida
Vem dos morros e favelas
Mas traz um canto divino
Que ilumina a passarela
Quem é?
É o canto negro, sinhô
É o povo negro, sinhô
É a liberdade, sinhô.

Geraldo Filme também fazia crítica social e racial com suas letras. Em *Samba de Pirapora*, uma de suas composições mais conhecidas, narra como a discriminação racial resultou, em muitos contextos, em um adensamento dos núcleos de sociabilidade dos negros e um fortalecimento de suas formas culturais de expressão e identificação. Este samba é também uma homenagem aos grandes incentivadores das tradições e festas carnavalescas, como Madrinha Eunice (Lavapés), Frederico Penteado e Dona Olímpia (Vai-Vai) e Dona Sinhá (Camisa Verde):

Eu era menino, mamãe disse vamos embora
Você vai ser batizado no samba de Pirapora
Mamãe fez uma promessa
Pra me vestir de anjo
Me vestiu de azul celeste, na cabeça um arranjo
Ouviu-se a voz do festeiro
No meio da multidão
Menino preto não sai aqui nessa procissão
Mamãe mulher decidida
Ao santo pediu perdão
Jogou minha asa fora, me levou pro barracão
Lá no barraco tudo era alegria, negro batia na zabumba e o boi gemia
E viciado neguinho num batuque de terreiro
Samba de Piracicaba, Tietê e Campineiro

Os bambas da paulicéia não consigo esquecer
Frederico entrou na zabumba, fazia a terra tremer
Cresci na roda de bamba, no meio da alegria
Eunice puxava o ponto, Dona Olímpia respondia,
Sinhá caía na roda, gastando a sua sandália
E a poeira levantava com o vento das sete saias
Lá no terreiro tudo era alegria, nego batia na zabumba e o boi gemia.

Já a letra de *Vai cuidar de sua vida* revela com ironia os riscos da expropriação de algumas práticas presentes a princípio na sociabilidade dos grupos negros (samba, capoeira e religiões afro-brasileiras), quando estes as vêem como coisa sem importância, absorvendo assim o discurso de desqualificação dos brancos, que tanto as criticaram e reprimiram, mas agora as adotam para si:

Vá cuidar de sua vida
Diz o ditado popular
Quem cuida da vida alheia
Da sua não pode cuidar
Crioulo cantando samba era coisa feia
"Esse negro é vagabundo, bota ele na cadeia"
Hoje o branco tá no samba quero ver como é que fica
Todo mundo bate palmas quando ele toca cuíca
Negro jogando pernada, negro jogando rasteira
Todo mundo condenava uma simples brincadeira
E o negro deixou de tudo, acreditou na besteira
Hoje só tem gente branca na escola de capoeira
Negro falava de umbanda, branco ficava cabreiro
"Fica longe desse negro, esse negro é feiticeiro"
Hoje o preto vai à missa e chega sempre primeiro
O branco vai pra macumba e já é Babá de terreiro.

Eu vou mostrar, eu vou mostrar

As contribuições de Geraldo Filme para a divulgação do samba paulista ultrapassaram o universo das escolas de samba. Carlos Alberto Caetano, o Carlão, um dos fundadores da Unidos do Peruche, lembra o contato que ele, Geraldo e outros sambistas estabeleceram com universitários, na década de 1960, a fim de divulgar o samba:

> Eu me lembro ainda de Geraldo Filme: "Vamos pra faculdade". Nós freqüentamos muito tempo a Faculdade de Direito do largo São Francisco, nós fizemos samba lá muitos anos dentro da faculdade, na década de 60. Convidava [os estudantes] pra sair conosco, aí de fim de semana nós íamos pra lá. Em outras faculdades, aqui nas Perdizes e outras mais, você entende, trazendo aquele pessoal. Aí aquele intercâmbio, vai trocando, vai trocando e começaram a participar em todas as escolas de samba.[86]

Na época em que presidiu a escola Paulistano da Glória, Geraldo Filme promovia semanalmente uma roda de samba na quadra de ensaio para o público universitário. Pode-se reconstituir essa programação pelas colunas jornalísticas, como a Quadra de Ensaio, que trazia uma agenda dos eventos do mundo do samba no jornal *Notícias Populares*.

A amizade do compositor com o dramaturgo Plínio Marcos também foi importante na divulgação do seu trabalho, em particular, e o do grupo de sambistas paulistas do qual fazia parte. Na década de 1970, Plínio Marcos já despontara como um "escritor marginal", que trazia para o enredo de seus romances e peças teatrais as personagens e o cotidiano das camadas pobres e estigmatizadas da sociedade. Como relembrou Plínio a propósito de seu encontro com Geraldo Filme:

> Nos conhecemos no grupo do grande poeta popular Solano Trindade, no Embu, que era um verdadeiro núcleo de cultura negra, não a cidade da arte que é hoje. A polícia sempre baixava e espantava todo mundo. Geraldão não era sambista, era fundamentalmente um historiador das coisas de São Paulo, da praça da Sé, das rodas de tiririca.[87]

Plínio Marcos também escrevia sobre o samba paulista em sua coluna no jornal *Última Hora*, na qual mencionava os eventos realizados na cidade. Geraldo Filme recordou que a participação e o incentivo do amigo já eram evidentes na década de 1960: "No Peruche, em

65, 66, o pessoal da televisão já ia lá [...] O Plínio ajudava: 'Vamos lá, pessoal, ver o Geraldão!' "[88]

O dramaturgo também montou com Geraldo Filme, Toniquinho Batuqueiro, Zeca da Casa Verde e outros a peça-*show* *Humor grosso e maldito nas quebradas do mundaréu*, exibida em 1974. Desta peça resultou o disco *Plínio Marcos – Em prosa e samba (nas quebradas do mundaréu)*, no qual Plínio intercala as músicas com narrativas sobre episódios do samba paulista.[89]

CAPA DO DISCO *PLÍNIO MARCOS – EM PROSA E SAMBA*. DA ESQUERDA PARA A DIREITA: ZECA DA CASA VERDE, GERALDO FILME, PLÍNIO MARCOS E TONIQUINHO BATUQUEIRO.

Nessa mesma época, Geraldo integrava o Conjunto Barra Funda, para o qual compôs inúmeros sambas. E, juntamente com outros, compôs as músicas que fizeram parte da trilha sonora da peça *Balbi-*

na de Iansã, dirigida por Plínio Marcos[90]. A peça musical, inspirada em *Romeu e Julieta*, retratava a história de Balbina, adepta do candomblé, filha de Iansã, que desafia sua mãe-de-santo ao se apaixonar por um filho de um terreiro inimigo. No desenrolar do caso amoroso, o casal é obrigado a deixar a religião para viver o romance. Essa peça, encenada em 1970, deu origem a um disco de mesmo nome, produzido pela extinta gravadora RGE. No mesmo ano, algumas composições de Geraldo Filme figuraram num LP que continha uma seleção de sambas-enredos da Unidos do Peruche.

Apesar de ser um dos grandes sambistas de São Paulo, o compositor conseguiu gravar apenas um disco próprio, quando já estava com 52 anos. O trabalho resultou de sua participação num programa especial produzido pelo estúdio da Rádio Eldorado FM em 1980. A demora para gravar seu primeiro disco foi resultado da falta de incentivo da indústria fonográfica à produção de samba da cidade. Uma matéria da *Última Hora* (1º de setembro de 1973) mostra a difícil situação dos compositores de samba em São Paulo naquela época: "Sem oportunidade de gravar, porque as gravadoras não põem fé, enquanto os programas de televisão só conhecem os sambistas cariocas e as rádios não se interessam pelos compositores paulistas".

De fato, em São Paulo não houve um movimento de divulgação ou de nacionalização do samba paulista como o que ocorreu com o samba carioca a partir dos anos de 1930 (Vianna, 1995; Reis, 1999). José Geraldo Vinci de Moraes (2000, p. 283) aponta "os enormes transtornos que o samba paulistano e seus músicos enfrentaram para participar da estruturação dos meios de comunicação eletrônicos em São Paulo", enquanto no Rio de Janeiro, "no mesmo período, o samba urbano carioca ocupava e consolidava com muita força seu espaço na radiofonia brasileira, impondo-se como padrão nacional".

O próprio Geraldo Filme conta o descaso com que normalmente era tratado pelas gravadoras:

> Sempre estive no meio de bambas como: Talismã, Zeca da Casa Verde, Pato n'Água e outros grandes nomes. Disco meu mesmo só tenho um. Tenho um outro que gravei com a Clementina e Tia Doca. A linha de samba que me proponho a fazer não interessa as gravadoras. Para elas meu samba não é comercial. Não abro mão de fazer o

que acho verdadeiro por dinheiro nenhum. O samba para mim é arte e amor.[91]

O disco a que se refere, gravado com Clementina de Jesus e Doca da Portela, é o LP *O canto dos escravos*, patrocinado pela Rádio Eldorado, em 1982, no qual foram gravados jongos e vissungos registrados no livro *O negro e o garimpo em Minas Gerais*, de Aires da Mata Machado Filho. Com esse trabalho, Geraldo Filme reafirmou a influência da musicalidade das senzalas na origem do samba, herança que fazia parte de sua experiência familiar.

Apesar dessa situação desfavorável, muitos intérpretes importantes gravaram canções de Geraldo Filme, como Germano Mathias, Noite Ilustrada, Demônios da Garoa, Beth Carvalho, Itamar Assumpção e Oswaldinho da Cuíca.[92]

Outro motivo de descontentamento de Geraldo com a influência dos interesses comerciais no desenvolvimento do samba eram os caminhos que o carnaval de São Paulo tomava, sobretudo a partir dos anos de 1980. Uma das principais críticas do compositor dirigia-se ao que chamava de "espetacularização do carnaval".

> Esse aí é o perigo do desfile, do espetáculo, isso aí não é carnaval. Carnaval é povo na rua, pulando, dançando, criatividade espontânea, bruxa, mulher, cada um se vira, veste como quer [...] esse tipo de coisa que eu considero carnaval. O que nós fazemos [hoje] é espetáculo.[93]

Como se viu acima, o tipo de samba que Geraldo Filme defendia originava-se em tradições do interior paulista, cada vez mais ausentes no carnaval oficial da cidade. Como relembrou Seu Nenê da Vila Matilde: "Além de compositor, [Geraldo] fez um trabalho de formação das escolas de samba em São Paulo. Deixou uma história [...] mas ele não aceitava muito essas coisas da modernidade no carnaval" (Silva e Braia, 2000, p. 109).

Segundo o próprio Geraldo Filme,

> Desde o momento que os dirigentes de escolas transformaram os desfiles em grandes sociedades com muito luxo, não há dinheiro que chegue. Eles deixaram o canto, o samba no pé; aquelas coisas lindas que

se faz com uma mixaria de grana, trocaram tudo isso por uma demonstração de luxo e riquezas, quando deveria ser mais simples e com muito samba e alegria. Os próprios componentes das escolas se sentem mal no desfile oficial; eles preferem desfilar na apoteose. O que os sambistas querem é sambar. Hoje eles fazem pirâmides humanas, viram pandeiro no dedo, são verdadeiros pilotos de disco voador. Os passistas não têm espaço para sambar. No pouco espaço que sobra, são atropelados por carros alegóricos.[94]

GERALDO FILME (SENTADO, À ESQUERDA) NUMA RODA DE SAMBA. CENA DE *SHOW* COM PLÍNIO MARCOS.

O compositor considerava que o excesso de luxo tinha o poder de fazer as pessoas se esquecerem das origens do samba. Assim, olhava com nostalgia para uma época distante, quando havia "um carnaval do povo, não para assistir, [mas] para participar"[95]. "O carnaval pra mim [...] é todo mundo na rua, zoando, pulando, plantando bananeira, sabe? Fazendo o que dá na cabeça [...] pra descarregar mesmo."[96] Essa postura levou-o a defender a necessidade de incentivar o carnaval de rua, proposta cada vez mais situada na contramão das políticas governamentais de centralização do espetáculo numa rede interligada por interesses de empresas privadas, mídia e órgãos públicos.

Adeus, Barra Funda

Geraldo Filme morreu em 5 de janeiro de 1995, aos 67 anos, no Hospital Panamericano, em decorrência de complicações de uma broncopneumonia agravada por diabetes. Na época, morava com sua mulher, Alice Lopes de Souza, e o filho, Ailton Filme de Souza, no conjunto habitacional Educandário, periferia da zona oeste de São Paulo. Seu enterro foi realizado no cemitério da Lapa, onde os sambistas, emocionados, deram-lhe um último adeus entoando *Silêncio no Bexiga*: "Silêncio, o sambista está dormindo / Ele foi, mas foi sorrindo / A notícia chegou quando anoiteceu [...] Partiu, não tem placa de bronze / Não fica na história / Sambista de rua morre sem glória / Depois de tanta alegria que ele nos deu".

Contrariando o que diz a letra de sua música, o compositor, desde que partiu, tem sido cada vez mais reconhecido como grande nome do samba paulista. Várias de suas canções que estavam fora de catálogo foram relançadas e encontram-se disponíveis em CDs[97]. Sua vida também foi tema do documentário *Geraldo Filme – crioulo cantando samba era coisa feia*, dirigido pelo cineasta Carlos Cortez. Em julho de 2001, a Prefeitura de São Paulo e o Anhembi realizaram o "Seminário Geraldo Filme", evento com exposição de fotos, exibição de documentários e debates sobre o carnaval. Na ocasião, foi inaugurada uma praça que leva seu nome, no setor 3 do Sambódromo. E no Cemitério da Lapa, numa área reservada à lembrança dos nomes ilustres, erigiu-se uma espécie de "mausoléu do samba", com placas em homenagem a Geraldo Filme, Madrinha Eunice e Henricão, o primeiro Rei Momo do carnaval paulista[98].

No fim da vida, Geraldo Filme já não freqüentava a Barra Funda, o bairro de sua infância e adolescência. O largo da Banana, onde aprendera samba vendo os mais velhos jogarem tiririca, há muito fora engolido para dar passagem a uma grande avenida. Também na alameda Glete, os bambas não mais se reuniam em cordões formados por parentes, vizinhos e amigos. Mas a emoção do sambista e sua saudade dos tempos passados permanecem perenes nos versos d'*O último sambista*:

Adeus
Tá chegando a hora

Acabou o samba
Adeus, Barra Funda, eu vou-me embora
Veio o progresso
Fez do bairro uma cidade
Levou a nossa alegria
Também a simplicidade
Levo saudade
Lá do largo da Banana
Onde nóis fazia samba
Todas noites da semana
Deixo este samba
Que eu fiz com muito carinho
Levo no peito a saudade
Nas mãos, o meu cavaquinho
Adeus, Barra Funda.

Notas

1. As informações sobre a vida de Madrinha Eunice e Geraldo Filme baseiam-se em grande parte nos depoimentos destes para o Projeto "Memória do Carnaval Paulistano", patrocinado pelo Centro de Estudos Rurais e Urbanos (Ceru) da USP em convênio com o Museu da Imagem e do Som (MIS) de São Paulo. Madrinha Eunice foi entrevistada em 1/9/1977 (Depoimento 1) e em 1/7/1981 (Depoimento 2). Geraldo Filme foi entrevistado em dezembro de 1978 (Depoimento 1), em 27/5/1981 (Depoimento 2) e, provavelmente, em 1981 (não consta data na ficha de identificação) (Depoimento 3). Além destes, nos baseamos em depoimentos de sambistas e carnavalescos também disponíveis nestes órgãos e outros feitos no âmbito da pesquisa "Do afro ao brasileiro – religião e cultura nacional", coordenada por Vagner Gonçalves da Silva e Rita Amaral (apoiada pela Fapesp e CNPq). Neste caso, estão os depoimentos de Rosemeire Marcondes (neta de Madrinha Eunice), Carlos Alberto Caetano (Carlão da Peruche), Carlos Costa (Carlão da Vila Maria) e Mãe Cleuza (da Camisa Verde). Em muitas outras entrevistas realizadas com dirigentes de escolas, compositores, componentes da ala das baianas etc. foi possível obter e confirmar informações sobre os nossos biografados. Agradecemos a Rita Amaral; a Olga Von Simson (coordenadora do Projeto "Memória do Carnaval Paulista"); a Kiko Bar-

ros; ao Ceru; ao MIS; à Anhembi Eventos; à Liga Independente das Escolas de Samba Paulista; à União das Escolas de Samba Paulistanas (Uesp), pelo acesso aos seus arquivos; à Fapesp e ao CNPq; e aos entrevistados, cujas informações possibilitaram a reconstituição de parcelas significativas da história de vida dos biografados, especialmente a Rosemeire Marcondes, atual presidente da Escola de Samba Lavapés.

2. No registro civil de nascimento lavrado na comarca de sua cidade de Piracicaba, consta o sobrenome de Deolinda como "Mader". Entretanto, ela mesma pronunciava seu sobrenome "Madre" (Depoimento, MIS/Ceru, 1981, p. 1).
3. No mesmo registro civil, consta "Mader".
4. A Capela de Santa Cruz das Almas dos Enforcados era local de grande devoção da população negra e pobre da cidade em virtude de lá ter sido enforcado o cabo revoltoso Francisco José das Chagas (o Chaguinhas) contra a vontade do povo. Conta-se que na primeira e na segunda tentativa de enforcamento a corda se rompera, o que teria sido um sinal da vontade de Deus não respeitada pelo governo, que mesmo assim mandou executar o réu.
5. Localizada na praça João Mendes, foi demolida em 1940, juntamente com o edifício da Cadeia, atendendo ao plano de avenidas de 1930, do prefeito Prestes Maia.
6. Depoimento, MIS/Ceru, 1981, p. 7.
7. *Ibidem*, p. 8, também reproduzido no CD *História do samba paulista I* (CPC-Umes, 1999).
8. Em 1981, quando concedeu entrevista ao MIS/Ceru, Eunice disse ter seis filhos (dois já haviam morrido), catorze netos, cinco bisnetos (a mais velha tinha 15 anos) e quarenta e seis afilhados (Depoimento, 1981, p. 3).
9. Depoimento, MIS/Ceru, 1981, p. 10.
10. O córrego teria recebido esse nome porque os viajantes lavavam os pés em suas águas antes de entrar na cidade.
11. Esse termo talvez resulte do fato de Dionísio morar próximo dos Campos Elíseos, região de antigas chácaras. Veja Depoimento no acervo MIS/Ceru.
12. Sobre a formação dos ranchos carnavalescos no Rio de Janeiro, consulte Cunha (2001).
13. Mário de Andrade descreveu as manifestações musicais de origem negra principalmente no artigo "O samba rural paulista" (1937).
14. Veja o depoimento de Dona Sinhá no acervo MIS/Ceru. Sobre a história de surgimento dos cordões nesses bairros, consulte Moraes (1971 e 1978) e Simson (1989).
15. Veja o depoimento dele no acervo MIS/Ceru.

16. Veja o depoimento de Antonio Ferraz (Seu Livinho) no acervo MIS/Ceru.
17. Antes de desfilarem, os cordões precisavam obter autorização policial, dada na forma de um selo, que se colava no estandarte da agremiação. Além disso, as agremiações deviam ser registradas na Seção de Divertimentos Públicos da Prefeitura Municipal.
18. Os próprios cordões, quando atingiam certo grau de organização, geralmente alugavam por meio de sua diretoria um salão de baile, o que possibilitava a realização de uma série de outras atividades ao longo do ano, as quais, além de preencher o lazer dos membros da agremiação, geravam recursos para o desfile carnavalesco.
19. Como conta Seu Nenê da Vila Matilde, "nos tempos antigos, era pernada, a tiririca. Nessa vale tudo, não é como a capoeira, que só pega mesmo se você se descuidar, que é encenação, é arte. Pernada, não; era teco no calcanhar, outro na perna e, quando você não esperava nada, o outro vinha e te derrubava" (Silva e Braia, 2000, p. 42).
20. Depoimento, MIS/Ceru, 1981, p. 26.
21. Veja uma descrição detalhada da organização, do desfile e da montagem dos cordões em Simson (1989, cap. IV).
22. Parque de lazer criado pela cervejaria Antarctica, que passou a promover concursos carnavalescos.
23. Entre as principais emissoras de rádio divulgadoras do carnaval nessa época pode-se citar a Rádio Record, fundada em 1928 na praça da República, a Rádio América, fundada em 1934 (como Rádio Kosmos) na praça Marechal Deodoro, e a Rádio Tupi, fundada em 1937 na rua 7 de Abril. (Sobre a importância dessas rádios em São Paulo, veja Moraes, 2000, p. 68.) Além das rádios, as redações de inúmeros jornais localizavam-se na região central: *Diário de São Paulo*, *Diário da Noite*, *Jornal do Brasil*, *O Globo*, *O Estado de S. Paulo*, *Folha da Manhã* (atual *Folha de S.Paulo*), *Diário Popular* (atual *Diário de S.Paulo*), entre outros.
24. O samba-tema é, de certo modo, antecessor do samba-enredo, que seria adotado posteriormente pelas escolas por força da oficialização do carnaval. A diferença básica entre os dois está no fato de que no primeiro há apenas um indicativo de um tema geral em torno do qual a escola se apresenta, enquanto no segundo há uma proposta mais estruturada, pois a letra do samba-enredo deve contemplar com mais rigor os vários elementos que compõem a estrutura do tema (enredo) apresentado pela escola.
25. Sobre o tema da "Saudades da cidade que se transforma" na música paulista, veja Moraes, 2000, p. 222.
26. Veja em Moura (1983) a importância da praça Onze no samba carioca.

27. Segundo depoimento de Rosemeire, neta de Madrinha Eunice, as cores vermelho e branco foram escolhidas em razão da admiração que sua avó tinha pela escola de samba carioca Unidos de São Carlos, que usava essas cores. A Unidos de São Carlos foi criada em 1955 com a fusão das escolas Cada Ano Sai Melhor, Paraíso das Morenas e Recreio de São Carlos. Em 1983, a Unidos de São Carlos passou a se chamar Estácio de Sá. Madrinha Eunice pode ter tido contato com as escolas que deram origem à Estácio nos anos de 1940, pois o bairro do Estácio de Sá era próximo da praça Onze, por ela freqüentada.
28. Depoimento, MIS/Ceru, 1981, p. 35.
29. Nos anos de 1920 e 30 em São Paulo e no Rio de Janeiro, foram construídos grandes estádios para acolher o crescente interesse da população urbana em assistir aos jogos de futebol, os quais também eram transmitidos pelas emissoras de rádio, com grande audiência. O sucesso dos torneios estaduais e do primeiro Campeonato Brasileiro de Futebol, realizado em 1923, também estimulou a realização desse tipo de certame em diversos níveis.
30. Na primeira Copa do Mundo, em 1930, o nome de Fausto se projetou como "Maravilha Negra". E, em 1932, a seleção brasileira, já com vários negros, como Leônidas da Silva e Domingos da Guia, venceu a Taça Rio Branco contra a equipe uruguaia, campeã da Copa do Mundo dois anos antes. Sobre esse tema, veja nesta coletânea o capítulo de Luis Henrique de Toledo, "Didi: a trajetória da folha-seca no futebol de marca brasileira".
31. A importância da mulher nos desfiles carnavalescos, conforme aponta Olga Von Simson (1989, p. 134), parece ter crescido nos anos de 1940. Entretanto, nos cargos de liderança, como presidência da escola, ou mesmo em alas tradicionalmente masculinas, como a bateria, as mulheres só se fariam presentes a partir dos anos de 1990. Apenas para citar algumas mulheres presidentes de escola em 2003: Elisabete, da Unidos do Peruche; Magali, da Camisa Verde; Elaine, da Mocidade Alegre; e Guga, do Morro da Casa Verde.
32. Depoimento, MIS/Ceru, 1981, p. 48.
33. Um dos casos mais conhecidos é o da Escola de Samba Gaviões da Fiel, que nasceu da torcida organizada do Corinthians. Surgiu como bloco em 1975 e em 1989 passou a escola de samba. Sobre a presença das torcidas organizadas no carnaval, veja Toledo (1996), especialmente o capítulo "As torcidas no samba".
34. Na Escola Gaviões da Fiel, por exemplo, é proibido o uso do verde, cor do seu arquiinimigo Palmeiras. E no caso do Bloco Mancha Verde, saído de uma torcida do Palmeiras, é vetado o uso do branco e preto.

35. Veja o depoimento, MIS/Ceru, 1976.
36. Deve-se lembrar, entretanto, que o termo "terreiro" designa tanto o largo ou espaço onde se realizam festas e danças em geral como também o local, ou templo, das religiões afro-brasileiras.
37. Depoimento, MIS/Ceru, 1978, p. 37 e 40.
38. Sobre os vários significados do termo *macumba* para designar os cultos afro-brasileiros do Sudeste, veja Silva (1995, p. 51).
39. O termo *madrinha* também é utilizado nas religiões afro-brasileiras, principalmente na umbanda, para designar a mãe-de-santo.
40. Depoimento, MIS/Ceru, 1981, p. 49.
41. As pipocas geralmente são ofertadas a Obaluaiê, orixá responsável pelas epidemias e sua cura.
42. Depoimento, MIS/Ceru, 1981, p. 123 e 127.
43. *Ibidem*, p. 137.
44. No depoimento dado ao MIS/Ceru, Seu Nenê não revelou, por questões éticas, qual era o centro nem mesmo a sua denominação religiosa (espírita, candomblé, umbanda, quimbanda etc.). Entretanto, em seu livro de memórias, descreve o centro como de candomblé (Silva e Braia, 2000, p. 58).
45. Depoimento, MIS/Ceru, 1981, p. 256.
46. Atualmente uma pesquisa mais abrangente sobre a relação entre religiões afro-brasileiras e alguns aspectos da cultura brasileira (inclusive carnaval e música popular) vem sendo desenvolvida sob a coordenação de Vagner Gonçalves da Silva e Rita Amaral, sob o patrocínio da Fapesp (1999-2001) e do CNPq (2001-2003).
47. Sarmento era radialista da Bandeirantes e possuía um programa diário em que divulgava sambas (Simson, 1989).
48. Sobre o modelo organizacional e estético das escolas de samba do Rio de Janeiro, veja Cavalcanti (1994).
49. A Mocidade Alegre, escola fundada em 1967, teria sido uma das pioneiras na "importação" de carnavalescos cariocas, como Edson Machado, e na adoção de um elevado padrão de qualidade técnica em seus desfiles. Sintomaticamente, foi campeã de 1969 a 1973, período imediatamente posterior à oficialização do carnaval.
50. Fundadas depois da Lavapés, Brinco de Ouro (que se tornou sua grande rival nos desfiles), Garotos do Itaim e Flor do Bosque eram as principais escolas que ameaçaram momentaneamente a hegemonia de Madrinha Eunice.
51. Sobre essa fase da Lavapés, consulte os depoimentos de Geraldo Francelino, Jangada e Sebastião Roberto Soares. Acervo MIS/Ceru.
52. Nesse período, muitos nomes importantes da Lavapés abandonaram a

escola, como Tadeu e Jeco, criados por Madrinha Eunice. O primeiro tornou-se diretor da bateria da Vai-Vai e o segundo foi para o Paulistano da Glória.

53. Livro de Ata da Lavapés, p. 23.
54. Depoimento, MIS/Ceru, 1981, p. 49.
55. Em entrevista realizada em dezembro de 1978, Geraldo afirmou: "A minha velha, os parentes eram todos lá de São João da Boa Vista [...] então quando foi para eu nascer, foi pra lá, para não ficar sozinha. Então eu sou são-joanense, mas nasceu e registrou e voltou para São Paulo" (p. 1). Em entrevista de 27 de maio de 1981, ele afirmou: "É o seguinte, eu nasci aqui [São Paulo], mas quando foi me batizar, me levaram para São João da Boa Vista [...] porque minha mãe tinha parentes todos lá, então foi para lá para batizar e já registrou lá mesmo" (p. 1).
56. Essa estação, construída entre 1926 e 1938, era o principal meio de escoamento da produção cafeeira do estado para o porto de Santos.
57. Programa *Ensaio*, TV Cultura de São Paulo, 1992.
58. *Idem.*
59. Depoimento, MIS/Ceru, 1981, p. 2.
60. *Hora do Povo*, 4 e 5 nov. 1995.
61. Programa *Show da manhã*, Rádio Jovem Pan, 1º jul. 1989.
62. Grande tambor feito de tronco de árvore.
63. Depoimento, MIS/Ceru, 1981, p. 4 e 5.
64. *Hora do Povo*, 4 e 5 nov. 1995.
65. Depoimento, MIS/Ceru, 1978, p. 6.
66. Rádio Jovem Pan (disponível na internet: http://jovempan.com.br/real/memoria/2002171729.ram).
67. Veja as letras das canções no depoimento, MIS/Ceru, 1981, p. 19 e 20.
68. Depoimento, MIS/Ceru, 1981, p. 20.
69. *Hora do Povo*, 4 e 5 nov. 1995.
70. "Solano vento forte africano / Nome que o menino recebeu / Lá no Recife Pernambuco / Cidade que o menino nasceu / Moleque de rua, viu Carnaval / O pregão da quituteira / E lapinhas do Natal / Literatura de Cordel / Confirmou o ideal / Levantar uma bandeira / Pela arte popular / Canta meu povo / Vamos cantar / Em homenagem / Ao poeta popular / Vai-Vai é o povo / Está na rua / Saudoso poeta / A noite é sua / Despertando sua alma de poeta / Vento forte foi a outro lugar / Rio, Minas da Inconfidência / Pampas, Paraná / Foi ao estrangeiro, defender seu ideal / E no Embu colonial / Arte dança e poesia / E os versos do poeta / Esquentando a noite fria."
71. Depoimento de Plínio Marcos no documentário *Geraldo Filme – crioulo cantando samba era coisa feia,* de Carlos Cortez.

72. Depoimento, MIS/Ceru, s/d, p. 2.
73. *Última Hora*, 21 set. 1973.
74. *Idem*.
75. A Vai-Vai se afastou da associação logo depois.
76. A sugestão do dia 2 de dezembro para dia nacional do samba foi dada por Edison Carneiro no Primeiro Simpósio do Samba Brasileiro, realizado em 1962 (*Última Hora* – Plínio Marcos, 2 dez. 1973).
77. Como lembra Maria Laura Viveiros de Castro Cavalcanti: "No Rio de Janeiro, ao longo do século XX, o desfile carnavalesco das escolas de samba estabeleceu-se como um mediador central na construção da identidade da cidade" (1994, p. 92). O epíteto jocoso de "túmulo do samba" dado a São Paulo parecia indicar a vocação da cidade mais para o "mundo do trabalho", em contraste com o "mundo dionisíaco" do carnaval. Entretanto, uma análise mais atenta da história do carnaval na cidade desmente facilmente essa afirmação popularizada pelo senso comum.
78. *Folha da Tarde*, coluna Roda de Samba, 7 set. 1973.
79. *Notícias Populares*, 25 mar. 1974.
80. *Hora do Povo*, 4 e 5 nov. 1995.
81. Programa *Ensaio*, TV Cultura de São Paulo, 1992.
82. Depoimento, MIS/Ceru, s/d, p. 23.
83. *Ibidem*, p. 13 e 14.
84. *Hora do Povo*, 4 e 5 nov. 1995.
85. No samba-enredo *Ao mestre com carinho: Geraldo Filme*, apresentado pela escola Colorado do Brás em homenagem ao compositor em 1996, também há elementos da religiosidade afro-brasileira, demonstrando mais uma vez que ela marcou a obra de Geraldo: "Abram alas / Peço licença no acorde do cavaquinho / Viemos homenagear o baluarte / Nosso mestre com carinho / Mandinga forte / Ninguém vai me derrubar / Vento forte africano / Peço a bênção aos orixás".
86. Entrevista concedida por Carlos Alberto Caetano a Vagner Gonçalves da Silva, Clara Azevedo e Rachel Rua Baptista em 21/1/2002.
87. *Folha de S.Paulo*, 30 mar. 1998.
88. Depoimento, MIS/Ceru, s/d, p. 9.
89. Os textos utilizados para compor a peça *Humor grosso e maldito nas quebradas do mundaréu* haviam sido anteriormente publicados na coluna de Plínio Marcos na *Última Hora* e compilados no livro *Histórias das quebradas do mundaréu* (1973).
90. Segundo Paulo Melo (1993, p. 246), *Balbina de Iansã* "é a primeira de uma série de quatro musicais escritos durante a década de setenta. O que há de musical em Balbina de Iansã deveu-se a encenação. Plínio Marcos, que dirigiu o espetáculo, convidou músicos da roda de samba

paulista, como Talismã e Zeca, da Casa Verde; Toniquinho, da Império do Cambuci; Marco Aurélio 'Jangada', da Lavapés; Geraldão, da Unidos de Peruche; e Kasinho, da Vila Maria. Juntos, eles escreveram letras, criaram sambas e marcaram com atabaques os pontos de candomblé presentes no texto de Plínio Marcos".

91. *Hora do Povo*, 4 e 5 nov. 1995.
92. Veja "Discografia de Geraldo Filme", p. 186.
93. Depoimento, MIS/Ceru, s/d, p. 1.
94. *Hora do Povo*, 4 e 5 nov. 1995.
95. Depoimento, MIS/Ceru, 1978, p. 10.
96. *Ibidem*, p. 24.
97. Em 2000, sob o patrocínio do Sesc São Paulo, foi produzido o CD *A música brasileira deste século por seus autores e intérpretes – Geraldo Filme*, resultado da participação de Geraldo Filme no programa *Ensaio* da TV Cultura de São Paulo. Em 2003, foram lançados *Canto dos escravos* e *Geraldo Filme*, versões em CD dos LPs de mesmo nome, pela gravadora Estúdio Eldorado.
98. Segundo Oswaldinho da Cuíca: "Henrique Felipe da Costa, o Henricão, além de ter sido o primeiro Rei Momo negro na história do carnaval paulista, foi também um dos maiores sambistas de São Paulo. Foi ele o autor de obras referenciais como 'Casinha da Marambaia' e da versão brasileira do 'Cielito Lindo', o hoje clássico 'Tá chegando a hora', com que se encerram quase todas as festividades carnavalescas de nosso país" (CD *História do samba paulista*, 1999).

Bibliografia

AMARAL, Rita. *Xirê! O modo de crer e de viver no candomblé*. Rio de Janeiro: Pallas; São Paulo: Educ, 2002.

ANDRADE, Mário de. "O samba rural paulista." *Revista do Arquivo Municipal*, Departamento de Cultura, São Paulo, ano IV, v. XLI, nov. 1937.

AUGRAS, Monique. *O Brasil do samba-enredo*. Rio de Janeiro: Fundação Getúlio Vargas, 1998.

BRITTO, Ieda Marques. *Samba na cidade de São Paulo (1900-1930)*. São Paulo: FFLCH/USP, 1986.

CAVALCANTI, Maria Laura Viveiros de Castro. *Carnaval carioca: dos bastidores ao desfile*. Rio de Janeiro: UFRJ/MinC/Funarte, 1994.

______. *A cidade e o samba*. *Revista USP*, São Paulo, n. 32, 1996/97.

CRECIBENE, Nelsinho. *Convocação geral, a folia está na rua: o carnaval de São Paulo tem história de verdade*. São Paulo: O Artífice Editorial, 2000.

CUNHA, Maria Clementina Pereira. *Ecos da folia – uma história social do carnaval carioca entre 1880 e 1920*. São Paulo: Companhia das Letras, 2001.

CUNHA, Mario Wagner Vieira da. "A festa de Bom Jesus de Pirapora". *Revista do Arquivo Público*, Departamento de Cultura, São Paulo, ano IV, v. XLI, nov. 1937.

MORAES, Eneida de. *História do carnaval carioca*. Rio de Janeiro: Civilização Brasileira, 1958.

MARCOS, Plínio. *Histórias das quebradas do mundaréu*. Rio de Janeiro: Nórdica, 1973.

MELO, Paulo Roberto Vieira de. *Plínio Marcos, a flor e o mal*. 1993. Tese de doutorado – Escola de Comunicações e Artes da Universidade de São Paulo, São Paulo.

MORAES, José Geraldo Vinci de. *Metrópole em sinfonia*. São Paulo: Estação Liberdade, 2000.

MORAES, Wilson Rodrigues de. *Escolas de samba de São Paulo*. São Paulo: Conselho Estadual de Arte e Ciências Humanas, 1978.

______. "Escolas de samba e cordões da cidade de São Paulo." *Revista do Arquivo Municipal*, Departamento de Cultura, São Paulo, 183 (34), 1971.

MOURA, Clovis. *Sociologia do negro brasileiro*. São Paulo: Ática, 1988.

MOURA, Roberto. *Tia Ciata e a pequena África no Rio de Janeiro*. Rio de Janeiro: Funarte, 1983.

REIS, Letícia Vidor de Sousa. *Na batucada da vida: samba e política no Rio de Janeiro (1889-1930)*. 1999. Mimeografia – Faculdade de Filosofia, Letras e Ciências Humanas da Universidade de São Paulo, São Paulo.

OLIVEIRA, Kelly Adriano de. *Entre o lúdico e a luta – Leandro de Itaquera, uma escola de samba na cidade de São Paulo*. 1999. Dissertação de mestrado – Faculdade de Filosofia, Letras e Ciências Humanas da Universidade de São Paulo, São Paulo.

ROLNIK, Raquel. *Cada um no seu lugar (São Paulo, início da industrialização: geografia do poder)*. 1981. Dissertação de mestrado – Faculdade de Arquitetura e Urbanismo da Universidade de São Paulo, São Paulo.

SANDRONI, Carlos. *Feitiço decente: transformações do samba no Rio de Janeiro (1917-1933)*. Rio de Janeiro: Jorge Zahar/Editora da UFRJ, 2001.

SILVA, Alberto Alves da (Seu Nenê); BRAIA, Ana (org.). *Memórias de Seu Nenê da Vila Matilde*. São Paulo: Lemos, 2000.

SILVA, Vagner Gonçalves da. *Orixás da metrópole*. Petrópolis: Vozes, 1995.

SIMSON, Olga Rodrigues de Moraes Von. *A burguesia se diverte no reinado de momo: sessenta anos de evolução do carnaval na cidade de São Paulo (1855-1915)*. 1984. Dissertação de mestrado – Faculdade de Filosofia, Letras e Ciências Humanas da Universidade de São Paulo, São Paulo.

SIMSON, Olga Rodrigues de Moraes Von. *Brancos e negros no carnaval popular paulistano (1914-1988)*. 1989. Tese de doutorado – Faculdade de Filosofia, Letras e Ciências Humanas da Universidade de São Paulo, São Paulo.

SOARES, Reinaldo da Silva. *O cotidiano de uma escola de samba paulistana: o caso Vai-Vai*. 1999. Dissertação de mestrado – Faculdade de Filosofia, Letras e Ciências Humanas da Universidade de São Paulo, São Paulo.

TOLEDO, Luiz Henrique de. *Torcidas organizadas de futebol*. São Paulo: Autores Associados/Anpocs, 1996.

URBANO, M. A.; NABHAN, N.; SANTOS, Y. L. *Arte em desfile: escola de samba paulistana*. São Paulo: Edicon, 1987.

VIANNA, Hermano. *O mistério do samba*. Rio de Janeiro: Jorge Zahar, 1995.

Documentários sobre Geraldo Filme

Ensaio, TV Cultura de São Paulo, 1992.

Geraldo Filme – crioulo cantando samba era coisa feia, de Carlos Cortez, média-metragem, 52 min, 1998.

Discografia de Geraldo Filme

1 – Discos próprios

Geraldo Filme, LP, Estúdio Eldorado, 1980 (lançado em CD em 2003).

Faixas – Lado A: 1.Vai no Bexiga pra ver (Geraldo Filme) / 2. A morte de Chico Preto (Geraldo Filme) / 3. Mulher de malandro (Geraldo Filme) / 4. Tristeza do sambista (Osvaldo Arouche/Walter Pinho) / 5. Eu vou pra lá (Geraldo Filme) / 6. Garoto de pobre (Geraldo Filme). Lado B: 1. Silêncio no Bexiga (Geraldo Filme) / 2. História da capoeira (Geraldo Filme) / 3. São Paulo menino grande (Geraldo Filme) / 4. Vai cuidar de sua vida (Geraldo Filme) / 5. Vamos balançar (Geraldo Filme) / 6. Reencarnação (Geraldo Filme).

A música brasileira deste século por seus autores e interpretes – Geraldo Filme, CD, Sesc São Paulo, 2000 (gravação do programa *Ensaio*, TV Cultura de São Paulo, 1992).

Faixas – 1. Batuque de Pirapora / 2. Samba da Barra Funda / 3. Lava-pés /

4. Tebas / 5. Eu vou mostrar / 6. Benedito chorou / 7. Silêncio no Bexiga / 8. Cordão do Vai-Vai / 9. Tradição / 10. Tradições e festas de Pirapora / 11. Que gente é essa?

2 - Participação em discos

Plínio Marcos – Em prosa e samba (nas quebradas do mundaréu). Plínio Marcos com Geraldo Filme, Zeca da Casa Verde e Toniquinho Batuqueiro. Chantecler, LP, 1974.

O canto dos escravos – Clementina de Jesus, Doca e Geraldo Filme. LP, Estúdio Eldorado, 1982 (lançado em CD em 2003).

Vai-Vai: 65 anos de samba. BMG Ariola Discos, 1995.

3 - Discos com versões de músicas de Geraldo Filme

Ginga no asfalto – Germano Mathias (1962)
Peruche 70 – vários intérpretes (1970)
Noite Ilustrada – Noite Ilustrada (1975)
O samba continua – Demônios da Garoa (1981)
Beth Carvalho canta o samba de São Paulo – Beth Carvalho (1993)
Vai-Vai: 65 anos de samba – BMG Ariola Discos (1995)
História do samba paulista – Oswaldinho da Cuíca (1998)
Pretobrás – Itamar Assumpção (1998)
Canções paulistas – Trovadores Urbanos (1999)

Mestre Bimba e mestre Pastinha: a capoeira em dois estilos

Letícia Vidor de Sousa Reis*

Até que um dia a iúna
Os dois mestres separou [...]
Depois disso eu tive um sonho

Que não me sai do pensamento
Eu vi Bimba e vi Pastinha
Ô iaiá, jogando no firmamento

Mestre Nagô

Hoje considerada um dos símbolos da cultura brasileira, a capoeira sempre foi perseguida, tendo sido descriminada apenas há cerca de setenta anos. Apesar das tentativas de literatos e outros membros da elite carioca do começo do século XX de fazer dela uma "gymnastica brazileira", seria pelas mãos de dois mestres de capoeira baianos, negros e oriundos das classes populares que a capoeira se tornaria, de fato, um esporte nacional, a partir das décadas de 1930 e 40.

Mestre Bimba – Manuel dos Reis Machado (1899-1974) – e mestre Pastinha – Vicente Ferreira Pastinha (1889-1981) – formularam, cada qual a seu modo, um projeto regional e étnico para a luta. Mestre Bimba, pioneiro na criação de uma pedagogia para a prática esportiva da capoeira, chamou a nova modalidade que desenvolveu de capoeira regional baiana. Já mestre Pastinha é considerado o principal sistematizador da modalidade conhecida como capoeira angola.

* Doutora em Antropologia Social pela Universidade de São Paulo.

Para viabilizar seus projetos, os mestres percorreram caminhos até certo ponto distintos. Mestre Bimba não via nenhum inconveniente em mestiçar essa luta, incorporando à capoeira que conhecia movimentos do batuque[1] e de lutas ocidentais e orientais. Por outro lado, mestre Pastinha, igualmente empenhado na legitimação da luta, reagindo àquela mestiçagem da capoeira, afirmava-lhe a "pureza africana", difundindo o estilo da capoeira angola e procurando distingui-lo da regional.

No fundo, Bimba e Pastinha elaboraram, por meio da capoeira, estratégias simbólicas e políticas diferenciadas que visavam, em última instância, ampliar o espaço político dos negros na sociedade brasileira. Em decorrência, portanto, de suas perspectivas distintas em relação à afirmação da identidade étnica, construíram, como veremos, uma linguagem de distinção – inclusive corporal –, selecionando sinais diacríticos de identificação e reconhecimento (Cunha, 1988).

"Bimba é bamba!"

Mestre Bimba foi biografado por alguns de seus alunos, como Raimundo César Alves de Almeida Itapoan (1982), Jair Moura (1991), Ângelo A. Decânio Filho (1996) e Muniz Sodré (2002).[2]

Manuel dos Reis Machado nasceu em 23 de novembro de 1899[3] no Engenho Velho de Brotas, cidade de São Salvador. Bimba ganhou esse apelido ao nascer, pois sua mãe perdeu uma aposta que fizera com a parteira, que dizia que o bebê seria menino (*bimba* é uma das designações populares do órgão sexual masculino no Nordeste do Brasil).

Seu pai era conhecido nas festas de largo de Salvador como campeão de batuque. Assim como os capoeiras, os batuqueiros primavam pela valentia. Na verdade, naquela Salvador de finais do século XIX e primeiras décadas do século XX, era difícil discernir essas práticas e seus praticantes. Antonio Pires (2001), em importante e pioneira investigação histórica sobre a capoeira baiana da Primeira República, na qual analisou cerca de oitocentos processos policiais envolvendo os chamados "capadócios", "valentões" e "baderneiros", aponta para a dificuldade que teve em reconhecer os praticantes de capoeira. Lamenta o autor:

MESTRE BIMBA, FOTOGRAFADO EM MEADOS DA DÉCADA DE 1960, TINHA UM PORTE FÍSICO AVANTAJADO E ERA UM EXÍMIO TOCADOR DE BERIMBAU.

> A dificuldade maior foi com o fato de que a expressão capoeira não aparece em cerca de 90% dos processos relacionados com a cultura da capoeiragem; assim, me sobrou a alternativa de recorrer à tradição oral para descobrir os nomes dos capoeiras do período entre 1890 e 1930 no Estado da Bahia, período de total vazio, no que concerne a um registro escrito da história dos capoeiras. (Pires, 2001, p. 15.)

Em Salvador, os capoeiras eram penalizados, em geral, segundo o artigo 303 do Código Penal de 1890, que tratava dos crimes por lesões corporais (Pires, 2001). De forma distinta, na cidade do Rio de Janeiro, possivelmente em virtude da maior visibilidade social dos capoeiristas e de suas maltas – o que se deve, em parte, à sua estreita associação com os políticos desde os tempos imperiais[4] –, aqueles eram enquadrados no artigo 402, que tratava especificamente das punições aplicadas aos capoeiras. Esse enquadramento jurídico distinto talvez se devesse também às situações diferenciadas que viviam as duas cidades no que respeita à temperatura das tensões raciais.[5]

Aos 13 anos de idade, Bimba empregou-se como estivador, permanecendo na profissão até completar 27. Foi no cais do porto que começou a aprender capoeira com Bentinho, capitão da Companhia de Navegação Baiana: "[...] naquele tempo capoeira era coisa para carroceiro, trapicheiro, estivador e malandros", lembra o mestre em entrevista à Itapoan (Almeida, 1979, p. 13).

Interessante observar aqui que mestre Bimba, assim como tantos outros de sua geração, trabalharam no cais do porto, local de grande concentração da capoeiragem baiana entre o final do século XIX e o começo do século XX. Assim como já constatara ao estudar a capoeira carioca na Primeira República[6], Pires (2001) ressalta que a capoeira soteropolitana, no mesmo período, ainda que estigmatizada como prática de "malandros" e "baderneiros", estava inscrita no modo de vida da classe trabalhadora:

> Ela não esteve na periferia das classes, apesar de os praticantes serem percebidos enquanto marginais ao sistema produtivo. Pelo contrário, ela desempenhou papel fundamental entre os indivíduos das classes trabalhadoras, agrupando-os nos locais de trabalho, nos bairros, nas ações de classe, nas ações de desordem social ou nos momentos de lazer. (Pires, 2001, p. 51-2.)[7]

Importante dizer também que, à semelhança do modelo organizativo dos capoeiras cariocas agrupados em maltas, também as encontramos em Salvador, conforme testemunharam Manuel Querino (1955) e Antonio Vianna (1979). Tais grupos não eram formados apenas por capoeiras das classes populares, mas também pela fina flor da elite baiana, como os estudantes das faculdades de Medicina e Direito, que rivalizavam entre si.

No decorrer da década de 1920, Bimba iniciou o ensino de capoeira no Clube União em Apuros, situado no Engenho Velho de

Brotas. Mas esses eram tempos de perseguição aberta à capoeira, ainda que, várias vezes, houvesse a conivência de agentes da ordem, muitos deles também adeptos da capoeira[8]. Conforme palavras do próprio mestre, em entrevista à *Tribuna da Bahia* em 18 de novembro de 1972, "havia roda de capoeira nas esquinas, nas portas dos armazéns, no meio do mato. A polícia proibia e eu, uma certa ocasião, paguei até 100 contos a ela para tocar duas horas".

Na verdade, a atuação de mestre Bimba situa-se a meio caminho entre a da velha geração das maltas de capoeira do século XIX e princípios do século XX e a da nova geração de capoeiristas, que seria responsável pela transformação da capoeira em esporte. Nisso, o papel principal coube a Bimba. Pouco a pouco, à sua escola começaram a afluir universitários como Joaquim de Araújo Lima, mais tarde governador de Guaporé (antigo território brasileiro), por meio de quem o mestre conseguiu realizar a primeira apresentação pública de capoeira, sem interferência da polícia, no ano de 1924. Segundo Bimba, foi ainda por intermédio de Joaquim de Araújo que ficou conhecendo outros estudantes: "[...] passaram pelas minhas mãos vários governadores, senadores, desembargadores, gente importante na vida pública. Seabra foi um deles. Mas o dr. Joaquim foi quem iniciou" (*Tribuna da Bahia*, 18 nov. 1972).

Assim, a escola de Bimba começou a contar com a presença assídua de alunos provenientes da classe média branca baiana. Primeiro disciplinador e pedagogo da capoeira, o mestre desenvolveu uma nova modalidade, que chamou de capoeira regional, "porque a capoeira nasceu aqui, na Bahia, em Cachoeira, Santo Amaro e Ilha de Maré"[9].

No ano de 1936, dois acontecimentos importantes demonstraram a formação de alianças sociais que a capoeira baiana, na figura de mestre Bimba, realizou com o poder instituído. Entretanto, esses dois eventos atestam a atitude ambígua de ambos os lados[10]. Um deles foi o convite feito ao mestre Bimba para apresentar-se oficialmente no palácio presidencial de Salvador. A reação primeira de Bimba, ao receber o convite das mãos do guarda do palácio em sua casa, foi de desconfiança:

> Sabendo-se capoeira e conhecido da polícia, assustou-se e não teve a menor dúvida de que se tratava de sua prisão [...] Ao chegar ao palá-

cio teve uma grande surpresa e contentamento. O então interventor federal na Bahia, sr. Juracy Montenegro Magalhães [...] pediu-lhe que se exibisse em palácio, com seus alunos, para um grupo de autoridades e amigos seus. (Rego, 1968, p. 315.)

No mesmo ano de 1936, mestre Bimba e seus discípulos participaram oficialmente das comemorações cívicas do 2 de Julho, a "data magna baiana", quando se celebra a expulsão das tropas portuguesas da Bahia no processo da independência brasileira. Um coreto foi construído especialmente para sua exibição. O jornal baiano *A Tarde*, na edição de 1º de julho de 1936, não perdeu a oportunidade de manifestar sua opinião contrária à apresentação: "Mestre Bimba famoso praxista da capoeira [fará uma] demonstração de sua especialidade, com alguns discípulos. Mal colocada entre os números comemorativos ao dois de julho deste anno, a capoeira lamentavelmente fará parte do programa cívico" (citado por Abreu, 1999, p. 31).

Pouco tempo depois desses dois episódios, em 1937, mestre Bimba receberia autorização oficial para abrir o Centro de Cultura Física e Capoeira Regional, a primeira academia a funcionar legalmente no Brasil (vale lembrar que tanto Bimba, em Salvador, como Sinhozinho, no Rio de Janeiro, e possivelmente outros capoeiristas do país já ensinavam capoeira clandestinamente).

A capoeira regional, criada por Bimba, consagraria a esportização da capoeira e sua descriminação. O mestre, portanto, teve papel fundamental na conquista de maior visibilidade e reconhecimento social da capoeira no país. As estratégias de que se serviu para a conquista da legitimidade da capoeira (tarefa difícil, já que os capoeiristas eram considerados criminosos do ponto de vista legal) foram marcadas pela ambigüidade, pois era necessário encontrar uma prática que impossibilitasse a repressão e a aplicação da lei.

Como comenta Frederico de Abreu (1999, p. 41), a respeito da sabedoria política demonstrada por mestre Bimba, em suas gestões para obter a legitimidade da capoeira:

seduzindo para a prática da Regional uma quantidade cada vez maior de jovens brancos, o mestre Bimba, na sua luta para derrubar o preconceito contra a capoeira, foi buscar aliados no território branco e envenenou o preconceito dentro da sua própria casa: no seio da família – "célula-mater da pátria" (Rui Barbosa): os jovens brancos desobedecendo os pais preconceituosos para jogar capoeira. Golpe de mestre.

Considerando que a capoeira constituiu-se como "necessidade de defesa dos escravos africanos", o mestre diz que criou a modalidade regional "para o fraco se defender do forte", porque considerava que a capoeira angola, na qual se desenvolvera, "deixa muito a desejar", pois "só mostra danças e acrobacias"[11].

O mestre associou então aos movimentos corporais da capoeira alguns passos de danças populares de origem negra, como o batuque, além de inspirar-se em golpes e defesas de lutas ocidentais e asiáticas[12]. Numa entrevista concedida ao antropólogo baiano Waldeloir Rego (1968), Bimba diz que para criar a regional "se valera de golpes de batuque [...] assim como detalhes da coreografia de maculelê, de folguedos outros e muita coisa que não se lembrava, além dos golpes de luta greco-romana, jiu-jitsu, judô e a savate".

Mestre Bimba carrega a pecha de ter provocado o "embranquecimento" simbólico e social da capoeira baiana. Porém, como argumenta com propriedade Pires (2001, cap. 2), o que ele fez foi apenas intensificar um processo anterior de diversidade cultural dentro da capoeira. Com efeito, alguns de seus discípulos estudavam na faculdade de Medicina. No entanto, como mencionado antes, a capoeira já fazia parte das práticas culturais desses últimos, bem como dos estudantes de Direito, cujas maltas chegavam a "guerrear entre si" na condição de "verdadeiros cavalheiros" (Querino, 1955, p. 74, 75).

Bimba atuaria então para radicalizar esse processo com o intuito de legitimar a capoeira. Luiz Renato Vieira (1990) analisa o que chama de "proposta racionalizante" contida na capoeira regional, a qual se baseia na noção de "eficiência". O autor faz observações pertinentes acerca das características da capoeira regional, considerando-a "[...] resultado de um processo de adequação de categorias técnicas, rituais e simbólicas, via introdução de uma ordem racional, no ethos que envolve o jogo, com o objetivo de obtenção da legitimação junto aos setores sociais dominantes de Salvador da primeira metade deste século" (Vieira, 1990, p. 178).

Entre 14 e 20 anos, Bimba freqüentou um terreiro de nação *ketu* de Salvador, onde se tornou ogã (cargo masculino responsável pelos atabaques). Filho de Xangô, continuou a exercer essa função no terreiro de candomblé-de-caboclo Oiá Padé da Riméia, de Mãe Alice, uma de suas mulheres, com quem viveu por cerca de quarenta anos (Sodré, 2002, p. 93-5).

Ao longo da década de 1930, a intensificação de alianças sociais realizada pela capoeira soteropolitana a fim de obter legitimidade pôde ser observada também no candomblé de Salvador. Como mostra Jocélio Santos (2002, p. 139, 140)[13], nesse momento os líderes religiosos aproximaram-se dos intelectuais e mesmo do poder constituído.

Em 1937, a cidade sediou o 2º Congresso Afro-Brasileiro (o anterior tinha sido em Recife, três anos antes, organizado por Gilberto Freyre), sob a coordenação de Édison Carneiro, Aydano do Couto Ferraz e Reginaldo Guimarães. Dele tomaram parte cerca de quarenta terreiros baianos. Também compareceram ao evento alguns capoeiristas baianos para exibir-se, dentre os quais Samuel Querido de Deus, Aberrê e Onça Preta, todos eles adeptos do estilo de capoeira angola (mais à frente falaremos a respeito desse estilo). Importante notar que mestre Bimba, já nessa ocasião figura de certo destaque na capoeiragem baiana, não fez parte da lista de convidados do 2º Congresso, talvez porque sua capoeira mestiça não se identificasse com o que os intelectuais daquele momento julgavam mais próximo de uma suposta "autenticidade africana". Data dessa época também a liberação das festas religiosas dos terreiros do Gantois e do Axé Opô Afonjá, o que ocorreu devido aos laços sociais mantidos entre certas autoridades do Estado Novo e as ialorixás daqueles terreiros (Santos, 2002, p. 140, 141).

Além do ensino de capoeira nas escolas, a exibição pública da capoeira nos ringues, em confronto com outras lutas, também foi uma das formas de proporcionar maior visibilidade pública à capoeira tanto no Rio de Janeiro quanto em Salvador[14].

No dia 6 de fevereiro de 1936, quando da inauguração do Estádio Odeon, na região central da cidade, ao lado dos "lances sensacionaes do 'box' " e dos números do "athleta Haddad que entortou barras de ferro", apresentaram-se os capoeiras baianos liderados por mestre Bimba. Nessa ocasião, demonstraram a maximização da eficácia dos golpes, agora sistematizados, do "esporte genuinamente nacional", literalmente "para inglês ver":

> "Bimba é bamba!" gritavam das galerias quando "mestre" Bimba subiu ao tablado com o seu adversário Henrique Bahia. Numa fila, cidadãos norte-americanos, depois de apreciarem como conhecedores o "box", mostravam interesse em ler as "letras" do desporto nacional. E "Bimba" as escreveu, magistralmente... Depois de vários minutos de jogo, cadenciado, cheio de passes de agilidade e de contorsões felinas, "mestre Bimba" projectou em grande estylo o seu adversario ao chão, sob applausos calorosos com um pontapé no peito. (*O Estado da Bahia*, 7 fev. 1936.)

Como vemos aqui, a capoeira de Bimba, restrita a espaços fechados e representada como um "desporto nacional", partiu em busca da adesão de outras classes sociais, conseguindo até atrair atenção internacional por meio do turismo (no caso da notícia acima, a capoeira é admirada por "cidadãos norte-americanos").

Certamente, o porte físico de Bimba o favorecia nos ringues. O jornalista Ramagem Badaró o descreveu em visita que fez, em 1944, a uma roda de capoeira na Roça do Lobo (local de treinamento fundado nos anos de 1940 por mestre Bimba na periferia de Barris, bairro de classe média de Salvador):

> Um preto agigantado entrou no círculo formado pelo povo. Sorrindo. A multidão aplaudiu com mais força. O sol bateu-lhe de rijo no rosto escuro iluminando-lhe as feições. Era de fato alto. O rosto oval. Os olhos fundos escondidos numa testa saliente. Nariz chato. Carapinha rala quase careca. E um bigode pequeno, ralo, em forma de triângulo sobre os lábios grossos. Mas no conjunto era simpático. (Moura, 1991, p. 72.)

Além da já citada apresentação de Bimba e seus alunos em Salvador, no Estádio Odeon, em 1936, ocorreram outras pelo Brasil afora. Em 1937, exibiu-se no Ceará. Com o intuito de divulgar a capoeira regional, o mestre foi a São Paulo em 1949, acompanhado por nove capoeiristas, que se exibiram no ginásio de esportes do Pacaembu, enfrentando-se com atletas de luta livre. O jornal paulistano *A Gazeta Esportiva* (7, 8 e 12 fev. 1949) cobriu o evento e elogiou a "regeneração" de mestre Bimba, cujos alunos eram "médicos, engenheiros, advogados e estudantes", além de ter mencionado sua capoeira como "civilizada", que nada deixava a dever ao boxe, à luta livre ou ao jiu-jitsu.

Em julho de 1953, Bimba foi recebido pelo então presidente Getúlio Vargas, no Palácio do Governo, em Salvador, onde realizou demonstrações de capoeira.

Nessa ocasião, Getúlio exaltou a capoeira como a "nossa luta nacional", fazendo eco, assim, às idéias defendidas por alguns intelectuais cariocas de princípios do século XX. No entanto, a capoeira se fez nacional por obra de Bimba e Pastinha e, assim, podemos dizer que é um triunfo político dos negros brasileiros.

É possível percebermos, contudo, algumas semelhanças entre mestre Bimba e os capoeiras e intelectuais cariocas de princípios desse século. Em dois depoimentos prestados aos jornais baianos *Tribuna da Bahia* (18 nov. 1972) e *Diário de Notícias* (31 out. 1965; 1º nov. 1965), mestre Bimba explicou que em 1928 já havia finalizado a criação da nova modalidade de capoeira, a regional, "que é o batuque misturado com a angola, com mais golpes, uma verdadeira luta, boa para o físico e para a mente". O mestre fez ainda um esclarecimento importante, dando-nos uma pista do aparente hiato entre as tentativas de esportização da capoeira no Rio e na Bahia: Bimba disse que "introduziu ensinamentos dos livros de jiu-jitsu, judô e luta livre", aproveitando apenas a ginga da angola, e acrescentou que a regional poderia ser disputada sem berimbau e pandeiro.

Repetindo uma afirmativa feita por Coelho Neto em 1928, Bimba ressaltou que a capoeira deveria ser ensinada "nos colégios e quartéis". O mestre demonstrava assim ter travado algum conhecimento com as propostas dos intelectuais e mestres cariocas do período, as quais, possivelmente, o inspiraram na criação de sua capoeira regional. É provável que Bimba tenha tido acesso ao pensamento ilustrado sobre a capoeira produzido no Rio de Janeiro por intermédio de seus discípulos universitários.

Nesse sentido, se, no Rio de Janeiro de princípios do século XX, esboçou-se um jeito branco[15] e erudito de converter a capoeira em esporte, houve também um jeito negro e popular de fazê-lo na Bahia, a partir da década de 1930. Porém, não existiu uma oposição absoluta entre ambos, pois se observa um movimento dinâmico de renovação de sentidos sociais, que põe em contato as culturas branca e negra no país. Se, de um lado, a cultura negra se embranqueceu, de outro a cultura branca se enegreceu, o que se desenrolou, evidentemente, sob o signo da dominação e teve como necessária contrapartida a confrontação negra.

Em outras palavras, esses dois modos de esportização da capoeira estabeleceram uma relação dialógica e interagiram por intermédio de uma circularidade cultural. Nesse processo, realizaram-se apropriações e atualizações de ambos os lados, em relações sociais marcadas pela tensão e pelo conflito. Para evitarmos a armadilha de uma redução dicotômica da cultura em dois pólos, o "popular" e o "erudito", talvez possamos chamar esse modelo híbrido de capoeira de uma sorte de "formação cultural de compromisso" (Ginzburg, 1991)[16].

É possível, portanto, notar certa proximidade entre algumas idéias e práticas da capoeira carioca do começo do século e a capoeira baiana da década de 1930. Em ambas, ressalta a preocupação em difundir a prática da capoeira como um esporte, embora esta seja representada de forma diversa.

É evidente a vinculação entre a capoeira e a educação física, presente intensamente nas duas propostas de capoeira. Entretanto, nesse particular, Bimba avançou em relação a Coelho Neto, ao implantar uma pedagogia de ensino da capoeira. A regional estabeleceu uma formalização do saber e de sua transmissão, que, tornados explícitos, possibilitaram a ampliação do espectro de praticantes.

O curso de capoeira regional compunha-se de catorze lições, as quais se baseavam no aprendizado do gingado, "parte mais importante da capoeira, ponto de partida de todas as aquisições futuras" (encarte do disco *Curso de Capoeira Regional*, Bimba, s/d, p. 1) e de algumas seqüências básicas (tal método, com algumas variações, é utilizado até hoje nas academias). Na décima e na décima primeira lição introduzia-se a *cintura desprezada*, isto é, os balões ou *golpes ligados*, que possibilitam ao capoeirista livrar-se de eventuais situações de agarramento durante o jogo. Esse era talvez o aspecto mais polêmico da regional (Vieira, 1990, p. 180), já que até então os capoeiristas não se tocavam durante a luta, apontando-se aí a influência que essa

Neste encarte, que acompanha o disco Curso de Capoeira Regional, são apresentados: o regulamento da Academia de Mestre Bimba, as catorze lições de Regional, uma breve biografia do mestre e algumas quadras e corridos de capoeira.

modalidade de capoeira teria sofrido de outras lutas, como o boxe, o jiu-jitsu e a luta livre.

A duração do curso de mestre Bimba variava de seis a doze meses, com aulas de uma hora três vezes por semana. A etapa seguinte eram os chamados "cursos de especialização", de tônica militarista, pautando-se nos treinamentos dos capoeiristas para combates reais (Bimba, s/d, p. 186). Ao longo de dois meses havia a preparação dentro da academia e depois se entrava na fase das "emboscadas", quando os capoeiristas realizavam exercícios por um mês nas matas da Chapada do Rio Vermelho, bairro de Salvador. Finalmente, havia também o treinamento de defesas contra armas brancas e revólver.

Ao final de cada etapa do curso, realizavam-se os rituais solenes de formatura. Waldeloir Rego esteve presente a um deles:

> Mestre Bimba, com um apito que jamais afasta, abre a festa, explicando a sua razão de ser aos convidados e aos que vão se formar, que por sua vez estão trajando camisa branca olímpica de algodão, calça de algodão ou linho, justa ou folgada e basqueteira de borracha branca. Finalizando passa a palavra ao paraninfo da turma que é sempre um discípulo já formado que faz a sua oração dentro da temática da capoeira. (Rego, 1968, p. 286.)

Seguiam-se demonstrações de jogos de capoeira entre calouros e formados. O ápice do ritual consistia no convite às madrinhas dos primeiros para que colocassem no peito de seus afilhados as medalhas e no pescoço o lenço ("esguião de seda", como o chamava Bimba), correspondentes aos respectivos graus de aprendizado. O ritual finalizava com o "tira-medalha", quando os novatos passavam por uma "prova de fogo", ao entrarem na roda com capoeiristas mais habilitados, que deviam, com um golpe aplicado com o pé, tirar a medalha do recém-formado. Obtinha-se o lenço azul após a conclusão do curso de regional; o vermelho, ao fim da primeira especialização; e, por fim, o amarelo, após a segunda especialização.

Como vemos, mestre Bimba, para legitimar socialmente a capoeira, transpôs práticas e rituais acadêmicos (formatura, paraninfo), religiosos (batizado, padrinhos e madrinhas) e militares (as medalhas) para o mundo da capoeira.

Nessa pedagogia popular da capoeira, a avaliação do progresso dos alunos lembra um processo iniciático, no qual se valoriza a relação entre o mestre e o discípulo, uma vez que a transmissão do saber baseia-se na tradição oral. O ritual do batismo é um dos pontos altos do processo e assume o significado de um rito de passagem. Nessas ocasiões, é comum os capoeiristas receberem um "nome de capoeira", pelo qual passarão a ser chamados.

Em seu projeto didático, mestre Bimba empreendeu também uma sistematização dos toques de berimbau (considerado principal instrumento musical da capoeira), criando uma metodologia de ensino. Em seu disco *Curso de Capoeira Regional*, o mestre, exímio tocador de berimbau, gravou em um dos lados sete toques da regional: São Bento Grande, Cavalaria, Benguela, Santa Maria, Iúna, Idalina e Amazonas. Um de seus discípulos, Muniz Sodré, chamado por Bimba de Americano, mostra toda a admiração por seu mestre quando recorda o "resultado hipnótico" de sua *performance* ao berimbau:

> de modo geral a mandinga fazia-se presente no modo de Bimba tocar o berimbau, no contato singular da cabaça com a barriga, no ritmo fascinante e mobilizador que extraía do arco com a vareta. (Sodré, 2002, p. 81.)

Apesar do árduo empenho de Bimba para a difusão da capoeira em seu estado natal, no mês de janeiro de 1973 o mestre mudou-se de Salvador para Goiânia "por necessidade financeira". Desgostoso, lamentou a falta de apoio oficial. Recebera uma proposta de um aluno seu, o professor Osvaldo Souza, para ensinar capoeira na Escola Superior de Educação Física de Goiânia. No entanto, desentendimentos posteriores entre Osvaldo e Bimba acabaram por frustrar os sonhos do mestre.

Com ele foram suas duas mulheres, dona Nair Lopes dos Santos e dona Alice Maria da Cruz. Não é fácil falar com precisão das mulheres oficiais de Bimba, como adverte Sodré. Uma delas, Mãe Alice, admite ter sido a vigésima primeira e explica: "Bimba era homem de muitas mulheres, e sem maiores esforços, porque era muito bom amante" (Sodré, 2002, p. 96). Ele deixou muitos filhos. Com dona Nair (já falecida) teve Luisinho, Creuza, Helenita, Biloca, Crispim, Denise e Dermeval. Já Mãe Alice, ainda viva, embora não tivesse tido filhos com o mestre, criou Manoel, rebento de uma relação anterior de Bimba. Hoje Dermeval e Manoel, conhecidos no meio da capoeiragem como mestre Formiga e mestre Nenel, respectivamente, propagam a herança do pai.

No dia 5 de fevereiro de 1974, Bimba, então com 74 anos, morreu no Hospital das Clínicas da Universidade Federal de Goiânia, vítima de derrame cerebral, algumas horas depois de ter realizado uma demonstração de capoeira no Clube dos Funcionários Públicos de Goiás. "No seu enterro o seu aluno Jaci Fernandes Sobrinho tocou o berimbau preferido do mestre e o colocou junto ao seu corpo. Seus filhos Dermeval (16 anos) e Manoel (13 anos) jogaram capoeira pela última vez frente ao pai" (Almeida, 1982, p. 68). Na Bahia, as academias de capoeira fecharam as portas por sete dias em homenagem ao mestre. Em julho de 1978, seus restos mortais foram transladados para Salvador.

Ainda que seu trabalho tivesse sido reconhecido no meio da capoeiragem baiana e brasileira, mestre Bimba resolveu abandonar Salvador, desgostoso com a falta de apoio do poder público. O reconhecimento de sua importância pelo mundo acadêmico viria muito mais tarde: em 12 de junho de 1996, a Universidade Federal da Bahia concedeu-lhe o título de doutor *honoris causa*. Tal ato não deixou de causar certo incômodo a alguns, como o ex-redator chefe do jornal baiano *A Tarde*, Jorge Calmon, que parece ter julgado excessiva a homenagem: "Para exaltar a memória de mestre Bimba seria o caso, por exemplo, de lhe dedicarem uma placa no prédio da Escola de Educação Física, ou darem o seu nome a uma quadra de esporte, algo assim" (*apud* Sodré, 2002, p. 106-7)[17].

"Pastinha já foi à África, pra mostrar capoeira do Brasil"

Eu vou falar
Vou falar com franqueza
No meio da capoeira
Pastinha construiu uma fortaleza
Para enriquecer sua pobreza.
Mestre Pastinha

O outro "herói cultural" da capoeira brasileira, Vicente Ferreira Pastinha (1889-1981), ficou conhecido como mestre Pastinha, filho de um pequeno comerciante espanhol e de uma negra de Santo Amaro da Purificação (BA). Apesar de sua fama no meio da capoeira, ele nunca foi biografado.[18] Assim como Bimba, mestre

NESTA FOTO DE 1966, MESTRE PASTINHA (O ÚLTIMO À DIREITA) REALIZOU SEU SONHO DE CONHECER A ÁFRICA QUANDO, JUNTO DE OUTROS CAPOEIRISTAS, PARTICIPOU DO I FESTIVAL MUNDIAL DE ARTES NEGRAS DE DACAR, NO SENEGAL.

Pastinha teve um papel destacado na formulação de uma pedagogia para a capoeira e criou uma metodologia de ensino do estilo angola. Todavia, Pastinha destaca-se sobretudo como grande organizador da capoeira, preocupado com sua divulgação e implantação em todo o país.

Essa preocupação ficou patente com a publicação de seu livro *Capoeira angola*, em 1964, no qual o mestre explica sua concepção desportiva de capoeira, que funde elementos combativos e lúdicos e também profanos e sagrados, como veremos.

Outro material valiosíssimo que o mestre nos legou foram seus cuidadosos manuscritos e desenhos, organizados por mestre Decânio. Neles, além de registrar suas memórias e a história do Centro Esportivo de Capoeira Angola, ao qual dedicou quase toda a vida, o mestre enunciou também os princípios éticos que devem reger a atuação dos capoeiristas.

Pastinha iniciou-se na capoeira na infância. Quando menino, tinha um rival que lhe batia sempre que saía à rua. Em depoimento em 1967 à revista *Realidade*, conta que, certo dia, um "velho africano", com pena de sua situação, chamou-o e disse: "Você não pode com ele, sabe, porque ele é maior e tem mais idade. O tempo que você perde empinando raia, vem aqui no meu cazuá que vou lhe ensinar coisa de muita valia" (Freire e Zingg, 1967, p. 81). Assim, entre 8 e 10 anos de idade ficou em poder do mestre de capoeira Benedito, "um preto natural de Angola" (Pastinha, 1988, p. 12), com quem se iniciou no aprendizado da luta.

Assim como outros capoeiras de sua geração, mestre Pastinha também manteve contato estreito com o ambiente do cais do porto. Aos 12 anos, em 1902, ingressou na Escola de Aspirantes da Marinha, onde aprendeu "esgrima, florete, carabina e ginástica sueca"[19]. Foi lá que começou a ensinar capoeira aos colegas e, quando "deu baixa", aos 20 anos, abriu sua primeira escola num salão que era sede de uma oficina de ciclistas, localizado no Mirante do Campo da Pólvora, em Salvador. A escola permaneceu aberta nesse local de 1910 a 1922, quando a oficina se mudou para o Cruzeiro de São Francisco.

No Mirante, seus alunos eram artesãos em diversos ofícios, como podemos depreender de seus apelidos: João Carpina e Zeca Alfaiate, por exemplo. Pouco a pouco, porém, a clientela de Pastinha diversificou-se. Segundo o mestre, quando mudaram para a nova casa no Cruzeiro, o número de praticantes ampliou-se, pois havia quatro repúblicas de estudantes nos arredores, os quais passaram a freqüentar as aulas: "[...] ensinei a muito estudante de Direito, Farmácia, Medicina, de quase todas as profissões" (*Tribuna da Bahia*, 14 jan. 1973). Observamos, assim, a introdução paulatina no mundo da capoeira baiana de pessoas provenientes da classe média e abastada de Salvador, na figura dos estudantes universitários, fato que também ocorreu com a academia de mestre Bimba.

Pastinha não teve acesso aos estudos. Como ele mesmo revelou:

> Aprendi só o primeiro livro, mas direito. O resto foi a vida que me ensinou. Ensinou a ver. Tem coisas que a gente vê e que os letrados, os

professores, os políticos, não escrevem. Gostaria de ter estudado mais, mas quem não tem pão para levar para casa pode ficar lendo dicionário? (Freire e Zingg, 1967, p. 80.)

Entretanto, o ensino de capoeira não era seu único meio de sobrevivência. Paralelamente às aulas, pintava quadros a óleo, a atividade que mais lhe aprazia. Numa entrevista, o mestre conta que, "quando sua arte negava sustento", trabalhava como engraxate, carpinteiro, jornaleiro, garimpeiro e até mesmo segurança em "casa de jogo" (Freire e Zingg, 1967).

Aliás, sobre esse último emprego, Pastinha disse que, mesmo sendo capoeirista, carregava consigo um "facãozinho de doze polegadas e de dois cortes" e lembrou-se de um episódio em que um amigo seu lhe pediu que tomasse conta de seu cassino. Foram então à polícia para conseguir a licença. Lá chegando, o delegado desdenhou do "fedelho", duvidando de sua capacidade para atuar como "leão-de-chácara". Perguntou-lhe então seu nome e, ao verificar que se tratava de Pastinha, exclamou surpreso: "Ah! Então você que é o valentinho que eu tenho aqui no meu distrito e que eu só conhecia das cartas de queixa?" Nesse momento, recorda o capoeirista, ele murmurou para si mesmo: "Pronto! Tô preso!"[20]. Sobre seus enfrentamentos com os policiais, Pastinha relembrou: "[...] eles sabiam que eu jogava capoeira, então queriam me desmoralizar na frente do povo. Por isso, bati alguma vez em polícia desabusado, mas por defesa de minha moral e do meu corpo" (Freire e Zingg, 1967, p. 81).

Num tempo de proibição da capoeira, a presença de policiais era constante entre os capoeiristas, interrompendo sua *vadiação*, dispersando-os e tomando seus berimbaus. *Vadiação* era o termo usado pelos antigos capoeiras baianos para designar o que hoje chamamos de jogo de capoeira. Há aqui uma inversão dos valores hegemônicos, já que, pela positivação dos termos vadiação e vagabundo – Pastinha diria em tom elogioso: "A capoeira é amorosa, não é perversa. A capoeira é um costume como outro qualquer; um hábito cortês que criamos dentro de nós, uma coisa vagabunda..." (*Mestre Pastinha e sua academia*, 1979) –, valoriza-se o ócio em detrimento do trabalho regular[21].

Assim como mestre Bimba, Pastinha também viveu os tempos da perseguição policial à capoeira baiana e conheceu os ases da antiga geração de capoeiras de princípios do século XX. No entanto, como veremos a seguir, ele agiu para tirar da capoeira o estigma da vadiagem – ainda que a imensa maioria dos capoeiristas daquela época estivesse inserta no mercado de trabalho, como Bimba e Pastinha, por exemplo –, a fim de torná-la um esporte de alcance nacional.

Aproximadamente entre o final da década de 1920 e 40, Pastinha manteve-se afastado do meio mais atuante da capoeiragem baiana. Em 1941, conforme palavras do próprio mestre, "sua vida mudou". Numa ocasião, a convite de seu aluno Aberrê, foi a uma roda de capoeira no bairro da Gengibirra, em Salvador. Lá se reuniam todos os domingos os capoeiristas baianos para vadiar. O famoso mestre Amorzinho – que era guarda-civil – entregou-lhe o comando da roda, além de oferecer-lhe sua academia para que a dirigisse. Pastinha disse que ia recusar a oferta, mas outros mestres insistiram e o levaram a aceitar o encargo. Em seus manuscritos, Pastinha refere-se assim a essa passagem (mantive a grafia original):

> Aberrê então me convidou para ir aprecia-lo jogar na Gengibirra, com o que eu concordei. Em 23 de fevereiro de 1941 fui a esse lugar como prometera a Aberrê, e com surpresa o Sr Amozinho, dono daquela capoeira, apertando-me a mão disse-me: há muito que o esperava para lhe entregar esta capoeira para o senhor mostrar. Eu ainda tentei me esquivar desculpando-me, porém terminando a palavra o Sr. Antonio Maré disse-me: "não há jeito não Pastinha, é você mesmo quem vai mostrar isso aqui". (Decânio, s/d, p. 4.)

Nessa oportunidade, teria nascido então o Centro Esportivo de Capoeira Angola, cujos fundadores, além de Pastinha, foram Amorzinho, Aberrê, Antonio Maré, Daniel Noronha, Onça Preta, Livino Diogo, Olimpio, Zeir, Victor H. U. e Alemão, filho de Antonio Maré (Decânio, s/d, p. 4, 5). Mestre Pastinha esforçou-se por imprimir à prática da capoeira angola ali ensinada um caráter esportivo, ainda que a ludicidade estivesse lado a lado com a combatividade. O uniforme de seus alunos era composto de calça preta e camisa amarela, inspirado nas cores do time Ypiranga Futebol Clube, de Salvador. Ao longo de sua existência, o centro atravessou momentos de sérias dificuldades financeiras e teve de mudar-se diversas vezes, até estabelecer-se no largo do Pelourinho, 19, de onde, entretanto, Pastinha seria posteriormente despejado em 1971, como veremos.

Contudo, como lembra Antonio Pires, durante esse hiato de tempo em que mestre Pastinha esteve distante da capoeira, muita coisa aconteceu para consolidá-la como prática cultural no cenário da cidade de São Salvador:

> Na verdade, mestre Pastinha tomou para si o papel de representante máximo da capoeira Angola a partir de 1941. Mas foi em décadas anteriores que alguns praticantes iniciaram o processo de construção desse estilo de capoeira. Esse fato é corroborado pelo próprio mestre Pastinha e facilitará o entendimento das diversas "linhagens" da capoeira angola que surgem com o passar do tempo. (Pires, 2001, p. 48.)[22]

No Centro Esportivo de Capoeira Angola, Pastinha passou a ensinar essa modalidade de capoeira. A origem da designação é obscura. Embora vários mestres baianos que se iniciaram na capoeira antes do advento da regional atribuam anterioridade ao termo angola (chegando a lembrar, de forma um tanto provocativa, que Bimba era um eminente "angoleiro"), parece que, com Pastinha, a expressão passou a ser mais utilizada, pois ele chamou assim ao estilo de capoeira que ensinava para diferenciá-lo daquele desenvolvido por Bimba[23].

De qualquer maneira, o que mais importa não é tanto saber como surgiu o termo, mas procurar interpretar a maneira como ele foi reapropriado por determinado segmento da capoeira e utilizado como sinal diacrítico para opor-se a outro, identificado com a capoeira regional baiana, num contexto histórico determinado. Embora apresentasse a capoeira também como um esporte, Pastinha procurou conservá-la "pura", repudiando a mestiçagem da luta encetada por Bimba.

Há uma evidente insistência de Pastinha em vincular a capoeira com a luta dos escravos pela liberdade. Ele lembrou que "esse jeito de lutar de brincadeira, como ainda fazemos hoje, era a maneira do escravo se exercitar, disfarçando-se de bailarino na frente do feitor", e acrescentou enfaticamente: "capoeirista é mesmo muito disfarçado, ladino e malicioso. Contra a força, só isso mesmo. Está certo" (Freire e Zingg, 1967, p. 80).

O mestre frisou que a síntese de suas idéias acerca da luta encontrava-se em três palavras escritas num quadro que afixara na porta de sua academia: "Angola, capoeira, mãe". E, logo abaixo, escrevera: "Mandinga de escravo em ânsia de liberdade; seu princípio não tem método; seu fim é inconcebível ao mais sábio capoeirista" (Freire e Zingg, 1967, p. 79). Unindo a herança africana com a luta contra a escravidão travada pelos negros cativos no Brasil, Pastinha afirmou que "a capoeira é brasileira, é nacional, é patrimônio nacional [pois] a mandinga do escravo é africano-brasileira, porque dos africanos no Brasil" (*Tribuna da Bahia*, 15 set. 1981).

Para assegurar a pureza da capoeira angola, Pastinha a reafricanizaria, criando para ela um mito de origem, que a ligaria a uma Angola mítica. Em várias oportunidades, o mestre reafirmou a raiz africana da luta, a qual teria sido trazida ao Brasil pelos escravos provenientes daquela região, tendo estes, na Bahia, se notabilizado em sua prática. Daí, explicava o mestre, a designação capoeira angola. Entretanto, continuou Pastinha, em sua terra nativa, a capoeira recebia o nome de dança da zebra, também conhecida como *n'golo*[24]. Essa dança era um ritual de iniciação feminina que marcava a passagem da adolescência para a idade adulta, durante o qual os homens lutavam como zebras, cabendo aos vencedores escolher a mulher que desejassem. Ele destacou também que alguns toques de berimbau são "legítimos e originários da África", tais como São Bento Pequeno, São Bento Grande, Santa Maria, Angola, Cavalaria, Panha laranja no chão tico-tico e Essa cobra me morde senhor São Bento[25].

A principal divergência entre Pastinha e Bimba relaciona-se com a origem da capoeira, como relatou Bimba numa entrevista: "é que ele diz que a capoeira veio de Angola e eu digo que veio da senzala de Cachoeira, sendo, portanto, regional"[26]. Enquanto isso, a posição de Pastinha era afirmar que "a capoeira é uma só" (isto é, a capoeira angola), ignorando a modalidade criada por Bimba, pois "ele é tão angoleiro quanto eu". Porém, numa entrevista concedida à *Tribuna da Bahia* em 14 de janeiro de 1973, Pastinha declarou que, "se Bimba diz que angola tem apenas nove golpes, ele está confessando a sua verdade, de que não teve um bom mestre. A regional foi ele que adaptou, mas a de angola tem séculos, o Brasil nasceu com ela". Note-se que aqui Pastinha reconheceu a existência da regional, embora assumisse o papel de guardião da tradição da capoeira.

Talvez por essa sua obstinação em preservar as raízes, Pastinha tenha angariado a simpatia da intelectualidade baiana, também comprometida em realçar a africanidade da cultura brasileira, particularmente a baiana, como Carybé, Mário Cravo e Jorge Amado (amigo do mestre, que aparece abraçado a Pastinha no livro deste).

Em 1964, Pastinha publicou seu livro *Capoeira angola*. Nele, afirma que sua principal intenção ao escrevê-lo era "dar uma idéia panorâmica acerca das possibilidades que a capoeira oferece como meio de defesa pessoal e desenvolvimento físico" (Pastinha, 1988: "Algumas Palavras"). Explica que a capoeira angola é uma modalidade esportiva de luta com características próprias, que a distinguem de outras lutas (jiu-jitsu, boxe, luta livre etc.), constituindo-se um meio de defesa e ataque de grandes recursos, graças à força muscular, flexibilidade nas articulações e extraordinária rapidez. O mestre diz ainda que a capoeira, além de preparar o aluno para a disputa de uma luta, visa desenvolver "um verdadeiro estado de equilíbrio psico-físico, fazendo do capoeirista um autêntico desportista". O aprendiz, que pode iniciar-se na capoeira com qualquer idade, deve saber manter-se "calmo", "tranqüilo" e "calculista" (Pastinha, 1988, p. 31, 32).

O mestre arrola então alguns conhecimentos básicos – os fundamentos[27] – necessários à prática da angola. Frisando que a capoeira "é luta violenta", Pastinha adverte para a impossibilidade da aplicação plena de seus golpes durante as demonstrações esportivas, em virtude da violência intrínseca a seus movimentos.

No entanto, para Pastinha, essa luta é carregada de ludicidade, pois é inseparável da música e da dança. Os capoeiras são dançarinos lutadores e lutadores dançarinos. E a alegria é a "prova dos nove"[28], como nos ensina o mestre em versos:

> Nós, capoeiristas temos a alma grande
> Que cresce com alegria
> Há quem tenha a alma pequena
> Que vive como as águas em agonia. (Decânio, s/d, p. 1.)

O LIVRO DE MESTRE PASTINHA, PUBLICADO EM 1964, REPRESENTA UM ESFORÇO DE SISTEMATIZAÇÃO DE SEU MÉTODO DE ENSINO.

Durante a movimentação dos capoeiristas, apenas as mãos e os pés devem tocar o chão. Os principais golpes da capoeira angola são: cabeçada, rasteira, rabo-de-arraia, chapa de frente, chapa de costas, meia-lua e cutilada de mão. Contudo, os golpes apresentam inúmeras variações de acordo com a posição dos jogadores ou a região do corpo a ser atingida. Os mais perigosos são aplicados com os pés e podem ser fatais. A cabeça deve estar sempre protegida, cabendo ao capoeirista precaver-se constantemente contra o adversário, "procurando descobrir, a tempo, suas intenções ou manhas" (Pastinha, 1988, p. 52).

Há aqui um ingrediente fundamental que torna a luta de capoeira mais perigosa, de acordo com os ensinamentos do mestre. Trata-se da malícia ou, como dizem os capoeiristas, da mandinga. Notemos aqui que essa noção é altamente politizadora, na medida em que, inspirada na surpresa do ataque, subverte as hierarquias e institui um contrapoder. Ressaltando que na ginga se encontra a extraordinária malícia da capoeira, Pastinha, em um depoimento, relata, com grande acuidade, no que consiste essa técnica:

> A capoeira tem negativa. A capoeira nega. A capoeira é positiva. Tem verdade. Negativa é fazer que vai e não vai e na hora que nego não mais espera, o capoeirista vai e entra e ganha; quando ele vê que perde, então deixa a capoeira na negativa do camarada pra depois vir revidar.[29]

Várias declarações de mestre Pastinha são perpassadas por uma visão de mundo que não dissocia a matéria do espírito. Em sua concepção de esporte, corpo e alma estão indissoluvelmente ligados, pois, para ele, "o bom capoeirista é aquele que se deixa movimentar pela alma", a prática da capoeira "exige um certo misticismo", "Deus deu a capoeira aos africanos", "a capoeira angola é uma religião e o mestre de capoeira é o sumo sacerdote", ou ainda "todo capoeirista é cabalístico próprio, para o bem ou para o mal".

Mais uma vez, evidencia-se aqui o caráter iniciático da pedagogia popular. Dessa forma, ao tentar reafricanizar a luta, Pastinha introduziria uma dimensão mágica que a sacralizaria. Embora critique a capoeira mestiça de Bimba, que incorporou, entre outros, alguns movimentos das artes marciais orientais, tal integração entre corpo e espírito nos remete ao mesmo campo das lutas asiáticas, com as quais essa concepção de capoeira formulada por Pastinha tem um *éthos* comum, e todas uma origem associada a caminhos (*dô*) espirituais.

Em sua entrevista de novembro de 1965 ao *Diário de Notícias*, o velho mestre, então com 76 anos e quase cego, revelou aquele que era o seu maior sonho: ir à África, esperando que Deus lhe conservasse um pouco da vista "para então ver Angola de perto". Seu desejo se realizou quando ele fez parte da delegação que se apresentou no I Festival Mundial de Artes Negras de Dacar (Senegal), que reuniu países de 1º a 30 de abril de 1966. O organizador da apresentação brasileira, Haroldo Costa, afirmou, no colóquio de abertura, que sua intenção era mostrar como o Brasil, com suas raízes africanas, criara uma cultura peculiar, "sem desmentir ou negar as suas origens mas sem com elas confundir-se" (*A Tarde*, 21 maio 1966).

Em 1971, o prédio número 19 do largo do Pelourinho, onde funcionava o Centro Esportivo de Capoeira Angola (hoje o mesmo prédio abriga o restaurante do Senac) foi fechado para reformas.

Os manuscritos de mestre Pastinha são um precioso documento da ética da capoeira Angola. Neles, além de seu depoimento, o mestre nos deixou também desenhos e cantigas, como os que aparecem nesta imagem.

Pastinha, já cego e quase paralítico, acabou despejado sem receber nenhuma indenização. Além disso, nada do material de que dispunha (alguns bancos de madeira, armários, amplificador, alto-falante, microfone e material de capoeira) foi a ele devolvido. No ano seguinte, com a ajuda do escritor Jorge Amado, o mestre conseguiu uma pensão vitalícia do governo da Bahia, no valor irrisório de um salário mínimo, com a qual teria de suprir as necessidades da mulher, três filhas e netas (além de suas filhas, criou mais quinze crianças).

Em entrevista à *Tribuna da Bahia* de 7 de fevereiro de 1974, Pastinha revelaria o descaso das autoridades baianas, as quais não lhe haviam providenciado outro lugar para ensinar. Muito doente, mudou-se para um quarto pequeno e sem ventilação na rua Alfredo Brito, 14, no Pelourinho. Em fins de 1979, sofreu um derrame cerebral. Após um ano de internação num hospital público, foi recolhido ao Abrigo D. Pedro II, onde viria a falecer aos 92 anos, em 14 de outubro de 1981. Sua mulher, Maria Romélia de Oliveira, demonstrando grande dignidade, contou que impediu que o mestre fosse enterrado em caixão de indigente e, vendendo acarajés, comprou-lhe um caixão em uma funerária da cidade (vídeo *Pastinha! Uma vida pela capoeira*).

Apesar desse abandono a que ficou relegado o velho mestre, o escritor Jorge Amado, em depoimento emocionado sobre seu amigo, alertou:

> Mas nós não devemos pensar em Pastinha com tristeza. Devemos pensar em Pastinha com alegria, porque ele representou a alegria, a alegria do povo. Ele representou a força, a coragem, a luta, a invencibilidade do povo. É assim que eu o vejo e que penso nele. E quando eu penso em Pastinha, penso numa infinidade de pessoas que eu conheci: Martiniano Eliseu do Bonfim, um grande babalaô da Bahia, penso em mãe Menininha, penso em tanta gente que nos ensinou o que é a vida – porque cultura é vida e é com o povo que a gente aprende a vida e se faz realmente culto. (*Pastinha! Uma vida pela capoeira*, vídeo.)

Mestre Bimba e mestre Pastinha são figuras de transição. Ambos presenciaram a perseguição policial e atuaram para inaugurar uma nova prática cultural (Pires, 2001), sistematizando uma pedagogia esportiva para a capoeira e divulgando-a por meio de discos e livros, servindo-se das lutas de ringue e das apresentações artísticas. Com isso, proporcionaram maior visibilidade à capoeira, ampliando seu reconhecimento social e aumentando, assim, seu espectro de praticantes.

Hoje em dia, os dois mestres são a principal referência da capoeira brasileira, reverenciados por seus discípulos pelo Brasil afora e no exterior. Interessante notar que, ainda que tenham sido contemporâneos, os dois mestres, como bons capoeiristas que eram, portavam-se com extrema cautela um em relação ao outro. Numa ocasião, o *Diário de Notícias* chegou a anunciar uma luta entre "os dois maiores mestres baianos", mas o embate ficou apenas no título da reportagem: "Bimba *versus* Pastinha: duelo de idéias na capoeira" (31 out. 1965; 1º nov. 1965). Numa bela cantiga de capoeira, o tão esperado jogo entre os dois mestres acaba acontecendo, ainda que no plano espiritual:

> Até que um dia a iúna
> Os dois mestres separou
> Colocou Bimba no bico
> Ô, iaiá e pro céu com ele voou
> E Pastinha, cego e velho
> E Pastinha, morimbundo
> Abandonou seu corpo
> Ô, iaiá e partiu pro velho mundo
> Depois disso eu tive um sonho
> Que não me sai do pensamento
> Eu vi Bimba e vi Pastinha
> Ô iaiá, jogando no firmamento
>
> *Mestre Nagô*

Concluindo: "Adeus, adeus / Boa viagem / Eu vou-me embora / Boa viagem / Eu vou com Deus / Boa viagem / E Nossa Senhora / Boa viagem"

As duas modalidades de capoeira – angola e regional – constituíram, no fundo, duas estratégias possíveis e distintas para a inserção social dos negros naquele momento histórico. Assim, com as transformações da capoeira em Salvador nas décadas de 1930 e 40, inventou-se um jeito negro e popular de transformá-la em esporte, sendo ele necessariamente ambíguo.

Uma dessas estratégias é a capoeira mestiça, representada pelo estilo regional. Embora incorpore elementos de lutas ocidentais, a capoeira regional guarda outros que reafirmam a identidade étnica negra nas músicas, nos toques do berimbau e nos próprios movimentos, que, conforme depoimento de mestre Bimba, são provenientes também do batuque e do maculelê (Rego, 1968, p. 33). Assim, a capoeira regional, ao colocar em contato sistemas de valores distintos e, portanto, construções corporais distintas (os movimentos corporais brancos e os negros), opera uma mediação, criando um campo simbólico ambíguo e ambivalente.

A outra estratégia é a capoeira "pura", como forma inequívoca de afirmação da identidade étnica. O estilo angola, na própria designação, reafirma peremptoriamente sua origem étnica e, ao "conservar" a construção corporal negra, demarca uma forma culturalmente distinta de jogar capoeira.

Vale lembrar que, ao tentarmos interpretar o significado social e político da capoeira, a oposição capoeira angola–capoeira regional deve ser matizada, pois o estilo regional, marcado pela ambivalência, mantém sinais diacríticos que assinalam as fronteiras culturais e étnicas dos negros, ainda que tenham sido assimilados movimentos corporais de lutas brancas.

A capoeira regional seria uma afirmação de identidade mais ampla que a da capoeira angola, pois afirma não a existência do negro excluído da sociedade branca, mas sua presença como integrante da sociedade brasileira e, finalmente, símbolo da nação como um todo. Além disso, a regional tem no ecletismo de que faz prova (a citada incorporação de elementos de outras formas de luta e a nova racionalidade na maximização dos efeitos dos golpes) um elemento de dinamismo que permite a construção de uma nova presença negra no cenário nacional. Mas, por tudo isso, tem um preço a pagar no plano político, que é o de renunciar à afirmação de uma diferença na "identidade negra".

A capoeira angola, em contrapartida, existindo como resistência no momento de inclusão, só é revalorizada como reafirmação disso em decorrência da recuperação de uma "identidade negra" específica no cenário nacional, no bojo da construção política (contemporânea) de uma "consciência negra". Porém, essa construção só se torna possível com o advento de uma postura "conservadora", que reinventa a tradição e só se mantém com a recuperação simultânea dos outros elementos, que, no plano simbólico, organizam essa "visão de mundo negra" (como, por exemplo, a afirmação da origem africana da capoeira no ritual de iniciação feminina denominado dança da zebra ou *n'golo*)[30].

Se considerarmos que o corpo consiste num microcosmo social e que há oposições corporais entre as duas modalidades de capoeira, então há também oposições nas representações sociais a respeito dela. Assim, essas oposições corporais nos dois estilos nos levam à busca do conjunto de representações ao qual estão ligadas.

Levando-se em conta que os movimentos corporais da capoeira angola e os da capoeira regional guardam relação estreita com a mensagem que os dois estilos tentam veicular, temos de procurar os significados sociais desses últimos (pressupondo que são opostos, como também o são os movimentos corporais), para enfim os tornarmos passíveis de interpretação, como peças de um sistema no interior do qual se transformam mutuamente.

A oposição capoeira angola–capoeira regional nos remete às duas figuras paradigmáticas da capoeira brasileira, os mestres Pastinha e Bimba. Nas cantigas, a capoeira angola aparece associada geralmente à África e a Pastinha, enquanto a capoeira regional vincula-se à Bahia e a Bimba. Esta é uma capoeira mestiça, por mesclar, como afirmamos, movimentos corporais negros a movimentos corporais brancos e asiáticos, colocando em contato esquemas corporais distintos. Entretanto, considerando-se a cultura como sistema articulado e não como um amontoado de traços culturais, podemos dizer que os movimentos de outras lutas incorporados à regional não penetram de modo amorfo no sistema, pois os elementos invariantes os absorvem, reelaborando-os, reinventando-os. Essa incorporação de novos movimentos amplia o leque do improviso ou, em outras palavras, aumenta as possibilidades de negociação, uma vez que novos espaços poderão ser explorados.

A capoeira regional abre a possibilidade de utilização do plano alto e, simbolicamente, levanta o negro. Outro exemplo dessa expansão espacial é a introdução das acrobacias, dos movimentos giratórios no ar, próprios das seqüências de balão, que possibilitam ao capoeirista apropriar-se do ar, um território sem dono (aliás, o próprio nome do movimento, balão, já nos sugere esse domínio do ar; há também o vôo-do-morcego, que leva o nome de um animal aéreo). E mais: nessa capoeira mestiça, os corpos se tocam nos movimentos conhecidos como golpes ligados, o que é inédito em comparação com a capoeira anterior a Bimba.

A capoeira angola, ao contrário, quer-se uma capoeira pura, pois não admite a fusão com movimentos corporais de outras lutas, uma vez que eles, ainda que aumentem sua eficácia combativa, a "descaracterizam", como assevera mestre Pastinha (1988, p. 34, 35). Assim, nesse estilo de capoeira, a base da improvisação para a "*bricolage* gestual" (Tavares, 1984) é consideravelmente menor. Devemos lembrar que a capoeira angola, como proposta pedagógica, surgiu depois da regional, como reação a essa e com o intuito de se distinguir dela.

Na *performance* corporal da capoeira angola, há um ponto fundamental a ser destacado: durante a vadiação, os corpos dos capoeiristas nunca se tocam. A única exceção é a chamada de angola, momento de ruptura na roda de capoeira.

Embora diversos, esses dois estilos de capoeira têm em comum o fato de representarem estratégias simbólicas de reconhecimento e aceitação social do negro. Mas fazem o mesmo por caminhos diferentes. A capoeira regional deseja erguer o negro e, para tanto, apropria-se, à sua maneira, da tese da mestiçagem, embranquecendo a capoeira, mas conservando-a negra. No plano social, o que a capoeira regional representa é a estratégia política que leva à afirmação da presença negra, como meio de inserção social dos negros no cenário nacional.

A angola, por sua vez, quer valorizar a especificidade do negro e, em virtude disso, é uma capoeira que recusa a mestiçagem, isto é, refuta o mito do embranquecimento como solução para a questão do negro. No plano social, o que a angola representa é a estratégia política de afirmação da identidade negra pela exclusão, acentuando-se a diferença étnica como meio de inserção social dos negros na sociedade.

Assim, se o jogo de capoeira pode ser tomado como uma metáfora política da negociação entre negros e brancos no Brasil, podemos dizer que os dois estilos corporais de capoeira, angola e regional, são duas propostas negras distintas de negociação, relativas à inserção social dos negros na sociedade mais abrangente: a proposta da mestiçagem e a proposta da pureza.

Notas

1. O batuque baiano era uma modalidade da capoeira. O acompanhamento musical assemelhava-se ao dela, com a utilização de pandeiros, berimbaus e ganzás, além do que se entoavam cantigas. A luta envolvia dois jogadores por vez, os quais deveriam unir as pernas com firmeza e aplicar rasteiras um no outro. O principal era evitar cair e "por isso mesmo era comum ficarem os batuqueiros em banda solta, isto é, equilibrados numa única perna, a outra no ar, tentando voltar à posição primitiva" (Édison Carneiro, citado por Cascudo, 1988, p. 115).
2. Para recuperar sua trajetória, além dessas biografias, utilizei também o capítulo sobre a vida do mestre contido na tese de Pires (2001), notícias de jornal publicadas na imprensa baiana e paulistana e o disco de Bimba, gravado em 1966, o qual vem acompanhado de um encarte sobre o curso de capoeira regional por ele ministrado.
3. Como adverte Muniz Sodré (2002), Bimba tinha duas certidões de nascimento, uma datada de 1899 e outra de 1900, o que causa certa confusão entre seus biógrafos.
4. Sobre o assunto, consulte a fundamental contribuição aos estudos históricos da capoeira carioca de Soares (1994).
5. Faço algumas considerações sobre esse assunto no capítulo 2 de meu livro *O mundo de pernas para o ar: a capoeira no Brasil*.
6. A respeito da capoeira carioca na Primeira República, consulte o importante estudo de Pires (1996).
7. Para reconstituir o mundo da capoeiragem baiana do final do século XIX e princípios do século XX, Pires (2001) consultou, além da documentação policial, jornais da época, realizou entrevistas e valeu-se dos preciosos manuscritos de mestre Noronha (Daniel Coutinho), compilados por Frederico de Abreu da Fundação Mestre Bimba (1993), principal testemunho escrito para o conhecimento da capoeira daquela época.
8. Esse mesmo conluio entre ordem e desordem está também presente na capoeira carioca do século XIX no tocante às relações entre capoeiras e políticos, capoeiras e instituições militares e capoeiras e defensores da monarquia (Reis, 2000; Soares, 1994).

9. Entrevista concedida ao *Diário de Notícias*, 31 out. 1965, 1º nov. 1965.
10. Também observei essa mesma ambivalência no que respeita ao samba carioca das três primeiras décadas do século XX, tanto da parte dos músicos populares quanto das elites (Reis, 1999).
11. *Diário de Notícias*, 31 out. 1965, 1º nov. 1965.
12. Há uma polêmica dos discípulos de mestre Bimba a respeito da pertinência dessa afirmação. Baseio-me aqui nas declarações prestadas por mestre Bimba a Waldeloir Rego.
13. Veja artigo do autor publicado no volume I desta coleção.
14. Silva (2002, p. 73-95) faz uma excelente reconstituição do que chama de "a capoeira dos ringues" carioca e baiana das primeiras décadas do século XX.
15. Esclareço que uso os termos negro e branco como categorias sociais e não em referência à cor da pele.
16. Procurando investigar de que maneira e por quais motivos se cristalizou e difundiu a imagem do sabá diabólico na Europa da Idade Moderna, o historiador Carlo Ginzburg (1991), cuja análise está situada entre a história e a antropologia, sugere que o estereótipo do sabá constituiu uma "'formação cultural de compromisso', resultado híbrido de um conflito entre cultura folclórica e cultura erudita" (p. 22).
17. Vale lembrar que, no mesmo ano de 1996, o mestre João Grande, um dos mais famosos discípulos de mestre Pastinha, atualmente ensinando capoeira em Nova York, foi também agraciado com o mesmo título na Upsala University.
18. Para percorrer a trajetória de sua vida, reuni dados coletados de entrevistas concedidas por ele à imprensa, gravações de seus depoimentos e músicas incluídos no disco *Mestre Pastinha e sua academia* (1988), informações contidas em seu livro *Capoeira angola* (1964) e nos manuscritos de mestre Pastinha, organizados por mestre Decânio (s/d), além da tese de Pires (2001) e do vídeo *Pastinha! Uma vida pela capoeira*, de Antonio Carlos Muricy (1999).
19. Entrevista de Pastinha à *Tribuna da Bahia*, 14 jan. 1973.
20. Depoimento reproduzido no disco *Mestre Pastinha e sua academia*.
21. Ao estudar os malandros do Rio de Janeiro das primeiras décadas do século XX, Maria Angela Salvadori também nota essa positivação da vadiagem, o que ela interpreta como resquício da luta por autonomia e liberdade, travada pelos negros da cidade do Rio de Janeiro em finais do século anterior contra sua incorporação arbitrária ao mundo do trabalho disciplinado.

22. Nos limites deste artigo, não é possível historiar as outras tendências da capoeira angola que se delinearam em Salvador em princípios do século XX. Pires (2001) o faz no capítulo 3 de sua tese. Também chamo a atenção para as lutas de ringue no estilo da capoeira angola, que ocorrem simultaneamente às já citadas lutas da regional, em meados da década de 1930.
23. Manuel Querino, escrevendo em 1916, fala do angola como o "tipo completo e acabado do capadócio e o introdutor da capoeiragem na Bahia" (Querino, 1955, p. 73).
24. Parece que foi Câmara Cascudo quem falou pela primeira vez e de forma um tanto superficial numa suposta relação entre a dança *n'golo* e a capoeira, em seu *Dicionário de folclore brasileiro*, publicado em 1954. No entanto, a idéia de vincular a origem da capoeira brasileira àquela dança angolana – criando-lhe assim um mito de origem africano – foi rapidamente apropriada pelos capoeiristas interessados em reafirmar a tradição africana da luta.
25. Depoimento de Pastinha à revista *Realidade* (Freire e Zingg, 1967) e ao *Diário de Notícias* (31 out. 1965, 1º nov. 1965).
26. *Diário de Notícias* (*idem*) e *Tribuna da Bahia* (7 fev. 1974).
27. Também os adeptos do candomblé chamam de "fundamentos" os ensinamentos básicos da religião. Nessa pedagogia iniciática, fundamento tem o sentido de segredo da força vital que traz o axé, isto é, a energia sagrada.
28. Utilizo aqui a feliz expressão com que Rita Amaral (2002) caracteriza o principal valor formador do *éthos* do candomblé.
29. Vídeo *Pastinha! Uma vida pela capoeira*, direção de Antonio Carlos Muricy, NTSC/Color, 1999. Esse vídeo é um excelente registro da vida de Pastinha e da prática da capoeira angola. Conta com depoimentos de Jorge Amado, mestres Pastinha, João Grande, João Pequeno e Curió, Pierre Verger e Carybé, entre outros.
30. Agradeço à professora Maria Lúcia Montes (Departamento de Antropologia da Universidade de São Paulo) por essas sugestivas idéias sobre as distintas propostas negras de participação social subjacentes às duas modalidades de capoeira.

Bibliografia

ABREU, Frederico José de. *Bimba é bamba: a capoeira no ringue*. Salvador: Instituto Jair Moura, 1999.

ALMEIDA, Raimundo César Alves de (mestre Itapoan). *Bimba, perfil do mestre*. Salvador: Centro Editorial e Didático da Universidade Federal da Bahia, 1982.

______. *A saga do mestre Bimba*. Salvador: Ginga Associação de Capoeira, 1994.

AMARAL, Rita. *Xirê! O modo de crer e de viver no candomblé*. São Paulo: Pallas/Educ, 2002.

ARAÚJO, Rosângela Costa. *Sou discípulo que aprende, meu mestre me deu lição: tradição e educação entre os angoleiros baianos (anos 80-90)*. 1999. Dissertação de mestrado – Faculdade de Educação da Universidade de São Paulo, São Paulo.

BIMBA, mestre. "Curso de Capoeira Regional", encarte do disco *Curso de capoeira regional de mestre Bimba*, Salvador, s/d.

CASCUDO, Luís da Câmara. *Dicionário do folclore brasileiro*. São Paulo: Itatiaia/Edusp, 6. ed., 1988.

COUTINHO, Daniel (mestre Noronha). *O ABC da capoeira angola. Os manuscritos de Noronha*. ABREU, Frederico (org.). Brasília: Cidoca, 1993.

CUNHA, Manuela Carneiro da. "Etnicidade: da cultura residual mas irredutível." In: ______. *Antropologia do Brasil*. São Paulo: Brasiliense, 1988.

DECÂNIO, mestre. "A herança de mestre Bimba: lógica e filosofia africanas da capoeira." 1996. Mimeografia – Coleção São Salomão I, Salvador.

______. "A herança de Pastinha: manuscritos e desenhos". s/d. Mimeografia – Coleção São Salomão II, Salvador.

FREIRE, Roberto (texto); ZINGG, David Drew (fotos). "É luta, é dança, é capoeira." In: *Realidade*, São Paulo, 1967.

GINZBURG, Carlo. *História noturna*. São Paulo: Companhia das Letras, 1991.

Mestre Pastinha e sua academia. 1979. Disco – Fontana, Salvador.

MOURA, Jair. *Mestre Bimba: a crônica da capoeiragem*. Salvador: Fundação Mestre Bimba, 1991.

MURICY, Antonio Carlos (dir.). *Pastinha! Uma vida pela capoeira*. Vídeo, NTSC/Color, 1999.

NAGÔ, mestre. *Capoeira senzala*. s/d. Disco, Rio de Janeiro.

PASTINHA, mestre. *Capoeira angola*. Salvador: Secretaria de Cultura da Bahia, 3. ed., 1988.

PIRES, Antonio Liberac Cardoso Simões. *Bimba, Pastinha e Besouro de Mangangá: três personagens da capoeira baiana*. Tocantins/Goiânia: NEAB/Grafset, 2002.

______. *Movimentos da cultura afro-brasileira: a formação histórica da capoeira contemporânea (1890-1950)*. 2001. Tese de doutorado em História – IFCH, Universidade Estadual de Campinas (Unicamp), Campinas.

______. *A capoeira no jogo das cores: criminalidade, cultura e racismo na cidade do Rio de Janeiro (1890-1937)*. 1996. Dissertação de mestrado em História – IFCH, Universidade Estadual de Campinas (Unicamp), Campinas.

QUERINO, Manuel. *A Bahia de outrora*. Salvador: Livraria Progresso, 1955.

REGO, Waldeloir. *Capoeira angola: ensaio sócio-etnográfico*. Salvador: Itapuã, Coleção Baiana, 1968.

REIS, Letícia Vidor de Sousa. *O mundo de pernas para o ar: a capoeira no Brasil*. São Paulo: Publisher Brasil, 2. ed., 2000.

______. *Na batucada da vida: samba e política no Rio de Janeiro (1889-1930)*. 1999. Tese de doutorado (Antropologia Social) – FFLCH, Universidade de São Paulo, São Paulo.

Revista Praticando Capoeira Especial: Pastinha eternamente. Ano 1, n. 4, Editora D + T, São Paulo, s/d.

Revista Praticando Capoeira Especial: Pastinha, uma vida pela capoeira. Ano 1, n. 2, Editora D + T, São Paulo, s/d.

SALVADORI, Maria Angela Borges. *Capoeiras e malandros: pedaços de uma sonora tradição popular (1890-1950)*. 1990. Dissertação de mestrado (História) – IFCH, Universidade Estadual de Campinas (Unicamp), Campinas.

SANTOS, Jocélio Teles. "Menininha do Gantois: a sacralização do poder." In: SILVA, Vagner Gonçalves da (org.). *Caminhos da alma*. São Paulo: Selo Negro, Coleção Memória Afro-Brasileira, v. 1, 2002.

SILVA, Paula Cristina da Costa. *A educação física na roda de capoeira... entre a tradição e a globalização*. 2002. Dissertação de mestrado (Educação Física) – Universidade Estadual de Campinas (Unicamp), Campinas.

SOARES, Carlos Eugênio Líbano. *Capoeira escrava*. Rio de Janeiro: Access, 2002.

______. *A negregada instituição: os capoeiras no Rio de Janeiro*. Rio de Janeiro: Secretaria Municipal de Cultura/Departamento Geral de Documentação e Informação Cultural, 1994.

SODRÉ, Muniz. *Mestre Bimba: corpo de mandinga*. Rio de Janeiro: Manati, Coleção Bahia com H, 2002.

TAVARES, Julio César de Souza. *Dança da guerra: arquivo-arma*. 1984. Dissertação de mestrado (Sociologia) – Universidade de Brasília (UnB).

VIANNA, Antonio. *Quintal de nagô e outras crônicas*. Salvador: Centro de Estudos Baianos, Universidade Federal da Bahia, 1979.

VIEIRA, Luis Renato. *O jogo de capoeira: cultura popular no Brasil*. Rio de Janeiro: Sprint, 1995.

______. *Da vadiação à capoeira regional: uma interpretação da modernização cultural do Brasil*. 1990. Dissertação de mestrado (Antropologia) – Universidade de Brasília (UnB).

VIEIRA, Luis Renato; ASSUNÇÃO, Mattias Röhrig. "Mitos, controvérsias e fatos: construindo a história da capoeira". In: *Cadernos de Estudos Afro-Asiáticos*, n. 34, Universidade Cândido Mendes, Rio de Janeiro, 1998.

SEMBRANTE

Arthur Bispo do Rosario: um artista a dois metros do chão*

Luciana Hidalgo**

A biografia de Arthur Bispo do Rosario divide-se em dois pólos que ora se conjugam, ora se contradizem. Tomado por delírios e embalado por vozes de anjos e santos, esse ex-marinheiro sergipano quis transcender fatos e dados biográficos, criando uma epopéia idílica e mística em que ele figura como protagonista – Jesus Cristo, o próprio. Bispo passeou entre a realidade e o imaginário com uma desenvoltura espantosa para um descendente de escravos nascido no início do século XX, no interior do Nordeste brasileiro e no rastro de toda a discriminação racial da época. Aos olhos da sociedade branca e burguesa, ele era facilmente rotulável: negro, pobre, louco. É típico da genialidade, contudo, ignorar e exceder limites e periferias, ir além, flutuar num universo paralelo forjado à margem e de difícil conivência com o mundo concreto.

Na ausência desse lugar utópico por excelência, Bispo tratou de construir o seu espaço onírico: em cinqüenta anos (não-consecutivos) de internação num dos mais temidos manicômios da história psi-

---

* Este texto foi extraído do livro de minha autoria *Arthur Bispo do Rosario – O senhor do labirinto* (Rocco, 1996), obra agraciada com o Prêmio Jabuti na categoria "reportagem", em 1997.

** Jornalista, editora da revista *Gesto* e doutoranda em Literatura Comparada na Universidade Estadual do Rio de Janeiro (Uerj).

quiátrica brasileira – a Colônia Juliano Moreira, em Jacarepaguá, no Rio de Janeiro –, ele fez do seu quarto-forte um mundo real e lúdico, composto por miniaturas e governado, controlado, fiscalizado por ele próprio. Coincidentemente ou não, pedaços desse castelo, erguido nos mais obscuros períodos da psiquiatria (eram as décadas dos eletrochoques, lobotomias e tratamentos violentos), seriam um dia reconhecidos como obras de uma arte de vanguarda, genial e aclamada internacionalmente, chegando a representar o Brasil na badalada Bienal de Veneza, na Itália. Mas Bispo recusou ainda outro rótulo, o de "artista", pois pensava situar-se além do bem e do mal, num espaço supra-histórico que transcendia a humanidade e cujo objetivo era o encontro com Deus no dia do Juízo Final. Portanto, esta curta biografia aqui apresentada perpassa vida, obra e fantasia de Bispo, sem preconceitos ou hierarquizações. Liberdade e autonomia foram palavras-chave na história desse homem assombrado pelo misticismo e pela alucinação, o que nos induz a enxergá-lo sem a amarra da instituição, da convenção, da discriminação.

A história da "loucura" de Bispo começou numa abafada noite de 22 de dezembro de 1938, quando, aos 29 anos, guiado por um imaginário exército de anjos, saiu pelas ruas do Rio de Janeiro, subindo no primeiro bonde que o levaria ao seu destino: ao patrão, o advogado Humberto Magalhães Leoni, avisou que iria se *apresentar* na Igreja da Candelária, no Centro do Rio. Peregrinou pela rua Primeiro de Março, na seqüência de igrejas locais, e acabou no Mosteiro de São Bento, anunciando a uma confraria de padres que era um enviado, encarregado de "julgar os vivos e os mortos". Detalhes dessa narrativa meio real, meio ficcional constam de um estandarte bordado por Bispo, que contém paradoxos, desencontros e elementos romanescos.

O dia 24 de dezembro de 1938 foi um divisor de águas psíquico para Arthur Bispo do Rosario. Era Natal, ele se convertia na figura rediviva de Jesus Cristo, mas acabaria sob o domínio da autoridade médico-psiquiátrica, numa Terra que jamais o compreenderia. Interditado pela polícia dois dias após a sua "anunciação", foi enviado ao hospício da Praia Vermelha, o Pedro II – o primeiro asilo oficial do Brasil, surgido por decreto do imperador Pedro II em 1841 e inaugurado em 1852. Lá os rótulos não tardariam: negro, sem documentos, indigente.

Aqui vale lembrar o semelhante calvário protagonizado pelo escritor Lima Barreto, alcoólatra confesso, diante de uma polícia vista como instituição autoritária e invasora no início do século XX, imbuída de autoridade para classificar e conduzir indigentes ao hospício. Em seu *Diário do hospício*, Lima, internado no mesmo Pedro II, na Praia Vermelha, em 1919/1920, desabafou:

> Não me incomodo muito com o Hospício, mas o que me aborrece é essa intromissão da polícia em minha vida. De mim para mim, tenho certeza de que não sou louco; mas devido ao álcool, misturado com toda a espécie de apreensões que as dificuldades de minha vida material, há seis anos, me assoberbam, de quando em quando dou sinais de loucura, deliro. (Barreto, 1993, p. 23.)

Como a sociedade brasileira da época livrava-se ainda muito lentamente do espectro escravocrata e da discriminação de cor, era comum ver policiais arregimentarem estranhos no ninho social ao encontrá-los a esmo, perambulando pelas ruas, por vezes alcoolizados, sem documentos. Muitos eram internados no Pedro II como "indigentes", e obviamente nesse rótulo se encaixava especialmente a massa de negros, mulatos e miseráveis, solitários e sem posses, perdidos nos liames da burocracia até que suas famílias os encontrassem, ou que alguém os reconhecesse entre os pacientes do manicômio. Como muitos sofriam tão-somente de abandono e solidão, permaneciam na instituição psiquiátrica sem nenhum diagnóstico de doença mental. Prova disso são as estatísticas da Colônia Juliano Moreira, em 1981: ao se abrirem as portas do manicômio naquele ano, realizou-se um estudo com números estarrecedores – 22% dos internos não apresentavam problema psiquiátrico algum, engrossando, simplesmente, as multidões da miséria num Brasil marcado pela perversidade social.

Vale aqui uma digressão, breve, sobre essa questão, apenas para justificar que a falta de reconhecimento social e o preconceito racial denunciados com freqüência por Lima Barreto – e encarados diariamente por Arthur Bispo do Rosario – não eram infundados. Pelo contrário, a eugenia, que décadas depois seria institucionalizada e massificada pelo nazismo, tornou-se "filosofia" para alguns dos mais ilustres psiquiatras brasileiros da época, inclusive o próprio dr. Juliano Moreira, citado tanto por Lima quanto por Bispo. Esse médico e uma turma de discípulos uniram-se no Rio de Janeiro, nas décadas de 1910/20, para fundar a Liga Brasileira de Higiene Mental, considerando hereditária a doença mental e valendo-se desse preceito para segregar e esterilizar os pacientes. Entre as vítimas, figuravam especialmente os "não-brancos", dotados de imaginárias e diabólicas tendências psíquicas, lesivas a uma idealizada raça brasileira. No livro *História da psiquiatria no Brasil*, Jurandir Freire Costa narra toda essa triste história de ignorância e preconceito, revelando que uma das máximas do pensamento eugenista prescrevia a esterilização como método de depuração, estabelecendo o dever de afastar "os anormaes da possibilidade de reprodução" e utilizando-se de "uma forma moderna que prescreve esterilizar alienados delinqüentes, degenerados alcoólicos inveterados, quer como penalidade, quer como prophylactico" – nas palavras do discurso do dr. Juliano Moreira (Costa, 1981, p. 36). O psiquiatra Olinto de Oliveira, num artigo intitulado "O amor e a higiene mental", chegou mesmo a distinguir raças superiores (branca) e raças inferiores (negra), destacando a correlação dessas noções com a degenerescência mental. Para esses médicos, o método eugênico era a "salvação" do Brasil miscigenado: "Os atributos psíquicos dos indivíduos não brancos, negros, amarelos ou mestiços foram assim considerados patológicos em si e o único remédio neste nível era o saneamento racial proposto pela eugenia", conta Jurandir Freire Costa (1981, p. 38).

Arthur Bispo do Rosario foi o paciente 01662 do hospital de alienados batizado com o nome de um desses médicos eugenistas, o célebre dr. Juliano Moreira, que importara da Alemanha o conceito de colônia. Sob o diagnóstico de esquizofrênico-paranóico, menos de um mês após a internação no hospício da Praia Vermelha, sem que ninguém o reclamasse, Bispo foi transferido para o asilo de Jacarepaguá. Considerado "fim de linha", o manicômio localizava-se num ermo e esquecido pedaço de subúrbio carioca.

Por um único portão entravam e saíam pacientes, visitas, médicos, funcionários. O jargão mais comum vaticinava: a Colônia é um caminho sem volta. Ter uma ficha preenchida na Juliano Moreira era um ponto final na trajetória de qualquer paciente – cabe lembrar que também o pianista e compositor Ernesto Nazareth fora trazido para a Colônia em 1933, deprimido pela surdez e pelas mortes da esposa e da filha, ali morrendo, por afogamento, num dos rios que cruzavam o terreno do bucólico hospício.

A ordem era despachar para a Colônia os doentes crônicos, os casos irreversíveis auscultados pela psiquiatria dos anos de 1930. Bispo foi encaminhado como tal, sobrecarregado por delírios que não conseguia esconder. "Delírios de grandeza", classificariam os médicos ao longo dos 50 anos que ele passaria na Juliano Moreira. Para se ter uma clara idéia do conceito em que se baseou a Colônia Juliano Moreira, basta ler parte do discurso de Rodrigues Caldas, primeiro diretor do hospício, ao lançar a pedra fundamental do manicômio, em 1924. O psiquiatra expressava a imensa alegria pela

> promulgação de uma nova legislação na qual serão resolvidos problemas atuais de higiene e defesa social pertinentes aos deveres do Estado para com os tarados e desvalidos de fortuna, do espírito ou do caráter, para com os ébrios, loucos e menores retardados, ou delinqüentes e abandonados, assim como para com os indesejáveis inimigos da ordem e do bem público, alucinados pelo delírio vermelho e fanático das sanguinárias e perigosíssimas doutrinas anarquistas ou comunistas, do maximalismo ou bolchevismo. (Hidalgo, 1996, p. 28.)

Bispo, refém de uma instituição que tinha no preconceito e no conservadorismo sua filosofia fundamental, sempre manteve um distanciamento crítico diante da medicina e da sua autoridade. Para começar, achava que os "homens de capa branca" não entendiam nada e se encarregava do próprio veredicto:

> Eu só me admiro aqui. É que quando eu vim para cá e houve uma Junta de Médicos, quando eu vim do Mosteiro de São Bento, o médico, Dr. Odilon, e outros psiquiatras, quando perceberam, disseram: "O senhor é Deus!" E tem na minha ficha como esquizofrênico-paranóide. É erro! É erro médico porque, pela história do Sagrado Criador, médico-psiquiatra não existe. Médico, sim, psiquiatra, não. O médico, quando é bom, quando percebe, não dá remédio a mim.[1] (Hidalgo, 1996, p. 21.)

Opiniões pessoais à parte, Bispo foi alojado no pavilhão 11 do núcleo Ulisses Viana em janeiro de 1939, um engradado de doentes agressivos, onde eram trancafiados os *perigosos*. Os cubículos abrigavam um surrado e fino colchão e, ao lado, um buraco no solo com fezes à mostra e insetos em volta. As bandejas de comida eram levadas até lá pelos funcionários, e os presos só viam o sol gradeado de barras de ferro. Alguns ficavam mais de seis meses nessa vida banida e só saíam depois de a violência esmorecer o corpo. O aprisionamento era lei naqueles tempos em que não havia tranqüilizantes para driblar os nervos.

Bispo era um dos *agitados*, na terminologia dos funcionários da Colônia. Chegara agressivo, passara um tempo preso, mas logo aprenderia a se virar. Ele havia prestado serviços à Marinha, dos 15 aos 23 anos, na função de sinaleiro, viajando por todo o litoral brasileiro. Como entre os esportes ali estimulados estava o boxe, Bispo entregara-se de corpo e alma ao pugilismo. Por isso, os guardas e enfermeiros do Ulisses Viana logo viram nele um aliado. Forte, sisudo, o ex-boxeador rapidamente se tornou *xerife* do pavilhão, ou *faxina* – jargões locais. Mesmo porque, pelo regulamento, os funcionários não tinham direito de bater nos internos. Bispo criou um estilo próprio para deter os mais rebeldes: enrolava na mão um pano molhado entrelaçado nos dedos, como um soco inglês improvisado. O exercício do poder de xerife assegurou-lhe uma posição privilegiada na hierarquia do pavilhão. E, como bem analisou o filósofo francês Michel Foucault ao investigar a genealogia da loucura em inúmeras obras, o poder no hospício foi sempre perverso e autoritário. Franco Basaglia, um dos líderes do movimento libertário que pregaria a antipsiquiatria pelo mundo nos anos de 1960/70, bem resumiria esta intricada teia de vaidades no manicômio:

> O puro poder do médico aumenta tão vertiginosamente quanto diminui o poder do doente; este, pelo simples fato de estar internado, passa a ser um cidadão sem direitos, abandonado à arbitrariedade dos médicos e enfermeiros, os quais podem fazer dele o que bem entendem, sem que haja possibilidade de apelo. (Basaglia *apud* Foucault, 1988, p. 126.)

Bispo encontrou logo de início o ponto de fuga nesse círculo de vícios e pequenos poderes na Colônia, conquistando aos poucos *status* no pavilhão. Acostumado a conter os "loucos" à sua volta, seduziu enfermeiros e guardas e, pouco a pouco, aprendeu também a se conter. Quando os sinais da sua *transformação* se apresentavam, era inútil combatê-los:

> – O senhor não está vendo nada aqui em cima da minha cabeça? – perguntava.
> – Não – respondia o guarda.
> – Como não? Eu trago um deus comigo. Deus está peneirando aqui em cima, está querendo falar comigo. (Hidalgo, 1996, p. 24-5.)

Outras vezes, francamente, pedia ao guarda:

> – Me prende porque eu estou me transformando.
> – Em quê?
> – Em rei. Me prende que eu vou entrar em guerra. (Hidalgo, 1996, p. 25.)

Pedia aos guardas que passassem o cadeado pelo lado de fora do quarto-forte e ali permanecia, às vezes por meses seguidos. Recusava as refeições, passava fome: "Vou secar pra virar santo", prometia.

Foi nas fases de *transformação* e isolamento que a arte mais brotou das mãos endurecidas. Os dedos emperrados por um início de artrite desenvolveram uma impressionante técnica de artesão. Na falta de material, Bispo desfiava o próprio uniforme azul da Colônia Juliano Moreira. Desfazia a veste, aproveitava fio por fio e começava a tecer a sua teia. Assim começou a cerzir o *Manto da Apresentação*, espécie de mortalha sagrada que bordaria durante toda a vida para vestir no dia da *apresentação*, no Juízo Final, na data da sua *passagem*. Bordados no manto, os nomes de todas as pessoas que ele julgasse merecedoras de subir, de carona, rumo ao céu – mulheres, em esmagadora maioria (Celina Magalhaes Leoni – Olga Leoni – Yolanda Magalhaes Leoni – Angelina Francisca de Jesus), e um nome masculino perdido entre tantas eleitas, certo OMAR MARQUES. Outros nomes de homens, raros, surgem após nomes femininos: MARIA – PAULO.

Bispo utilizou a mesma técnica de bordado nas obras depois chamadas de estandartes: lençóis e cobertores da Colônia bordados à mão com as linhas dos uniformes. Não à toa o azul destacava-se nesses panos estampados com navios, bandeiras e palavras, muitas palavras (nomes de países, funcionários, mulheres).

ARQUIVO / AGÊNCIA O GLOBO

BISPO SEGURANDO ESTANDARTE, EM MEIO A OUTRAS PEÇAS TAMBÉM BORDADAS À MÃO.

Arthur Bispo do Rosario costumava apagar o seu passado diante de incautos interlocutores, dizendo apenas: "Um dia eu simplesmente apareci". Mantinha o mistério, apesar de os dados biográficos desvelarem a verdade. Nascido em Japaratuba, em Sergipe, pequena cidade a 54 quilômetros da capital Aracaju, ele contava a história do seu *aparecimento* no mundo pelos braços da Virgem Maria, a quem chamava de mãe. O pai era São José, e ele, claro, Jesus Cristo, o que inevitavelmente remete à figura branca, de cabelos claros e olhos azuis, eternizada pelo cristianismo ao longo dos séculos. A projeção de Bispo num ícone branco e "ariano" traía suas raízes, mas Japaratuba e suas festas populares apareceriam embutidas na vida e na obra de Bispo, ao longo das décadas.

Nem toda a ficção inventada por Bispo sobre sua origem, contudo, apagou o registro do batistério da Igreja Matriz de Nossa Senhora da Saúde, localizada na praça central de Japaratuba:

> Aos 5 de outubro de 1909 baptisei solemnemente Arthur, com 3 mezes, legítimo de Claudino Bispo do Rosario e Blandina Francisca de Jesus [...]. (Hidalgo, 1996, p. 34.)

As pegadas dos pais de Bispo apagaram-se como as de milhares de negros anônimos que engrossaram a massa braçal dos engenhos de cana-de-açúcar de Sergipe e das demais regiões do Nordeste, antes e depois da alforria. Arthur nasceu vinte e um anos depois da abolição da escravatura, numa vila povoada por uma maioria mulata. Carregaria essa cultura mestiça incubada, e os signos desse passado não ficariam de fora na reconstrução do seu novo mundo.

Os quase trinta primeiros anos de Arthur Bispo do Rosario foram mascarados pela rotina na Colônia Juliano Moreira. A vida pregressa desvanecia sob a vista grossa da psiquiatria. Ao se situar à margem do cotidiano do hospício, numa época em que a psiquiatria transformava os manicômios em campos de experimentações, ele se ilhava num pedaço de cela e se esforçava para construir outro mundo. Neste, Bispo era rei. Sobre a sua própria situação e a dos seus colegas, ele tinha opiniões muito particulares: "O louco é um homem vivo guiado por um morto". Ou: "Os doentes mentais são como beija-flores: nunca pousam, ficam a dois metros do chão".

Bispo rapidamente percebeu que os eletrochoques, as lobotomias e, a partir da década de 1950, os neurolépticos lhe minavam a capacidade de trabalho. E ele não podia ser interrompido. A missão de reconstrução do mundo em miniaturas era maior que tudo. Mais uma vez, o respeito adquirido como xerife de pavilhão lhe possibilitava exercer o papel do autêntico fora-da-lei na instituição, recusando tratamentos que lhe deixassem dopado.

Na sua cela, a lei vinha de cima e tinha outras regências. Cada vez mais, a reclusão era necessária. Bispo não participava das festas de carnaval, São João, Natal e *réveillon* promovidas na Colônia. Raras vezes aparecia em dias de visita, aguardados com ansiedade pelos internos como descanso da *impregnação* – termo que designava, no manicômio, o coquetel de injeções e remédios receitados. Refugiado na Colônia Juliano Moreira, ele era mais um interno solitário. Só muito tempo depois, com o reconhecimento do seu mundo como obra de arte, atrairia anônimos e famosos àquela terra árida, no longínquo e quente subúrbio carioca.

Funcionários e pacientes nem sempre compreendiam as motivações religiosas de Bispo, mas passariam a levar para ele todo tipo de sucata, em troca de objetos do escambo local. O *xerife* sabia do poder do cigarro no comércio do hospício e conseguia maços para a barganha. Às vezes arranjava café, outro artigo de luxo na feira livre do manicômio. Qualquer elemento daquele reino de fantasia ganhava um sentido sob a lógica de Bispo. Muita coisa ele mesmo garimpava, ou funcionários empenhavam-se na compra de quinquilharias no comércio popular do Rio de Janeiro. Quem imaginaria que aquele material voaria pelo Brasil e pelo mundo, em exposições organizadas por importantes galerias de arte? Objetos de plástico, aço, ferro e tantos outros, reunidos conforme o senso de Arthur Bispo do Rosario, seriam um dia catalogados como *assemblages*, ganhando uma conotação moderna e vanguardista. Sua missão divina ganhou *status* de arte, comparada à obra de Marcel Duchamp, mas ele próprio encarava a reconstrução do universo como um trabalho. As costas doíam, os fungos do quarto úmido desafiavam-lhe os pulmões, as mãos reclamavam; Bispo não tinha permissão para interromper. Sua cela não era um ateliê, mas um santuário, um templo de Deus.

Nos primeiros tempos, nos intervalos das transformações, Bispo voltava para Botafogo, onde a família Leoni mantinha o seu quarto no fundo do quintal do casarão da rua São Clemente. Bispo conhecera os Leoni após um acidente de trabalho na Viação Excelsior, firma subsidiária da Light, onde trabalhara como borracheiro depois de ter deixado a Marinha. Humberto Leoni foi o advogado encarregado de uma ação trabalhista contra a empresa. Bispo ganhou a causa e um emprego: virou o faz-tudo da família e ali morou, até ser arrastado pelas hordas de anjos e encaminhado para o hospício. Anos depois, Bispo voltaria, e Humberto o deixaria morar em seu escritório do Centro. Um dia, no entanto, ao flagrá-lo diante da janela aberta, a família resolveria não mais hospedá-lo, por medo do incontrolável. Dando asas à imaginação, Humberto inventou uma história que levou Bispo, de bom grado, de volta ao manicômio, nos braços da temida polícia. A ocorrência 163 consta da folha número 375 do livro 12.206 da Delegacia de Polícia Civil na rua Santa Luzia, no Centro do Rio, sob o título "Remoção de dementes", ocorrida na noite de 27 de janeiro de 1948. Levado para o Hospital Pedro II, no Engenho de Dentro, Bispo acabou sendo reconduzido à Colônia Juliano Moreira, dois anos depois de a psiquiatra Nise da Silveira ter fundado ali a Seção de Terapêutica Ocupacional e Reabilitação, que colocou no mercado de arte, não para comércio, as belíssimas obras de Fernando Diniz, Emygdio, Raphael, Isaac, Octavio, Adelina e Carlos, entre outros artistas que formaram o Museu de Imagens do Inconsciente. Nise da Silveira e Arthur Bispo do Rosario nunca trabalhariam juntos no hospício do Engenho de Dentro.

Bispo seguia seu rumo, alheio à arte dos colegas de delírios, do outro lado da cidade, em Jacarepaguá. Compunha sua obra sozinho, remando contra a maré de incongruências da Colônia e sem ninguém para lhe puxar as imagens do inconsciente. Não receberia o papel, a tinta e o carvão, mas desfiaria o próprio uniforme para conseguir a matéria bruta de sua obra. Não obteria estímulo de monitores e terapeutas, mas obedeceria a ordens do além para construir o mundo em miniaturas. Se aquilo era delírio, expressão primitiva ou arte, o tempo se encarregaria de decifrar.

Não eram raras as escapulidas do descampado sem fronteiras muito definidas da Colônia. Em vez de se esfolar em pedregulhos atrás de encontros fortuitos com as internas dos pavilhões femininos, Arthur Bispo do Rosario pegava uma reta em direção à saída mais próxima. Destino: Botafogo. Houve muitas mudanças entre os Leoni, sobretudo após a morte do patriarca (pai de Humberto), mas o *agre-*

gado continuava bem-vindo nas diferentes casas. Todos respeitavam o jeitão enfezado de Bispo e davam ordens explícitas às crianças: não deviam provocar o seu Bispo, que, nas horas vagas, catava pregos, rodas e badulaques nos arredores. A vizinhança já o conhecia e guardava uma ou outra sucata para o exótico empregado dos Leoni. A nova geração dos seus protetores acreditava em seus dons santificados. Bastava alguém sentir o prenúncio de uma dor de cabeça, uma dor de dente, que se acionava Bispo. Ele vinha de imediato, levantava a mão sobre o enfermo e fazia uma reza. Jurava-se que fazia efeito. Nos afazeres cotidianos, Bispo era igualmente eficiente. Só ele cuidava dos cachorros com tanto domínio. Pintava a cozinha, fazia compras, submetia-se à rotina doméstica. A certa altura, isolava-se no quarto, rodeado de imagens de santos que só via quem pedisse permissão.

Os Leoni hospedavam Bispo, mas os altos e baixos emocionais eram inevitáveis. Em 1962, sabendo que um cunhado médico, Avany Bonfim, precisava de um vigia em seu pronto-socorro pediátrico e de um braço forte para tocar as obras de sua clínica, Humberto explicou-lhe o caso de Bispo e pediu que o empregasse. Avany pôde facilmente rastrear em Bispo vestígios de alucinações e convicções. Logo viu que ele era irredutível na defesa de certos princípios. Ao tratar o emprego com o patrão, Bispo foi direto: não era homem de aceitar salário. Era pedreiro, marceneiro e vigia da clínica em troca de comida e moradia. O dinheiro era fonte de perdição. Mas ele se sentia bem na clínica pediátrica: "Minha mãe, a Virgem Maria, diz que é bom para mim ficar em lugar com muita criança".

A Virgem lhe soprava conselhos ao pé do ouvido, proibindo-lhe o fumo, o álcool, o dinheiro. Até a comida era controlada – um cafezinho de manhã e uma sopa com pão à noite. Só às vezes ele se permitia uma refeição completa no almoço.

Na clínica de Botafogo, Bispo aperfeiçoou a série em madeira iniciada na casa e no escritório de Humberto Leoni. Ele garimpava cabos de vassoura, ripas de madeira e badulaques para construir carrinhos, objetos diversos, variações de um tema: a Marinha. Construiu uma seqüência de embarcações de madeira, com mastros, escadas, arrastões, bóias, botes salva-vidas. Bandeirolas caíam dos mastros ao lado de amuletos: uma fita de Nosso Senhor do Bonfim e um Cristo crucificado.

EMBARCAÇÃO DE MADEIRA, UM DOS TEMAS RECORRENTES NA OBRA DE BISPO.

Dr. Bonfim manteve Bispo na clínica de Botafogo até meados dos anos de 1960. O humilde funcionário passava o dia empenhado em serviços gerais e a noite no resgate de ícones autobiográficos. Seriados marinhos, bordados e palavras, cada vez mais palavras. Mas não domava certos impulsos e teimava em enquadrar os outros em seus mandamentos rígidos. A gota d'água foi um estranho diálogo com o patrão:

> – Mestre, quero ter uma conversa muito séria com o senhor. Essas mulheres (as enfermeiras da clínica) têm de ser postas para fora daqui.
> – Mas por quê, Bispo?
> – Minha mãe me disse que elas são umas perdidas, não podem pôr as mãos em crianças inocentes. (Hidalgo, 1996, p. 79-80.)

O médico ponderou, mas Bispo resistiu. Não parava de questionar a virgindade das enfermeiras. Até o porteiro do prédio ao lado estava condenado ao inferno por passear de mãos dadas com a namorada. Os sócios da clínica se reuniram e convidaram um médico da Colônia Juliano Moreira para uma visita. Dias depois, dois caminhões levaram a mudança de Arthur Bispo do Rosario para Jacarepaguá.

De volta à Colônia Juliano Moreira, Bispo se alojou novamente no núcleo Ulisses Viana. Voltava já na faixa dos 50 anos: um senhor de meia-idade com menos cabelos, fios grisalhos, retirado da escuridão da vida real por seres luminosos que lhe impunham tarefas. Internos e funcionários só o chamavam de "seu Bispo" e respeitavam suas manias. A cela entulhada de objetos chamava a atenção dos diretores da Colônia, que chegavam a visitá-lo. Ordens explícitas eram dadas: Bispo (e as obras) era intocável.

A Colônia Juliano Moreira sediou todo tipo de encontro e desvio típicos de uma instituição fechada. No núcleo Ulisses Viana, a homossexualidade era lei. Mas Bispo se mantinha à margem – suas *transformações* eram internas. Quando sentia energias de outra dimensão minando-lhe o senso, parava, jejuava, desaparecia. Antes de se fechar na câmara escura, avisava:

> – Estou me transformando, e quanto menos comunicação com o lado de fora, melhor.
>
> – Mas eu tenho que ver pelo menos se o senhor está vivo – retrucava o guarda.
>
> – Pode vir de manhã que eu dou um sinal. (Hidalgo, 1996, p. 25.)

Lá ficava ele. Funcionários volta e meia apareciam. Espreitavam pela fresta, ofereciam-lhe frutas e se iam. Bispo mantinha-se ocupado na arte dos bordados, objetos, esculturas minúsculas. Construía seu minimundo e esperava a morte. A *passagem*. Em geral, evitava conversa e acabou desenvolvendo uma estratégia para a triagem de olhares curiosos, pois muita gente aparecia para ver aquela cela apinhada de obras. Ele abria o visor da porta e perguntava: "Você está vendo a minha aura? De que cor ela é?" O incauto que ignorasse a resposta não passava da porta.

Nesses anos, os de 1960, neurolépticos encarregavam-se de aquietar espíritos mais nervosos, e o *xerife* Bispo não mais precisava conter ataques de nervos na marra. Mas a fama de dono do pedaço corria solta e ainda impunha respeito. Vez ou outra ele se enfezava e enrolava a toalha na mão só para assustar. No refúgio da cela do pavilhão 10, o ex-pugilista usava e abusava do passado no convés apenas na reconstrução do mundo.

Arthur Bispo do Rosario passou os anos de 1960 e 70 a trabalhar em seu registro da existência da Terra, ouvindo ordens e cumprindo-as à risca. Na solidão do retiro, reciclou refugos e produziu uma obra. Juntava tênis Conga num compensado de madeira, escorado por ripas e cabos de vassoura. Ou galochas, colheres, bolsas, fivelas, cabides, seringas, pentes, ferramentas, chapéus, pipas, capacetes, rodos, bolas. Chegou mesmo a compor uma *assemblage* que reúne ícones do candomblé. Não sabia que tudo isso tinha nome, classificação, valor no mercado de arte.

Nessa época, nos Estados Unidos, artistas se rebelavam contra os excessos da sociedade de consumo, transformando em símbolo da *pop art* a latinha de sopa Campbell; em Jacarepaguá, seu contraponto, com intenção distinta, Arthur Bispo do Rosario criava *assemblages* com embalagens de desodorante Avanço, detergente Veja, amaciante Mon Bijou, cerveja Brahma. E dedicava uma obra somente aos sabonetes: uma merendeira e vários potes de plástico os abrigam com seus rótulos de Palmolive, Cinta Azul, Gessy, Lux. O fosso a separar Bispo do Rosario do artista americano Andy Warhol era tão fundo quanto o inconsciente coletivo que os circundava; guiado por tutores nebulosos, o sergipano mantinha uma antena apontada para a estética mundial.

Bispo levava a vida como bem entendia. Alguns funcionários estranhavam aqueles trabalhos. Internos aguardavam o menor descuido do dono da obra para subtrair objetos que ainda podiam ser úteis. A autoridade de Arthur Bispo do Rosario, contudo, crescia a cada ano. Ele encontrava refúgio na casa de funcionários da Colônia, que moravam nos arredores. À mulher de um deles, que se interessava por bordados, ele explicava: "Eu vim pra salvar a humanidade, então tenho que ter esses mantos de Cristo, bordados com os nomes de quem vai se salvar quando acabar o mundo". A amizade esmoreceu por ocasião de uma Festa de São João em que Bispo foi contra a tradicional fogueira: "Em casa de cristão não se faz fogueira, isso é o fogo do diabo". Bispo não só faltou à celebração da festa como passou a evitar a casa.

Outro funcionário havia pleiteado publicações para a leitura dos pacientes e, volta e meia, conseguia números frescos e atrasados das revistas *O Cruzeiro* e *Manchete*. Bispo lia jornais, mas tinha uma queda mesmo pelas fotos das moças de pernas bem torneadas, cinturas espremidas em espartilhos e olhares ao longe. Eram as *misses* as favoritas de Bispo, e os concursos chegavam até ele pelas publicações. A imagem da moça casta e bela sempre o seduziu, desde a clínica de Botafogo, quando condenou as enfermeiras não virgens. Ieda Maria Vargas tinha toda a admiração de Bispo; afinal, era a mulher mais bonita do mundo. Por isso, uma série de obras foi dedicada às rainhas da beleza dos mais gloriosos e dos mais sofridos países do planeta. Muitos anos mais tarde, passados a glória e o mito das *misses*, Bispo desabafaria: "Os concursos de *misses* representavam a união dos povos. Se hoje eles não têm mais importância, isso é mau sinal. É o final dos tempos".

O dia-a-dia da Juliano Moreira era o de uma pequena cidade. Vendas supriam as despensas das famílias dos guardas, inspetores, enfermeiros, médicos e diretores. Até o diretor-geral da Colônia morava no hospício ou, pelo menos, tinha direito a uma casa nos arredores. O esporte era garantido nos campos de futebol, onde pacientes e funcionários corriam atrás da bola. Jogos, cultos religiosos e outras atividades coletivas fugiam ao interesse de Bispo. Ele não freqüentava as missas de domingo da igreja local, Nossa Senhora dos Remédios, confiando mais na própria liturgia. Autor de uma escritura marginal e autônoma, mantinha distância dos ritos socializadores.

Naquelas difíceis décadas, os jejuns minaram a saúde do corpo, e as goteiras do pavilhão 10 formaram minas de água no quarto-forte. Agulha e linha na mão, Bispo foi em frente, costurando plásticos de leite Mimo e outras embalagens, tecendo mantas impermeáveis à água que pingava do teto. A proteção virava uma obra à parte. Um exame médico feito em 27 de outubro de 1976 fornecia pistas sobre o desgaste físico:

Tipo astênico. Pele limpa, apresenta dispnéia constante. Coração: sons normais, com modificações de sinais de arteriosclerose. Mesmo após exercício, não ouvi murmúrios. Pulso: regular, dilatado, artérias ligeiramente infiltradas, com pressão 140/80, indicando arteriosclerose generalizada. Pulmão: sons distantes, indicando enfisema pulmonar avançado. (Hidalgo, 1996, p. 115.)

O exame psíquico era mais prolixo:

Doente parcialmente orientado em todas as esferas. Apesar de poder nos ajudar muito em serviços internos e supervisionar doentes, ajudar na administração etc., este doente está em contato muito superficial com a realidade. Ele tem diversos delírios místicos e de grandeza, se crê um enviado de Deus e pessoa "muito especial". Perguntou se eu conseguia ver através dele, as suas especialidades. Se crê "o médico dos médicos" etc. Ele se nega a responder perguntas, baseado em seus privilégios especiais. As perguntas que ele responde são com respostas delirantes, tangenciais, circunstanciais e irrelevantes. Diz que trabalha quando tem vontade. Por outro lado, ele é capaz de chefiar a equipe de trabalhadores e sente o problema pungente da falta de cigarros para recompensar os seus ajudantes. (Hidalgo, 1996, p. 115.)

O diagnóstico era o de sempre: esquizofrenia. Prescrição: um comprimido de Haldol, duas vezes ao dia, e uma cápsula de Filinasma, duas vezes ao dia. Bispo aceitou de bom grado o segundo medicamento, para a dificuldade respiratória, mas recusou sempre que pôde o neuroléptico. No balanço do hospício, Arthur Bispo do Rosario ajudava mais do que atrapalhava. Apenas reclamava muito quando não havia uniforme e roupa de cama limpos, desconfiava dos psiquiatras e de suas prescrições, e reivindicava o conserto do teto estragado por infiltrações.

Na virada dos anos de 1970/80, quando o Brasil tentava deixar para trás o passado de repressão, exilados políticos eram anistiados e a imprensa voltava à cena, o jornalista Samuel Wainer Filho foi buscar o contraponto da euforia nacional num hospício perdido no tempo. Junto com um cinegrafista da TV Globo, o repórter embrenhou-se pelas estradas de Jacarepaguá e atravessou o portão da Colônia

Juliano Moreira. Imagens e texto foram ao ar no programa *Fantástico*, na TV Globo, no dia 18 de maio de 1980. Um escândalo, pois a Colônia era apresentada como "cidade dos rejeitados", esquecida pela anistia e pelas comissões de direitos humanos. As estatísticas apuraram: 3.007 doentes, 749 funcionários e vinte médicos, distribuídos em pavilhões imundos e fétidos, com infiltrações, paredes descascadas. Os pacientes na fila do refeitório comiam como bichos, acuados. As imagens falavam por si, mas o repórter contava com detalhes como os internos eram recolhidos em quartos-fortes, recebiam altas doses de neurolépticos e eletrochoques como castigo e não por prescrição médica. A certa altura da reportagem, Samuel pediu licença ao morador de um quarto-forte, entrou e mostrou pela primeira vez ao mundo, em cadeia nacional, o universo de Arthur Bispo do Rosario: estandartes, *assemblages*, veleiros, faixas de *misses*, objetos domésticos sujeitos a uma razão estética. Bispo foi *reconhecido* e *apresentado* ao Brasil num dos programas de maior audiência da televisão. Como resultado imediato da reportagem-denúncia, caiu o diretor da Juliano Moreira e foi nomeado um psiquiatra de 30 anos de idade, dr. Heimar Saldanha Camarinha, para a direção de um novo conceito de manicômio no Brasil. A abertura política do governo João Figueiredo chegava, enfim, à Colônia.

Com o esvaziamento dos quartos-fortes, Bispo, que ali estava, ali ficou. Tornou-se o feliz morador de um salão rodeado por dez quartos-fortes para acomodar o seu mundo. Transformou as dez celas fétidas em cômodos razoáveis, mesmo que com as paredes desbotadas e goteiras por todo o teto. O manicômio de Jacarepaguá abriu-se para o mundo, mas fechou para novas internações. Uma pesquisa de 1981 revelou números assombrosos: 50% dos pacientes tinham mais de 50 anos e 18%, menos de 40; 60% não eram visitados; 22% não apresentavam nenhum quadro de problema psiquiátrico (Hidalgo, 1996, p. 126).

Nesse processo de abertura, o psicanalista e fotógrafo Hugo Denizart fez o primeiro registro em película de Arthur Bispo do Rosario no papel de protagonista, com uma longa entrevista, em que Bispo explica o seu mundo por vir, sem trevas nem abismos, "tudo plano", sem doença mental. No filme, sua palavra e a obra se sobressaem – uma obra espantosamente autobiográfica. No *Manto da Apre-*

sentação, sua obra-prima, as figuras femininas da família Leoni reinam, sãs e salvas. O pano de fundo é um cobertor avermelhado, onde Bispo inscreveu minúsculos registros, dos mais variados objetos: tabuleiro de xadrez, peça de dominó, dado, mesa de sinuca, mesa de pingue-pongue, cesta de basquete, bicicleta, avião, trilho de trem, um objeto circular feito mandala, fogão, lambreta, escada, tesoura, ringue de boxe, números, palavras e muito mais. No avesso, estão os nomes femininos "salvos" por Bispo, que lhe acompanhariam no dia do Juízo Final.

Bispo também bordou o mapa da Colônia Juliano Moreira com pavilhões, pacientes, funcionários. Fez um detalhado levantamento emocional, histórico e topográfico do hospício de Jacarepaguá numa espécie de planta baixa do asilo que o acolhera naqueles últimos cinqüenta anos. Lá estavam o temido Egas Muniz, o pavilhão das lobotomias, o Bloco Médico, a casa do diretor, os rios (onde tantos se afogaram), o posto do Exército e até os ônibus que levavam ao hospício os amigos e parentes em dias de visita.

O Rio de Janeiro também pontua a obra, com bairros e ruas, e, num estandarte em particular, está traçada a via-crúcis daquele longínquo 22 de dezembro de 1938, véspera de sua primeira entrada na instituição psiquiátrica. Esse mesmo estandarte (da sua *passagem* à loucura) traz a figura de um homem, com a inscrição "Cloves" no peito, que, coincidência ou não, é o nome dos tradicionais palhaços do carnaval, tão freqüentes nas festas populares. Embaixo, Bispo registrou a síntese de sua vida e obra, a verdadeira urgência: EU PRECISO DESTAS PALAVRAS – ESCRITA.

Em 1982, o Museu de Arte Moderna do Rio de Janeiro expôs alguns exemplares desse universo numa coletiva reunindo presidiários, menores infratores e idosos, intitulada *À margem da vida*. Maria Amélia Mattei, diretora do Museu Nise da Silveira na época, junto com Hugo Denizart, tentava convencer Bispo a apresentar toda a sua obra em uma grande mostra no MAM. Alheio às vertentes plásticas mundiais, Bispo não desgrudava da obra, e disse não repetidas vezes. Nenhuma parte do seu templo cairia em desgraça, "deturpada" pelo mundo lá fora. Depois de muitas negociações, foi acertado que o próprio artista seria o curador da mostra. O *Manto da Apresentação*? Nem pensar. Apenas os estandartes e um dos mantos. Sobre o restante, disse que entrara em entendimento com as peças e não retiraria mais nada dali. Maria Amélia seguiu à risca todo o ritual ditado por Bispo. Na hora da despedida, ele deu as últimas coordenadas. Conversou com as peças, pediu que tomassem cuidado para não se misturarem com o mundo externo. Convidado para visitar a mostra no MAM, Bispo foi enfático: "Meus olhos não estão preparados para ver aquilo". Nunca apareceu no museu, mas cercava Maria Amélia e Hugo todas as vezes que iam à Colônia. Cravava-os de perguntas sobre as obras: se estariam se comportando direito, gostando da nova casa.

Hugo Denizart levou o crítico de arte Frederico Morais, na época coordenador de artes plásticas do MAM, para conhecer *in loco* a obra e o próprio autor. Como todas as visitas que batiam na porta, o crítico cumpriu o protocolo, adivinhou a cor da aura de Bispo e pôde entrar na *galeria* da Juliano Moreira. Frederico ofereceu uma sala inteira para exposição no MAM, onde Bispo poderia se espalhar e se alojar por um tempo. Mas ele sequer pensou no assunto. Morreria sem ver seu império classificado como obra de arte. Mas, aos olhos da crítica, era já um "artista".

Só depois da *passagem* (sua morte, em 1989), pedaços daquele reinado se conjugariam numa grande exposição, intitulada *Registros de minha passagem pela terra*, na Escola de Artes Visuais do Parque Lage, no Rio de Janeiro, com curadoria de Frederico Morais. Ao longo dos anos de 1980, muita gente havia batido no portão do labirinto do seu Bispo para tentar adivinhar-lhe a aura e conhecer o palácio do Ulisses Viana. Anônimos e famosos, psicanalistas, artistas plásticos, médicos, jornalistas, interessados em geral. Poucos forasteiros, contudo, entrariam tanto na intimidade do rei quanto uma estagiária de psicologia, empenhada em sessões de psicanálise com aquele sisudo senhor do castelo. Ela era Rosangela Maria Magalhães Gomy e estava na leva dos novos funcionários da abertura de 1981, quando as teses de Freud (do início do século) chegavam, afinal, a Jacarepaguá. Rosangela era morena, 24 anos, estudante da Gama Filho e interessada na experiência com psicóticos.

Arthur Bispo do Rosario assistiu de longe às manobras dos estagiários para ressocializar os doentes. Num belo dia, Rosangela bateu na porta, e ele atendeu. Não fingiu ver aura alguma em Bispo e foi recusada. A cena se repetiu algumas vezes, até que inusitadamente ele a deixou entrar. Rosangela ouviu de Bispo o emaranhado de elucubrações místicas sobre a obra, buscando instantes de realidade em seu discurso e perguntando sobre a família, a cidade natal, o passado. Quando as reminiscências ameaçavam, ele mudava o rumo. Reassumia o trono divino e preenchia lacunas biográficas com episódios do além. Ou encerrava a conversa: "Agora chega. Pode ir. Tenho que trabalhar". O tempo regulamentar daquele jogo de confissões durava de quinze a vinte minutos. Mais do que isso Bispo nunca suportou. Mas ele alimentaria o diálogo com Rosangela por pelo menos dois anos. Com o tempo, ele a elegeria a senhora do castelo e passaria a fazer um mundo de duplos. Rosangela aceitou navios de madeira, colheres de pau, sabonetes e presentes tão pessoais quanto o próprio travesseiro de Bispo. Em diversas obras ele inscreveria o nome da eleita, incluindo-a em sua sagrada família. Em uma obra ela figura na batuta do universo: ROSANGALA MARIA DIRETORA DE TUDO EU TENHO.

No papel de terapeuta, Rosangela tentava dissuadi-lo das fantasias, contava que era casada, tinha um filho. Ele só ouvia o que lhe convinha, alimentava a idéia de que era virgem e pura. Uma santa. E reclamava da calça *jeans*, dos modos modernos da moça. Os dois anos de idílio culminaram num epílogo conturbado. Numa manhã cinza, Rosangela Maria disse a Bispo que estava prestes a se formar, e a formatura determinava o fim do estágio na Colônia Juliano Moreira. A despedida.

No primeiro instante, Bispo animou-se, quis escolher um terno para ele e um vestido para Rosangela. Mais tarde, reconheceu que se sentia velho e cansado demais para comparecer à festa. Construiu uma cadeira equipada com rodas de madeira especialmente para a terapeuta com uma correia entrelaçada: "Senta, eu quero te acorrentar". Depois de concordar em não acorrentá-la, ele usou a corrente para afastar e aproximar Rosangela, num ioiô de movimentos e emoções. Após alguns minutos, o intervalo para o grande final: "Tudo bem, pode ir". Rosangela cumpriu ainda o ritual de sessões esparsas até que a separação fosse digerida por Bispo.

Em 7 de março de 1983, Arthur Bispo do Rosario deu entrada no Hospital Jurandir Manfredini, o pronto-socorro da Colônia Juliano

Moreira, desidratado e em estado de inanição; queria "secar", virar santo, para fazer a *passagem*. Mas não era chegada a hora, ele o percebeu e voltou à rotina, continuando a obra. Em 1985, Bispo recebeu com boa vontade o repórter José Castello, da revista *Isto É*. O jornalista garimpou extratos da mina onírica ao lado do dono da obra, e a primeira grande reportagem sobre Arthur Bispo do Rosario, de alcance nacional, foi publicada em 31 de julho de 1985, sob o título *Quando explode a vida – O desafio criativo do interno Bispo*. Duas páginas de texto dissecavam nuanças da personalidade do complexo artista, ilustradas por fotografias em que Bispo posava sem o menor constrangimento, exibindo mantos e empunhando estandartes para a câmera do fotógrafo Walter Firmo. No mesmo ano, Fernando Gabeira visitou também a Colônia e realizou um vídeo, exibido na TV Bandeirantes, com Bispo vestindo o *Manto da Apresentação* e dividindo grãos de arroz e feijão com um gato.

Bispo continuou a reinar, absoluto, no salão do Ulisses Viana. A paz, contudo, não era mais garantida. Muita gente tomou o rumo de Jacarepaguá e obedeceu ao ritual de triagem para decodificar aquele universo mágico. Em seu testamento tecido, Bispo continuava a relacionar os seus eleitos: Janete Clair, Margareth Thatcher, Martina Navratilova. A roqueira alemã Nina Hagen foi incorporada como Nina Maria de Jesus. E também novos objetos: *porta-seios para moças marca De Millus – brilhantina perfumada passar nos cabelos – um pedaço de tauba – 20 pregos para pegar ladrões 5 centímetros abaixo do chão – calçado sonho extra fino 37 mulher – abridor tampa garrafa Coca-Cola Fanta Crush soda água – butões pretos para braguilha.*

Bispo acumulou mais de mil peças num quebra-cabeça apocalíptico. Uma cama de ferro coberta por um véu branco, dedicada a Rosangela Maria, não mais serviria de palco para uma encenação de *Romeu e Julieta*, como ele pretendera na despedida da estagiária, mas passou a ser a nave que o carregaria rumo ao céu. A arca de Arthur Bispo do Rosario. Sobre a sua *passagem*, ele profetizava: "A hora está chegando, porque os concursos de *misses* estão acabando e os circos também. São peças muito importantes no mundo, universais, que unem os povos".

A *passagem*, afinal, deu-se às 19 horas do dia 5 de julho de 1989. Aos 80 anos, vítima de enfarte do miocárdio e arteriosclerose, ele foi

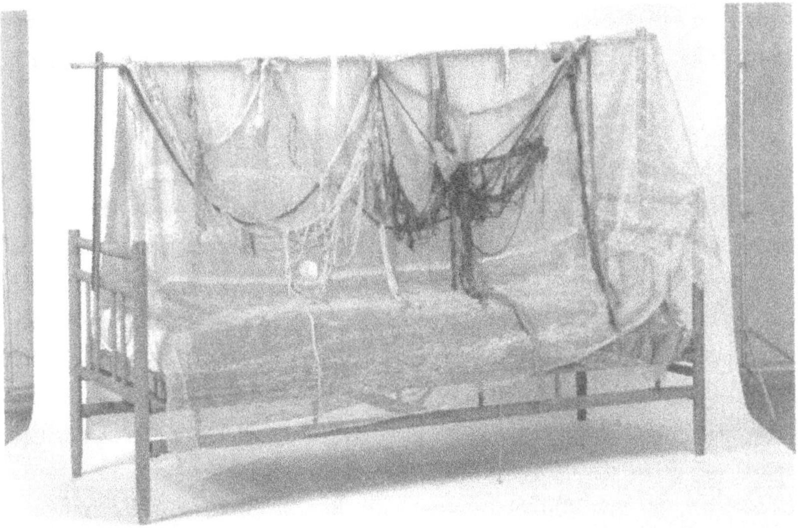

A "NAVE" COM A QUAL BISPO ASCENDERIA AO CÉU.

sepultado no cemitério de Jacarepaguá. Colegas de hospício compareceram ao enterro e se fizeram ouvir pelas palavras do interno Jorge Gorila, à beira do túmulo: "Gostaria que as pessoas dessem um agrado para o coveiro, pois seu Bispo era uma pessoa ilustre. E gente ilustre, quando é enterrada, seus parentes dão um agrado para o coveiro" (Hidalgo, 1996, p. 190).

À morte de Arthur Bispo do Rosario seguiu-se um redemoinho de exposições, análises, críticas, reportagens e polêmicas. Uma associação foi criada para a preservação da obra. Frederico Morais assumiu a curadoria da primeira mostra individual, realizada no Parque Lage, que teve enorme repercussão e gerou notícia nos mais importantes veículos da mídia. A exposição viajou em seguida para São Paulo, Rio Grande do Sul, Minas Gerais, Paraná e até para a Suécia. Em 1992, foi decretado o tombamento integral da obra de Bispo, pelo Instituto Estadual de Patrimônio Artístico e Cultural do Rio de Janeiro. A falta de recursos, no entanto, não permitia responder às inúmeras solicitações vindas de diferentes países da Europa, assim como de outros estados do Brasil. A obra de Bispo foi salva do naufrágio ao ser escolhida para representar o

Brasil na 46ª Bienal de Veneza, em 1995. As 143 peças mais representativas do acervo foram restauradas antes de seguirem para a Itália.

Bispo foi então reconhecido pelo que mais prezava: a união dos povos, a supressão de fronteiras, a extinção do preconceito entre a normalidade e a doença mental. Autor de uma filosofia universal, capaz de enxergar tudo sem o preconceito de raça, credo, cor ou nacionalidade, Arthur Bispo do Rosario universalizou-se na Bienal de Veneza, conquistando público vasto e cosmopolita, que, segundo registros, emocionou-se e foi, por vezes, às lágrimas ao deparar com o universo em miniatura de um homem a serviço de Deus. Mas tudo isso provavelmente não significaria nada para Arthur Bispo do Rosario. Elogios, análises, reverências cairiam no vácuo do senhor de um labirinto construído acima do bem e do mal psiquiátrico, ou, como pensava Bispo, "como um beija-flor a dois metros do chão".

Nota

1. Todas as falas de Arthur Bispo do Rosario neste texto foram coletadas pela própria autora durante trabalho de campo realizado na Colônia Juliano Moreira entre 1994 e 1996, constando do seu livro já citado *Arthur Bispo do Rosario – O senhor do labirinto*.

Bibliografia

BARRETO, Lima. *Diário do hospício/O cemitério dos vivos*. Rio de Janeiro: Biblioteca Carioca, Prefeitura da Cidade do Rio de Janeiro, 1993.

COSTA, Jurandir Freire. *História da psiquiatria no Brasil*. Rio de Janeiro: Campus, 1981.

FOUCAULT, Michel. *Microfísica do poder*. Rio de Janeiro: Graal, 1988.

______. *A história da loucura na Idade Clássica*. São Paulo: Perspectiva, 1995.

______. *Vigiar e punir – História da violência nas prisões*. Petrópolis: Vozes, 1987.

HIDALGO, Luciana. *Arthur Bispo do Rosario – O senhor do labirinto*. Rio de Janeiro: Rocco, 1996.

KAPLAN, Harold I.; SADOCK, Benjamin J. (orgs.). *Comprehensive textbook of psychiatry*. Baltimore: Williams & Wilkins, 1995.
LEITE, Sebastião Uchoa (coord.). *Museu de Imagens do Inconsciente*. Rio de Janeiro: Minc-Funarte-Ibac-Editora UFRJ, 1994.
SILVEIRA, Nise da. *O mundo das imagens*. São Paulo: Ática, 1980.

Créditos das fotos

1. **Os fios dos desafios: o retrato de Carolina Maria de Jesus no tempo presente**
   Todas as fotos são do arquivo pessoal de Vera Eunice de Jesus.

2. **Dona Santa e Luiz de França: gente dos maracatus**
   Página 58: acervo da Fundação Joaquim Nabuco – Recife.
   Página 61: Katarina Real – Acervo Fundação Joaquim Nabuco – Recife.
   Página 64: acervo da Fundação Joaquim Nabuco – Recife.
   Página 67: Katarina Real – Acervo Roberto Benjamin.
   Página 71: Katarina Real – Acervo Roberto Benjamin.

3. **Didi: a trajetória da folha-seca no futebol de marca brasileira**
   Todas as fotos são do Arquivo Folha Imagem.

4. **Madrinha Eunice e Geraldo Filme: memórias do carnaval e do samba paulistas**
   Página 122: ambas as fotos são do acervo do Museu da Imagem e do Som (MIS).
   Página 149: acervo pessoal de Rosemeire Marcondes.
   Páginas 160, 172 e 175: acervo da família de Plínio Marcos.

5. **Mestre Bimba e mestre Pastinha: a capoeira em dois estilos**

Página 191: acervo de Frederico José de Abreu.

Página 200: reproduzido de encarte do disco Curso de capoeira regional de mestre Bimba, Salvador, s/d.

Página 204: acervo de Gil Alfinete.

Página 211: reproduzido de PASTINHA, mestre. *Capoeira angola*. Salvador: Secretaria de Cultura da Bahia, 3. ed., 1988, capa.

Página 213: reproduzido de DECÂNIO, mestre. "A herança de Pastinha: manuscritos e desenhos". Mimeografia – Coleção São Salomão II, Salvador, p. 31, s/d.

6. **Arthur Bispo do Rosario: um artista a dois metros do chão**

Página 232: arquivo/Agência O Globo.

Páginas 237 e 247: Fernando Chaves.

LEIA TAMBÉM

Primeiro volume da coleção **Memória Afro-brasileira**, *Caminhos da Alma* aborda o universo das religiões afro-brasileiras a partir de relatos sobre sacerdotes cujas histórias de vida se entrelaçam com o desenvolvimento desse campo religioso em oito cidades. Focalizando processos culturais por meio de indivíduos particulares, esses relatos buscam captar as dimensões do cotidiano sem perder de vista seu contexto local ou nacional.

Dentro da rica diversidade de histórias e práticas religiosas, percebe-se o papel importante da tradição e da renovação para a existência das comunidades, seja nos contatos que estabelecem entre si, seja nas alianças com o mundo exterior.

Herdeiras de um vasto patrimônio cultural e ao mesmo tempo seus transformadores, as personalidades retratadas podem ser vistas como representativas e essenciais para uma análise da dinâmica religiosa na qual o carisma da liderança religiosa se mostra fundamental.